Claudia Klaffke

Kirdi, Fon und Mondlandschaften

Reise-Handbuch Kamerun

Aktuelle Informationen und Reisetips für bekannte und unbekannte Gebiete zwischen Atlantik und Tschad-See

Meinen Vätern und Müttern,
meinen Brüdern und Schwestern
in Kamerun.

1. Auflage 1990/91

Raiffeisenstraße 21 · D-4047 Dormagen 1
Telefon 02106/61919 · Fax 02106/63130
(Vorwahl ab 1991: 02133)
Telex 8517396 vsd d

Alle Farb- und Schwarzweißbilder: Frau Dr. Claudia Klaffke u. a.

Zeichnungen, Karten, redaktionelle Überarbeitung:
Michael Iwanowski

Gesamtherstellung: F. X. Stückle, D-7637 Ettenheim

Printed in Germany

ISBN 3-923975-21-X

INHALTSVERZEICHNIS

VORWORT

Die Republik Kamerun, unabhängig seit 1960, ist ein Land voll farbiger Vielfalt, freilich auch scheinbaren Widersprüchen, die sich jedoch im Streben nach einer einheitlichen Nation auflösen.

Ich habe während meiner langen Studienjahre in Deutschland sehr viel Interesse an meinem Heimatland seitens der Deutschen gespürt. Es war für mich immer schwer, diesem Interesse ausreichend stattzugeben: Erzählen meinerseits genügte nicht, und leider war und ist Literatur nicht vorhanden, oder sehr spärlich nur: Sie wendet sich dann an Spezialisten. So blieben bisher immer Informationslücken und daraus resultierende Unzufriedenheit. Es fehlten bisher einerseits eine praktische Anleitung für den Reisenden, andererseits aber auch Informationen über Kamerun, die von allgemeinem Interesse sind. Das vorliegende Buch schließt diese Lücke.

Die Initiative des Verlags und der Autorin ist somit um so lobenswerter, und ich danke beiden sehr herzlich. Man merkt zudem deutlich, daß die Autorin Kamerun nicht nur sehr gut kennt, sondern mein Land auch liebt - eine besonders gute Voraussetzung für ein solches Buch.

Ich freue mich ganz besonders über diese erste Initiative in deutscher Sprache, die neben den praktischen Hinweisen auch Informationen über und Auseinandersetzung mit der Kultur meines Landes beinhaltet. Ich darf hier auch die Hoffnung aussprechen, daß weitere Bücher über Kamerun folgen werden!

Möge dieses Buch jedoch schon einmal beitragen, das Interesse an Kamerun zu erweitern und dazu führen, daß Sie uns besuchen. Nur auf solche Weise kann echter Kulturaustausch, der eines der Hauptziele unseres Vereins ist, zur Wirklichkeit werden.

Marc Ntetem

Prof. Dr. Marc Ntetem
für den Freundeskreis Kamerun e.V.

Douala, im September 1990

EINLEITUNG

Kamerun wird oft als Afrika "en miniature" bezeichnet. Wenngleich man solch verallgemeinernden Feststellungen prinzipiell sehr skeptisch gegenüberstehen sollte, so entbehrt diese Aussage hier nicht eines gewissen Wahrheitsgehaltes:

- Sie finden **Klimazonen und Landschaften unterschiedlicher Ausprägung**: von wüstenähnlicher Steppe und Savanne bis zum tropischen Regenwald.
- Sie können an **schwarzen Lavastränden** wie an **feinsandigen weißen Buchten** im Süden **baden**.
- Sie können **Berge erklimmen**, vom kleineren Hügel bis zum Kamerunberg mit seinen über 4.000 Metern Höhe.
- Sie erleben die **flache Landschaft zum Tschadsee** hin und die **"Mondlandschaften" in den Kapsikibergen**, die von dem französischen Schriftsteller André Gide als "die schönste Landschaft der Welt" bezeichnet wurde.

Die Völker dieses Landes sind so verschiedenartig wie ihr Land selbst. Im Gegensatz zu manch anderen afrikanischen Staaten sind jedoch ihre Kulturen noch weitgehend durch mündliche oder teils auch schriftliche Überlieferung erhalten, auch wenn die Ethnologen mit Recht befürchten, daß sie nach und nach untergehen. Aber es wird alles getan, die Traditionen, die Aufschluß über Geschichte und Kultur eines ganzen Kontinents geben, für die Nachwelt zu erhalten.

Die Faszination der Vielfalt, die im historischen, künstlerischen und natürlichen Reichtum liegt, wie auch die Gastfreundlichkeit der Menschen machen dieses Land so liebenswert.

Kamerun verfügt über eine gute touristische Infrastruktur, die dem Reisenden - allein oder in der Gruppe - den Aufenthalt angenehm macht.

Ein so vielfältiges Land mit einer so reichen Tradition wie Kamerun ist nicht erschöpfend in einem Reiseführer darzustellen. Ich habe mich bemüht, Wesentliches festzuhalten und bin dankbar für jeden Hinweis, der zur Verbesserung dieses Buches beitragen kann. Das Buch ist äußerlich gegliedert in einen landeskundlichen und einen reisepraktischen Teil; freilich kann man auch Elemente des einen im anderen finden.

Bei den praktischen touristischen Hinweise habe ich mich auf gute Hotels und Restaurants beschränkt. Die angegebenen Preise gelten jeweils als Richtlinien, denn sie sind oft raschen Änderungen unterworfen.

Kamerun ist kein Land des Billigtourismus, und das Reisen über oft schwierige Wegstrecken hat seinen Preis. Die Kilometerangaben wurden so sorgfältig wie möglich recherchiert (bis vor wenigen Jahren noch war man auf

Vermutungen oder eigene, oft falsche Messungen durch ungenaue Kilometerzähler im Auto angewiesen).

Bezüglich der Höhenangaben habe ich meine Zweifel: Meine eigenen, mehrfach durchgeführten Messungen ergaben bisher jeweils Abweichungen von etwa 100 - 200 m unter denen in der Literatur vermerkten. Ich zitiere jedoch die in der Literatur genannten Höhenangaben.

Wundern Sie sich nicht über Ihnen ungewohnte Ortsangaben oder auf den ersten Blick befremdlich erscheinende Informationen. Ich habe - um Ihnen den Einstieg ins afrikanische Leben zu erleichtern - die Beschreibungsmethode gewählt, die auch die Kameruner benutzen. Etwas anderes wäre auch kaum möglich: Exakte Angaben im europäischen Sinn über Öffnungszeiten o.ä. sind sinnlos und irreführend. Den Sinn einer Angabe wie, obiges Beispiel benutzend: "Komme gleich wieder", werden Sie schnell verstehen und sich um so besser zurechtfinden.

Nicht versäumen möchte ich, mich bei all denen zu bedanken, die mir bei der Erstellung dieses Buches - in Afrika und Europa - durch Information und Beratung, durch Ermutigung und Korrektur zur Seite gestanden haben. Für zur Verfügung gestellte Fotos und fotografische Technik danke ich Herrn Dr. G. Drosihn, Herrn Prof. Dr. L. Harding, Herrn K. Hondele, Frau R. Hose, Herrn N. Kujacinski und Herrn Dr. K.-J. Teller.

Für mich ist in erster Linie der Kontakt zu den Menschen dieses Landes wichtig; das heißt zu allererst versuchen, sie zu verstehen. In diesem Sinne ist das Handbuch konzipiert: Eine Brücke zu schlagen zwischen Kulturen und Verständnis zu wecken zwischen Völkern.

Wenn ein kleiner Funke von der Zuneigung, die ich für dieses Land hege, auf den Leser überspringt, ist meine Absicht erreicht.

Dr. Claudia Klaffke

Maroua, im September 1990

1 ALLGEMEINER ÜBERBLICK

Kamerun hat nicht erst seit seinen Erfolgen bei der Fußballweltmeisterschaft in Italien 1990 von sich reden gemacht; aber man ist ein wenig aufmerksamer geworden auf ein Land Afrikas, das nicht dem Klischee von Naturkatastrophen und Unruhen entspricht.

Kamerun ist, knapp nördlich des Äquators gelegen, etwa doppelt so groß wie die Bundesrepublik Deutschland. Es ist seit 1960 unabhängige Republik mit einer Präsidentialverfassung unter dem Präsidenten Paul Biya, der, nach einer konsequenten und gradlinigen politischen Karriere, die Geschicke des Landes 1982 in die Hand nahm. Politische Stabilität ist für jedes Land unabdingbar, und diese ist hier erreicht worden.

Nach 30 Jahren Unabhängigkeit sind die Kameruner aus vielen verschiedenen Völkern trotz Erhaltung ihrer ethnischen Kultur und Traditionen weitgehend zu einer einheitlichen Nation zusammengewachsen. Die Pflege des kulturellen Erbes liegt ihnen ebenso am Herzen wie die Entwicklung eines Staatswesens moderner Prägung.

Kamerun verfügt durch seine Vielfalt an Klima- und Vegetationszonen über eine reichhaltige Flora und Fauna, die weiterhin erforscht werden. Der World Wildlife Fund (WWF) erschließt zur Zeit den bisher nicht zugänglichen Nationalpark von Korup, in dem Pflanzenarten wachsen sollen, die noch nirgends sonst registriert sind.

Von touristischem Interesse sind außer der Tier- und Pflanzenwelt vor allem die landschaftlichen Schönheiten und die völkerkundlich interessanten Begegnungen mit alten Kulturen. Auch architektonische Reste aus deutscher Kolonialzeit sind noch erhalten.

Der Tourismus expandiert zur Zeit, und es ist nur zu hoffen, daß Kamerun nicht wie andere Länder durch einen Massentourismus geschädigt wird. Im Sinne eines "sanften Tourismus" ist auch dieses Reisehandbuch gemeint: Es soll vor allem Verständnis wecken für Land und Leute einer gänzlich anderen Kultur.

KAMERUN AUF EINEN BLICK

Offizieller Name:	République du Cameroun; Kurzform Kamerun
Fläche/Einwohner:	475.000 qkm/ca. 10 - 11 Mio.
Bevölkerung:	verschiedene ethnische Gruppen, Anzahl der Ausländer stark wechselnd, keine genauen Statistiken verfügbar
Bevölkerungs-zunahme/Jahr:	je nach Stadt oder Land zwischen 2,7 und 34 %
Sprachen:	Amtssprachen sind Französisch und Englisch. Daneben werden afrikanische Sprachen (Sprachfamilien: sudanesische, Bantu und Semibantu) je nach Gegend gesprochen
Flagge:	längs gestreift, grün, rot, gelb; im roten Bereich ist in der Mitte ein gelber Stern eingefügt
Nationalfeiertag:	20. Mai
Staats- und Re-gierungsform:	Parlamentarische Republik nach französischem Muster
Staatspräsident:	S.E. Paul Biya
Währung:	Francs CFA, (Communauté Financière Africaine), Währung der afrikanischen Finanzgemeinschaft mit fester Bindung an den französischen Franc: 1 CFA = 0,2 FF oder 1 FF = 50 CFA
Ausfuhr:	Kaffee, Kakao, Tabak, Holz, Baumwolle, Erdöl
Einfuhr:	Maschinenbau-, technische und elektrotechnische Einrichtungen, aus Rohstoffen hergestellte Endprodukte, Luxusgüter
Handelspartner:	EG (vor allem Frankreich mit einem Anteil von 35 %), Schweiz, USA, Japan, afrikanische Nachbarländer
Landwirtschaft:	Ackerbau und Viehzucht, Holzwirtschaft
Höhe:	von Meereshöhe an der Küste über ca. 1.000 m im Adamaoua Hochplateau, höchste Erhebung: Kamerunberg mit 4095 m
Klima:	verschiedene Klimazonen mit tropischem Regenwald, Steppenklima, Savannenklima bei mittleren Jahrestemperaturen zwischen 19° und 29° je nach Klimazone und Höhe
Verkehr:	Recht gut erschlossen durch ein breit angelegtes Verkehrssystem der Buschtaxis und Busse. Eisenbahnverbindungen Douala - Nkongsamba und Douala - Yaoundé - Ngaoundéré. Nationaler Flugverkehr mit Cameroon Airlines
Städte:	Douala (ca. 1,3 Mio EW), Yaoundé (Hauptstadt ca. 800.000 EW), Nkongsamba (ca. 93.000 EW), Garoua (ca. 80.000 EW), Bafoussam (ca. 80.000 EW), Foumban (ca. 80.000 EW), Maroua (ca. 70.000 EW), Bamenda (ca. 60.000 EW)
Zeit:	MEZ

2 KAMERUN: LAND UND LEUTE

2.1 GESCHICHTLICHE ENTWICKLUNG

Kamerun hat durch die langen Zeiten von Völkerwanderungen, Reichsgründungen und kriegerischen oder scheinbar friedlichen Invasionen (vom Norden durch die islamisierten Völker, vom Süden durch die Weißen) eine wechselvolle und je nach Volk sehr unterschiedliche Geschichte erlebt. Man kann also keineswegs von einem geschichtslosen Land sprechen.

2.1.1 KAMERUN VOR DER KOLONIALZEIT

Die frühgeschichtlichen Ereignisse in und um Kamerun sind noch weitgehend unerforscht. Man weiß jedoch, daß es Spuren menschlichen Lebens (Funde von Werkzeugen, u.ä.) aus neolithischer Zeit gibt.

Erstmals in schriftlich überlieferter Form beschreibt der Karthager Hanno im 6. Jh. v. Chr. Expeditionen, die etwa am Kamerunberg geendet haben müssen. Die Darstellungen sind von abenteuerlicher Art: Der Kamerunberg wird "Char des Dieux", Götterwagen, genannt, von Trommeln in der Nacht wird erzählt, von Flüssen aus Feuer und von behaarten Menschen.
Es gibt immer wieder Historiker, die bezweifeln, ob die Expeditionen Hannos wirklich bis zum Kamerunberg vorgedrungen sind, ob vielleicht beim Schreiben nicht doch die Abenteuerlust obsiegte oder er Handelskonkurrenten verschrecken wollte.

Von Norden her kommen dann in der zweiten Hälfte des ersten Jahrtausends n. Chr. islamisierte Völker durch die Tschadebene bis hinunter ins heutige Nordkamerun. Das leichte Durchkommen während der Trockenzeit durch die Savanne fördert die Wanderungen. Es sind vor allem Töpfer und Schmiede, die Eisen verarbeiten, wie man aus Funden in Nordkamerun von den Mandarabergen bis hin zum Tschadsee nachgewiesen hat.

Schon aus dieser Zeit gibt es Zeugnisse von afrikanischen Königreichen - nicht oder noch nicht islamisierter Art -, in denen der König einem Gott gleichkommt bzw. in enger Verbindung zu Gott steht (eine Tradition, die sich bei manchen Völkern bis heute gehalten hat!) und in denen die Frauen, die Mutter oder die Schwester des Königs eine herausragende Rolle spielen. Auch dies ist bis heute lebendig.

Kontakte zu anderen Staaten, zu Ägypten und zur übrigen arabischen Welt sind also zu jener Zeit üblich, denn der Weg durch die Sahara steht offen. Nach der Islamisierung trennen sich die historischen Wege der einzelnen Völker, gemeinsam bleibt vielen der Sklavenhandel.

1472 dringen von Süden her portugiesische Seefahrer nach Kamerun ein. Sie fahren den Fluß Wouri hinauf und entdecken so viele Krabben, daß sie ihn **Rio de Camarões** taufen. Nach der späteren Modifizierung des Namens durch die Spanier ist der heutige Name Kamerun entstanden.
Seit dem Eindringen der Portugiesen setzt auch vom Süden her der Sklavenhandel ein, der von den Europäern betrieben wird.

2.1.2 KAMERUN UNTER DER KOLONIALHERRSCHAFT

Gustav Nachtigal

Europäische Händler und Missionare waren schon im Laufe des 19. Jahrhunderts in einigen Küstenorten Kameruns seßhaft geworden, hatten Handelsniederlassungen gegründet und Missionsschulen eröffnet. Dies geschah weitgehend durch Verträge zwischen den Europäern und den Afrikanern, die nicht primär militärischen, sondern eher kommerziellen Charakter hatten. Die Afrikaner schlossen diese Verträge, weil sie sich einerseits materielle Vorteile durch den Kontakt mit den Europäern erhofften, sich aber andererseits auch vor der Invasion durch andere europäische Besetzer schützen wollten. Sie erkannten damals schon, daß Streitereien der Europäer unter sich um afrikanische Territorien notwendigerweise auf ihrem Rücken ausgetragen würden.

- So arbeitete Heinrich Barth in den fünfziger Jahren für die Königliche Geographische Gesellschaft London.
- So landete Gustav Nachtigal (1834-1885) 1884, ein Jahr vor seinem Tod auf See, in Kamerun und wurde als Repräsentant von Woermann und Jantzen & Thormählen freundlich empfangen, ebenso wie Saker.

Woermann

Die Missionierung spielte hierbei eine nicht unwesentliche Rolle: So erzählt die Geschichte von dem englischen Baptistenmissionar Alfred Saker, der sogar mit den Führern der Douala, King Akwa und King Bell, 1845 einen Vertrag schloß, von spanischen Jesuiten, die nun ihrerseits gegen die Protestanten kämpften, und von der britischen Gründung des Ortes Victoria (heute Limbé) 1858.

Dazu kamen Zwistigkeiten zwischen den Führern der Douala, King Bell und King Akwa, die versuchten, die britische Krone zu Hilfe zu rufen.

Wenn diese Vertragsschlüsse in der ersten Hälfte des Jahrhunderts noch relativ friedlich vor sich gingen (z.B. die Ankunft und Niederlassung der deutschen Woermann-Linie in Ebolowa im Jahre 1868), so zeichnete sich nach der Berliner Kongo-Konferenz (1884/1885) unter Bismarck immer mehr Gewalt ab: Bei Besetzung eines Landstriches an der Küste wurde dieser - ungeachtet der Interessen der örtlichen Bevölkerung - lediglich den übrigen Unterzeichnerstaaten der Konferenz als eigenes Protektorat angezeigt. Damit einher ging die Doktrin des "Hinterlandes", die besagte, daß mit Besetzung eines Küstenstreifens automatisch das Hinterland miteinbezogen wurde. Das war der Beginn der gewalttätigen Auseinandersetzungen zwischen den Deutschen und den Afrikanern in Kamerun:

- In der Gegend des Kamerunbergs wurden 1894 ganze Dörfer dem Erdboden gleichgemacht.
- Im Lande der Ewondo im Zentrum, wo seit 1887 Yaoundé als zukünftige Hauptstadt vorgesehen war, wurden die Deutschen zuerst überaus freundlich empfangen, schickten aber Truppen beim kleinsten Widerstand gegen die von ihnen erlassenen Gesetze.

Letztlich schlossen die europäischen Nationen die Verträge unter sich. Die Afrikaner hatten nichts mehr zu sagen: Afrika wurde wie ein Kuchen unter die Europäer aufgeteilt.

Die Eroberung durch die Deutschen ging trotz heftigsten Widerstands der Afrikaner und trotz der Streitereien mit den Briten und Franzosen, die mit nur kleinen Unterbrechungen bis in den Ersten Weltkrieg hinein dauerten, bis in den Norden nach Mora. Hier wie im übrigen Inland wurde eine Art indirekter Verwaltung eingeführt, die häufig traditionelle Herrscher einbezog und sie zu "Kolonialbeamten" machte, die bisweilen aber auch auf den Schultern von dort seßhaft gewordenen Gesellschaften wie der Nord-West-Kamerun-Gesellschaft oder auch der Südkamerun-Gesellschaft ruhte, während man an der Küste von Buéa aus direkte Verwaltungsarbeit leistete. Buéa - 1.000 m ü.M. gelegen - war von den Deutschen 1901 zur Hauptstadt des Landes ernannt worden, da im feucht-heißen Douala die Malaria zu sehr grassierte. Noch heute kann man auf den deutschen Friedhöfen sehen, daß die Menschen sehr jung starben. Buéa blieb offiziell Hauptstadt bis 1909.

Eugen Zintgraff

1896 erklärte Wilhelm II. alles nicht schon bebaute Land zu "Kronland", über das die Kolonialverwaltung verfügen konnte.

Landwirtschaftlich wurde das Land von den Deutschen genutzt: Bananen, Kaffee, Kakao wurden angebaut, Kautschuk und Ölpalmen wurden ausgebeutet, ein umfangreiches Trägersystem mußte eingeführt werden. 1887 traf für die deutsche Regierung Eugen Zintgraff ein, der vor allem für die verkehrstechnische Entwicklung sorgte.

So entstanden Straßen und 1911 die Eisenbahnverbindung Douala - Nkongsamba, kurz danach Douala - Yaoundé.

Der Widerstand einiger Völker im Grasland, gerade der der Bafut, (die Bali dagegen unterstützten die Deutschen) machte Zintgraff zu schaffen und ging über seinen Tod 1897 auf dem Heimweg nach Deutschland hinaus: Der Palast des Fons von Bafut wurde 1907 abgebrannt und der Fon für über ein Jahr ins Exil geschickt.

Zu dieser Zeit wurde Yaoundé von den Deutschen als Ausgangspunkt für militärische Eroberungszüge mit dem Ziel Tschad ausgebaut, was nicht ohne Streitigkeiten mit den anderen Kolonialmächten abging. Im März 1894 wurde ein Vertrag zugunsten der Deutschen abgeschlossen, die ihre Verwaltung nunmehr offiziell frei gestalten konnten.

Die Differenzen mit den Douala dauerten indes fort, ein offizielles Telegramm des Führers der Douala Manga Bell an den deutschen Reichstag mit der Bitte um Hilfe und der Erklärung, daß er der rechtmäßige Führer sei, fruchtete nichts. 1912 gaben die Douala auf, und Manga Bell wurde von den Deutschen hingerichtet.

Die dreißig Jahre deutscher Kolonialherrschaft waren gekennzeichnet durch Härte und oft grausamen Militantismus, aber auch durch die Entwicklung von Landwirtschaft, Handel, Verkehr und Bildungswesen.

An der Spitze der deutschen Verwalter stand jeweils ein Gouverneur:

von Soden	(1885-1891),
Zimmerer	(1891-1895),
von Puttkamer	(1895-1907),
Seitz	(1907-1910),
Gleim	(1910-1912),
Ebermeier	(1912-1915).

Aus dieser Zeit stammen auch das bis heute berühmte Puttkamer-Schlößchen in Buéa und die anderen Bauten am Ort.

Der Erste Weltkrieg hatte auch in Kamerun seine Auswirkungen. Die anderen interessierten europäischen Nationen verbündeten sich gegen die Deutschen, die 1916 aufgeben mußten. Das Land unterstand nun im Sinne einer provisorischen Verwaltung den Briten und Franzosen, bis 1919 dann als Folge des Versailler Vertrags die vorläufig endgültige Aufteilung beschlossen wurde, die etwa 5/6 des Landes als Treuhandgebiet des Völkerbundes der Verwaltung Frankreichs, den Rest derjenigen Englands zuschlug.

Zwischen beiden Weltkriegen gab es kurze Zeiten scheinbarer Ruhe zwischen den Mächten, aber auch damals schwelten die europäischen Konflikte in ganz Afrika weiter.

2.1.3 KAMERUN WIRD UNABHÄNGIG

Das Datum der Unabhängigkeit Kameruns, der 1.1.1960, im Jahr der großen afrikanischen Unabhängigkeiten, ist nur der Endpunkt einer Entwicklung, die nach dem Zweiten Weltkrieg sich in mehr oder weniger modifizierter Form in vielen afrikanischen Staaten vollzog.

Als Nachfolgerin des Völkerbundes übernahm die UNO 1948 die Treuhandschaft über Kamerun; nach und nach erhielten die kamerunischen Abgeordneten in der französischen Nationalversammlung immer mehr Rechte für ihr Land, bis es 1960 in die Unabhängigkeit "entlassen" wurde.

In Wirklichkeit waren die langsame Loslösung vom sogenannten "Mutterland" und die Bildung einer eigenen politischen Nation (was nicht nur eine Verfassung auf dem Papier, sondern auch eigene Parteien, einen eigenen Verwaltungsapparat etc., vor allem jedoch politisches Denken der Kameruner als Kameruner bedeutete) die harte Arbeit vieler afrikanischer Staatsmänner.

Der Weg zur Unabhängigkeit ist mit vielen Namen afrikanischer Politiker und mit blutigen Auseinandersetzungen zwischen der UPC und der französischen Kolonialmacht gepflastert.

Die Union Camerounaise (UC), gegründet unter Ahmadou Ahidjo, führte dann das Land am 1.1.1959 in die volle interne Autonomie und am 1.1.1960 in die Unabhängigkeit. Ahidjo war seit 1954 Mitglied der französischen Nationalversammlung gewesen. Die Ratifizierung der kamerunischen Verfassung erfolgte schon am 21.2.1960. Wahlen gab es am 10.4. desselben Jahres, und am 5.5. wurde Ahidjo der erste Staatspräsident seines Landes.

Paul Biya

In den britisch verwalteten Provinzen erfolgte unter Aufsicht der UNO am 10.10.1961 eine Volksabstimmung. Zugleich gab sich Kamerun eine föderalistische Verfassung, um den Verschiedenheiten der einzelnen Provinzen besser Rechnung zu tragen. Nach der Vereinigung wurde John Ngu Foncha Vizepräsident des Landes und Premierminister von Westkamerun.

1972 wurde durch ein Plebiszit die föderalistische Verfassung zugunsten der "Vereinigten Republik Kamerun" aufgehoben. 1982 trat Ahidjo freiwillig zurück und überließ seinen Posten als Staatspräsident dem noch heute regierenden Paul Biya. Seit 1984 trägt das Land den Namen "Republik Kamerun".

2.1.4 SPUREN DEUTSCHER VERGANGENHEIT

Deutsche Spuren in Kamerun sind ganz anderer Art als z.B. in Togo. Sie werden kaum jemanden finden, der noch deutsch spricht, aber den Deutschen haben die Kameruner ein außerordentlich freundliches Andenken bewahrt. Selbst da, wo die Deutschen viel zerstört haben, werden sie heute freundlich empfangen und als Gäste gern willkommen geheißen. Bezüglich der deutschen Geschichte sei auf Kap. 2.1.2 verwiesen.

Die Erinnerung an die Kolonialzeit manifestiert sich vor allem in Bauwerken und Friedhöfen, manchmal noch in übrig gebliebenen Museumsgegenständen. Diese befinden sich vor allem in Buéa, Limbé und Umgebung, Douala, Kribi, Bipindi, Foumban, Bamenda (Bali) und Bafut. Im Norden des Landes ist so gut wie nichts mehr erhalten. Es wäre allerdings zu wünschen, daß die ehemals deutschen Denkmäler, die dem endgültigen Zerfall sehr nahe sind, besser instandgehalten würden; man könnte hier möglicherweise auch deutsche oder internationale Gremien finden, die sich für diese Art von Denkmalschutz einsetzen.

Bei der jeweiligen Ortsbeschreibung (Kap. 5) wird detailliert auf die Denkmäler aus deutscher Zeit eingegangen.

2.1.5 ZEITTAFEL

6. Jh. v.Chr.:	vermutliche Entdeckung des Kamerunbergs durch den Karthager Hanno (wissenschaftl. nicht verbürgt)
1. Jahrtausend n.Chr.:	Invasion von nordischen Völkern, islamischer und nicht islamischer Herkunft, nach Nordkamerun. Gründung afrikanischer Königreiche
1394:	Gründung der Dynastie der Bamoum
1472:	Portugiesische Seefahrer entdecken Kamerun und fahren den Wouri-Fluß hinauf
Seit dem 17. Jh.:	Kriegszüge der Fulbé von Norden her
1845:	Der baptistische Missionar Alfred Saker kommt nach Douala und schließt mit den Vertretern des Küstenvolkes der Douala, King Akwa und King Bell, einen Vertrag gegen Sklaverei und Zwangsarbeit
Fünfziger Jahre:	Heinrich Barth in Kamerun
1868:	Landung eines Schiffes der Woermann-Linie in Ebolowa; Gründung einer Missionsschule
1884:	Gustav Nachtigal landet in Kamerun und gründet die deutsche Kolonie

1884/85:	Berliner Konferenz: "Aufteilung des afrikanischen Kontinents" unter den Europäern
1887:	Eintreffen von Zintgraff (bis 1897)
1907:	Der Palast des Fons von Bafut wird abgebrannt
1901 - 1909:	Buéa Hauptstadt Kameruns
1896:	Wilhelm II. erklärt alle Gebiete zum Kronland
1911:	Eröffnung der Eisenbahnlinie Douala - Nkongsamba
1912:	Hinrichtung Manga Bells trotz Intervention beim deutschen Reichstag durch die Deutschen
1919:	Aufteilung der deutschen Kolonie Kamerun an Engländer und Franzosen
1922:	Der Völkerbund erteilt England und Frankreich einen Mandatsauftrag
1.1.1960:	Kamerun wird unabhängig (frankophone Provinzen)
1961:	Die ehemals britisch verwaltete Südprovinz (heute Süd-West-Provinz) kommt zu Kamerun
1972:	Die ehemals britisch verwaltete Nord-West-Provinz kommt zu Kamerun. Kamerun wird die "Vereinigte Republik Kamerun"
1982:	S.E. Paul Biya löst als Präsident seinen Vorgänger im Amte Ahmadou Ahidjo ab
Seit 1984:	Offizielle Landesbezeichnung: Republik Kamerun

2.2 LANDSCHAFTEN KAMERUNS

Kamerun, ein Land in Zentralafrika - manche zählen es auch noch zu Westafrika -, ist geographisch gesehen im Osten des Golfes von Guinea zwischen dem 8. und 16. Längengrad und dem 2. und 13. Breitengrad, also nicht weit nördlich vom Äquator, gelegen. Die größte Nord-Süd-Ausdehnung beträgt ca. 1.300 km, die maximale Ost-West-Ausdehnung mißt im Süden etwa 700 km. Mit einer Gesamtfläche von 475.000 km^2 ist Kamerun etwa doppelt so groß wie die Bundesrepublik.

Westlich wird Kamerun durch Nigeria, nördlich durch den Niger (d.h. nur indirekt, direkt durch den Tschadsee, durch den die Grenze läuft) und den Tschad begrenzt, östlich durch die Zentralafrikanische Republik und die Volksrepublik Kongo, südlich durch Gabun und Äquatorialguinea und dann wieder westlich durch den Atlantischen Ozean.
Vorgelagert ist hier noch die Insel Bioko mit der Hauptstadt Malabo, die zu Äquatorialguinea gehört und geologisch gesehen ein Ausläufer der vulkanischen Reste des Kamerunbergs ist, wie die kleinen, Limbé direkt vorgelagerten Inseln auch.

Die Landschaften Kameruns sind vielfältig. Im allgemeinen teilt man sie in fünf verschiedene ein (was nichts mit den Verwaltungsbezirken zu tun hat!).

Man unterscheidet:

- die Küstenregion,
- das südliche Hochland,
- das Grasland im Westen,
- das Hochland von Adamaoua,
- den Norden.

Im **Norden** häufen sich die landschaftlichen Schönheiten (Bergland der Kirdi), im **Grasland** sind die Vulkane und die Königreiche besonders reizvoll. Im **Hochland von Adamaoua** jedoch gibt es weite Landstrecken, durch die kaum eine Piste führt und Sie um sich herum nur Felsen, unbebautes Land und keinen Menschen bis zum Horizont erblicken.

Im **südlichen Hochland** herrscht nun wiederum Regenwald vor, der oft undurchdringlich ist. In der Darstellung der Reiseziele liegt daher der Schwerpunkt auf den touristisch erschlossenen Gebieten: dem Norden, dem Grasland und der Küstenregion.

2.2.1 GEOLOGISCHER ÜBERBLICK

Geologisch gesehen, muß man Kamerun als ein Übergangsgebiet zwischen Zentral- und Westafrika betrachten: Das Land liegt zwischen der Atlantikküste am Golf von Guinea und dem nördlichen Tschadbecken.

Das **Küstentiefland** begleitet eine über 300 km lange Senkungsküste. Im Bereich der Mündungen des Njong, Sanaga und Wouri breitet sich ein mangrovenartiger Dschungel aus, der eine Breite von bis zu 250 km erreicht. Nach einer Unterbrechung durch das Kamerun-Gebirge findet diese Mangrovenlandschaft ihre Fortsetzung im Tiefland des Rio del Rey und ist hier bis zu 130 km breit.

Das **Kamerungebirge** erreicht eine Höhe von über 4.000 m. Es gehört zu einer Vulkanlandschaft, die in der Inselwelt der Bucht von Biafra beginnt, sich im westlichen Bergland fortsetzt und bis zum Tschadsee reicht. Landeinwärts setzt sich diese Struktur in den Rumpibergen (1760 m), dem Manengubmassiv (2050 m) sowie den Bambutobergen (2740 m) fort.

Diese Vulkanlandschaft wird auch mit dem Begriff "Kamerun-Linie" bezeichnet. Daß der Vulkanismus noch aktiv ist, davon zeugt der Gasausbruch im Kratersee Nios bei Nkambé (Nordwesten) im August 1986. Der Kamerunberg weist seit 1900 fünf Ausbrüche auf (letzter Ausbruch 1982).

Die Vulkanlandschaften sind in aller Regel sehr fruchtbar und bieten im Bergland mit seinen hohen Niederschlägen sehr gute landwirtschaftliche Anbaumöglichkeiten.

Geologischer Exkurs

Kamerun ist aus 4 Hauptgesteinsarten aufgebaut:
- aus Sedimenten
- aus metamorphen Gesteinen
- aus plutonischen Gesteinen
- aus vulkanischen Gesteinen.

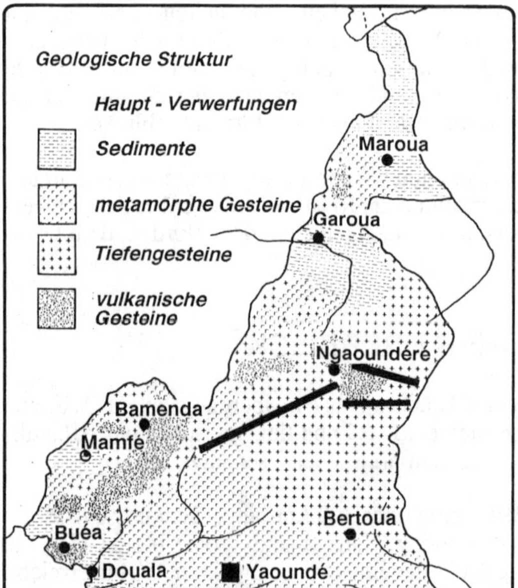

Sedimente sind Ablagerungsgesteine. Der Ablagerungsprozeß fand in Flüssen, Seen oder Meeren statt. Klassische Sedimente sind z.B. Sand- und Kalksteine.

Metamorphe Gesteine sind Gesteine, die durch Umwandlung aus anderen Gesteinen entstanden sind. Die dabei wirkenden Kräfte waren stets hohe Temperaturen oder hoher Druck. Zu dieser Gruppe gehören z.B. Schiefergesteine und Gneise.

Plutonische Gesteine sind ursprünglich in der Tiefe (5 - 10 km unterhalb der Erdkruste) aus magmatischen Massen erstarrt. Durch Abtragung der Sedimente sind sie an die Oberfläche gelangt. Zumeist handelt es sich hierbei um Granite.

Vulkanische Gesteine sind stets beim Lava-Ausbruch eines Vulkans entstanden und an der Oberfläche erstarrt. Dazu gehören z.B. Basalte.

In Südkamerun herrscht ein Hochland mit Plateauflächen vor, die durchschnittlich 600 m über dem Meeresspiegel liegen. Hier befinden sich ausgedehnte Regenwälder, die kaum erschlossen sind. Nördlich der sogenannten Sanagamulde steigt die Landschaft stufenartig zum Hochland von Adamaoua (1200 m) an. Das Hochland von Adamaoua ist seinerseits von einigen Gebirgszügen, die einen Ost-West-Verlauf haben, durchzogen.

Diese Berge erreichen eine Höhe von bis zu 2000 m. Süd-Adamaoua, das mittelkamerunische Grashochland, ist als Schollengebiet stark zerklüftet, weist steile Täler auf und ist Hauptquellgebiet der Flüsse Kameruns. Zum Küstentiefland bricht der Gebirgsrand steil ab: Hier gibt es deshalb viele Wasserfälle. Auch im Norden bricht das Hochland zum Faro- und Bénoué-Becken steil ab. Im Nordosten liegt die Logone-Flußniederung, die manchmal überschwemmt wird.

Das **Tschad-Gebiet** im Norden ist fast abflußlos. Inselberge belegen, daß die Landschaft in früheren geologischen Perioden viel höher lag. Der Tschadsee selbst weist hohe Schwankungen in seiner Größe auf, was sich besonders im Norden und Nordosten, also nicht mehr im Gebiet Kameruns, bemerkbar macht.

2.2.2 DIE EINZELNEN LANDSCHAFTEN IM ÜBERBLICK

Die Küstenregion

Sie reicht von der Grenze Nigerias in den Norden bis Nkongsamba, an der Küste entlang über Limbé, Douala, Edéa, Kribi bis nach Campo und bis zur Grenze nach Äquatorialguinea. Fast höhengleich mit dem Meeresspiegel, ist sie gekennzeichnet durch den dominierenden Kamerunberg sowie durch die Mündungen der Flüsse Mungo, Wouri (Delta) und Sanaga.

Pflanzungen verschiedener Art (Gummibäume, Bananen, Ölpalmen, Tee) bilden die wirtschaftlichen Ressourcen; hinzu kommen der Fischfang und die Industrialisierung um die Stadt Douala herum.

Die Küstenregion wird durch ein feucht-heißes Klima (mittlere Jahrestemperatur bei 25° C) mit wechselnden Niederschlägen (mehr in Limbé als in Kribi) und von der Vegetation her durch tropischen Regenwald bestimmt, der allerdings wegen der zunehmenden Verstädterung reduziert wird.

Für Klima und Vegetation spielt stets die Höhe über dem Meer eine Rolle. In Douala regnet es 203 Tage im Jahr (mehr als 4.000 mm), in Maroua dagegen nur 78. Zwei so nahe beieinander liegende Städte wie Limbé und Buéa haben zwei verschiedene Klimata: Limbé ist heiß und feucht, Buéa aufgrund seiner Höhenlage kühl und feucht.

Die Temperaturen in dieser Region sind relativ gleichbleibend, die Jahreszeiten unterscheiden sich nicht deutlich voneinander.

Diese Region ist verkehrstechnisch am besten erschlossen.

Das südliche Hochland

Das südliche Hochland, das sich von der Südgrenze des Landes bis hinauf zum Adamaoua-Plateau zieht, gilt als äquatoriale Klimazone mit hoher Feuchtigkeit, regelmäßigem Regen und offiziell zwei Trocken- und zwei Regenzeiten (wobei die Trockenzeiten relativ feucht sind).
Dieses Gebiet war ursprünglich von dichtem Regenwald überzogen, der teilweise für Pflanzungen gerodet wurde. Auf diesen werden Kakao, Kaffee, Zuckerrohr und Tabak angebaut. Viehzucht findet nur im kleinen Rahmen statt.

i

Informationen zum Tropischen Regenwald

Das Problem der Abholzung der tropischen Regenwälder ist in den vergangenen Jahren immer stärker in die öffentliche Diskussion hineingetragen worden. Im Zusammenhang mit der Tatsache, daß sich weltweit das Klima ändert (globale Temperaturerhöhung, Änderung von Niederschlagszuverlässigkeit und Niederschlagsmenge) fällt der Erhaltung tropischer Regenwälder eine besondere Bedeutung zu.

1. Geographische Beschreibung

Der Regenwald ist der vorherrschende Vegetationstyp der regenreichen tropischen Zonen. Er besteht aus immergrünen Bäumen, die in den meisten Fällen keinen Knospenschutz haben. Die Blätter sind unbehaart und glänzend. Die Vegetation ist außerordentlich artenreich und üppig entwickelt. Baumriesen erreichen Höhen von über 70 Metern, während die gleichen Bäume in den gemäßigten Breiten höchstens 20 - 30 m hoch wachsen. Das Endwachstum erreichen die Baumriesen in den Tropen bereits nach wenigen Jahrzehnten, während die gleichen Bäume ihre endgültige Größe bei uns erst nach über 200 Jahren verzeichnen. Dieses Wachstum ist vor allem durch die besonderen klimatischen Rahmenbedingungen gekennzeichnet:

- *Die Monatstemperaturen sind ganzjährig relativ konstant und bewegen sich im Monatsmittel nur zwischen 20 und 30 ° C, so daß es keine Pause beim Wachstum gibt.*
- *Zusätzlich fallen reichlich Niederschläge (2000 - 5000 mm/Jahr). 9 - 12 Monate im Jahr sind humid, d. h., daß der Niederschlag größer ist als die Verdunstung.*
- *Der Boden ist sehr stark verwittert. Man bezeichnet ihn in der Geologie als Laterit. Laterit ist ein orange- bis rotfarbener Boden. Er entsteht durch die im tropischen Klima äußerst intensive hydrolytische Verwitterung, bei der Kieselsäure aus der Bodenoberschicht ausgelaugt wird, wodurch Tonerde und rotes Ferrihydroxid angereichert werden.*

Dieser Boden ist sehr nährstoffarm, da er eben durch die hohen Niederschläge ausgewaschen wird. Der Mineralaufschluß allerdings vollzieht sich in kurzer Zeit, so daß den Pflanzen in genügendem Maße Nährstoffe zur Verfügung stehen.

2. Botanische Kennzeichnung

Der tropische Regenwald ist durch seinen Artenreichtum gekennzeichnet. Während es in unseren Breiten in den Wäldern nur einige Dutzend Arten gibt, wachsen im tropischen Regenwald mehrere Hundert Arten. Das macht die wirtschaftliche Nutzung des Regenwaldes schwierig, da die Forstwirtschaft nur an wenigen Baumarten Interesse hat. Typisch für den Regenwald ist sein Stockwerkaufbau:

- *Unten in Bodennähe ist es relativ dunkel. Hier herrscht eine großblättrige Krautvegetation vor.*
- *Darüber herrscht ein undurchdringliches Untergehölz vor.*
- *Danach schließt sich die Stammregion an. Die Stämme ihrerseits sind Lebensraum von Lianen und Epiphyten.*
- *Letztlich gibt es das Blätterdach der Baumriesen.*

Der Regenwald ist "immergrün". Erst nach vielen Jahren werfen die Bäume ihre dann meist lederartigen Blätter ab, welche zur Humusbildung beitragen.

An den Küsten sowie Flüssen mit wechselndem Wasserstand nimmt der tropische Regenwald die Sonderform des Mangrovenwaldes an. Die Bäume hier verfügen über Stützwurzeln, um Halt im schlammigen Untergrund zu finden.

3. Ökologische Bedeutung

Die Bedeutung des tropischen Regenwaldes für die klimatische Entwicklung unseres Planeten rückt immer stärker in das öffentliche Interesse. So wie unsere Atmosphäre und unsere Meere ist der tropische Regenwald ein integrierter Bestandteil der Weltökologie. Durch die Überbevölkerung in den tropischen Weltregionen sowie durch den Bedarf der Industrienationen an Holz und anderen Gütern wird die Waldfläche stetig reduziert.

Man stelle sich vor, daß der Regenwald ein in sich geschlossenes System darstellt und selbst "Regenmacher" ist. Jahrzehntelange Beobachtungen haben ergeben, daß es im Bereich des tropischen Regenwaldes einen fast geschlossenen Kreislauf gibt:
Die Baumriesen "pumpen" Feuchtigkeit hoch, die an den Blättern verdunstet. Ebenso verdunsten riesige Wassermengen vom Oberflächenwasser (also von Seen und Flüssen). Dadurch entsteht über dem Regen-

wald ein Feuchtigkeitsreservoir, das neue Regenwolken entstehen läßt. Man hat berechnet, daß nur 25 % des Niederschlagswassers ins Meer transportiert werden.

In der Zeitschrift GEO (Ausgabe 3/1990) wurden interessante Fakten zum Regenwald aufgeschlüsselt:

- *Der Regenwald "produziert Wirkstoffe, die seit Menschengedenken ... als Arzneimittel genutzt werden und die sich weltweit vermarkten ließen. Der Regenwald könnte als 'florierendes Pharmaunternehmen' fungieren, 'das die kranken Kassen' der Entwicklungsländer sanieren könnte." (S. 30).*
- *"Wer bei der Nutzung nur an Holz denkt, hat offenkundig ein Brett vor dem Kopf. Über die Höhe künftiger Einnahmen aus Produkten für Pharmazie und Pflanzenzucht läßt sich bislang nur spekulieren. Die Ernte von Früchten und Latex hat aber bereits heute einen beachtlichen Marktwert ..." (S. 36).*
- *GEO hat ebenfalls Berechnungen anstellen lassen, welche den Geldertrag ermitteln, den ein Hektar Regenwald in 50 Jahren erwirtschaften kann (S. 36):*
  - *Bei der Nutzung durch Viehzucht werden 5.062 DM erwirtschaftet.*
  - *Eine forstwirtschaftliche Ausbeutung erbringt 5.445 DM.*
  - *Eine Ausnutzung der Waldprodukte erwirtschaftet 10.824 DM.*

GEO März/1990, Artikel:"Letzte Chance für den Regenwald", S. 15ff

Im südlichen Hochland leben Wildtiere in freier Wildbahn (Büffel, verschiedene Affenarten, Krokodile, u.a.). Das Land ist fast ausschließlich von Bantuvölkern und Pygmäen bewohnt. Den verkehrstechnischen und wirtschaftlichen Zentralpunkt bildet die Landeshauptstadt Yaoundé, von der Einwohnerzahl her die zweitgrößte nach Douala.

Das Grasland im Westen

Da diese Landschaft im allgemeinen höher liegt als das Adamaoua-Plateau, ist es nie zu trocken, es regnet zwischen 2.000 und 4.000 mm pro Jahr. Aufgrund der vulkanischen Böden gedeihen Gemüse und Früchte reichlich ("Gemüsegarten Kameruns"), aber auch Kaffee, Tabak und Reis. An wenigen Orten wird sogar Tee angebaut. Die Temperaturen schwanken zwischen 13° und 26° C. Vor allem morgens und nachts ist es kühl. Da die landwirtschaftlichen Erträge hier so reich sind und intensive Viehzucht betrieben werden kann, ist diese Gegend die am dichtesten besiedelte des Landes. Die Völker des Graslands gelten als außergewöhnlich arbeitsam.

Hier befinden sich auch die meisten Wasserfälle des Landes, zweifellos bedingt durch die unterschiedlichen Höhen der vulkanischen Landschaft. Zudem findet man viele Kraterseen. Die vulkanische Tätigkeit ist noch nicht zu Ende. 1984 gab es eine Explosion toxischer Gase aus einem See nahe bei Foumbot, 1986 eine ähnliche Katastrophe in der Nähe von Wum (Ring Road), bei der über anderthalbtausend Menschen und viel Vieh starben.

Das Hochland von Adamaoua

Vom Adamaoua-Plateau nach Norden hin herrscht tropisches Klima, das immer trockener wird. Die Niederschlagsmenge beläuft sich auf der Hochebene noch auf 900 - 1.500 mm. Regen- und Trockenzeit verteilen sich etwa gleich über das Jahr. 1.100 m ü.M. beträgt die durchschnittliche Höhe des Hochlands, das sich ins Bénoué-Becken absenkt.
Das Hochland ist wenig besiedelt, hat aufgrund der Erosionen felsigen Boden und damit wenig Landwirtschaft. Die Menschen, fast alle Moslems, betreiben Viehzucht in meist noch traditioneller Art, d.h. nicht in größerem Umfang, sondern nur zur Selbstversorgung.
Die Hauptstadt Ngaoundéré ist vor allem als Verkehrsknotenpunkt zwischen dem Norden und dem Süden wichtig.

Der Norden

Vom Bénoué-Becken bis hin zum Tschadsee gibt es eine Trockenzeit von 5-8 Monaten im Jahr (je weiter nach Norden, desto länger die Trockenzeit), so daß die Flüsse total austrocknen und Wassermangel droht. Die Höhenunterschiede von der Tiefe des Bénoué-Beckens (mittlere Höhe 250 m ü.M.) über die Höhen der Mandaraberge bis hinunter in die tief liegende Tschadebene machen ihrerseits nun wieder einen Temperaturunterschied aus: Es kann sein, daß Rhumsiki im November/Dezember kaum 13°C hat, während in Maroua die Jahrestemperaturen zwischen 17°C und 39°C liegen.
Eine typische Erscheinung dieser Region ist der Harmattan, der von November bis etwa Februar immer wieder auftritt.

i ***Informationen zum Harmattan***

Der Harmattan ist ein zu den Passatsystemen gehörender Nordostwind, der vornehmlich in der Trockenzeit aus der Sahara in Richtung der atlantischen Küste weht. In den Sommermonaten erreicht er jedoch wegen der Verlagerung der Passatwindzone nicht die Küste. Der Harmattan trocknet das Land, über das er weht, unwahrscheinlich stark aus, die Luftfeuchtigkeit sinkt bis auf 1 % herab. Die Sicht ist oft wegen des mitgeführten Wüstenstaubes sehr stark eingeschränkt. Fallwinde von oben erlauben nicht, daß dieser staubartige Sand abzieht. Das ergibt einen Novemberhimmel, man sieht tagelang die Sonne nicht. Bei extremer Dichte kann man kaum wenige Meter weit sehen, die Auto- und Mopedlichter werden blau und tauchen - da der Staub auch den Schall schluckt - gespenstisch erst kurz vor einem auf. Selbst das Meerwasser ist weit in den Atlantik hinein stark getrübt. Die Staubniederschläge reizen die Schleimhäute oft schmerzhaft, sie provozieren Husten und Halsweh mit trockenem Auswurf, Heiserkeit, ohne daß eine Infektion vorliegt. Verschwindet der Harmattan, sind alle Symptome vorbei. Man kann sich kaum schützen, sollte viel trinken und für die Nase eine Nasensalbe (oder einfache Vaseline) mitnehmen.

Als das ökologische Gleichgewicht noch relativ in Ordnung war, ergab sich am Rande der Sahelzone (also im Bereich der Provinz des Extremen Nordens in Kamerun) ein hauptsächliches Auftreten des Harmattan meist im Dezember oder Januar, jeweils für einige Tage, und dann noch einmal im Februar/März kurzfristig bei seiner "Rückkehr". In Meeresnähe (also von Douala bis Kribi) spielte der Harmattan eine ganz unwesentliche Rolle. Leider hat sich das durch die Störung des ökologischen Gleichgewichts verschoben: Der Harmattan kommt und geht mehrfach im Jahr, ist dichter geworden, und auch die Küstenregionen bleiben nicht verschont. Selbst dort findet man auf der Haut eine richtige Staubschicht, grau und fein, die man nur mühsam von Körper und Kleidern entfernen kann.

Die landwirtschaftliche und industrielle Entwicklung des Nordens ist schon immer schwierig gewesen:

- aufgrund verkehrstechnischer Probleme,
- wegen der Vielfalt und Verstreutheit der Völker,
- aufgrund der weiten Entfernung vom Zentrum und vom Süden.

Inzwischen werden Hirse und Baumwolle extensiv angebaut. Die Baumwolle wird vor Ort auch weiterverarbeitet. Seit einigen Jahren hat man auch mit Reisanpflanzungen (vor allem bei Maga/Pouss) gute Resultate erzielt. Nicht zu vergessen als Einnahmequelle ist der Tourismus. Nordkamerun bietet eine solche Vielfalt an touristischen Attraktionen, daß hier ein wesentliches Potential dieses noch nicht sehr weit entwickelten Wirtschaftszweiges liegt.

Die enormen geographischen Divergenzen, die das Land bestimmen, sowie die Unterschiede innerhalb einer Landschaft aufgrund der Höhe oder der plötzlich auftretenden Winde machen es quasi unmöglich, einheitliche Klima- oder Niederschlagstabellen für Kamerun zu erstellen. Außerdem wirken sich die Störungen des ökologischen Gleichgewichts auch bis nach Afrika hin aus: Vor wenigen Jahren noch war der Harmattan in Limbé so gut wie unbekannt, nun muß man jedes Jahr mit ihm rechnen.

Die beiden nachfolgenden Klimatabellen beschränken sich daher auf Douala und Yaoundé.

KLIMADATEN YAOUNDÉ

Monat	Temperatur in °C		Niederschlag in mm		Mittl. Luftfeuchtigkeit in %		Klimabelastung	Mittl. tägl. Sonnenscheindauer in h
	mittleres tägliches Maximum nachmittags	mittleres tägliches Minimum morgens	Mittlere Monatsmenge	Mittlere Anzahl der Tage mit Niederschlag	Relative Feuchtigkeit morgens	Relative Feuchtigkeit nachmittags	2 : schwül	
Januar	29,0	19,0	31	3	96	57	2	5,6
Februar	29,5	19,5	68	5	96	52	2	6,0
März	29,5	19,5	144	12	96	54	2	4,9
April	29,0	19,0	175	14	97	60	2	5,1
Mai	28,0	19,0	183	18	97	64	2	4,9
Juni	27,5	19,0	157	15	97	66	2	4,1
Juli	26,0	18,5	54	9	96	70	2	2,8
August	26,5	18,5	89	9	97	68	2	2,7
September	27,0	18,5	202	19	97	65	2	3,5
Oktober	27,5	18,5	288	22	98	64	2	4,0
November	28,0	19,0	129	13	97	62	2	5,1
Dezember	28,5	19,0	10	3	97	58	2	5,8
Januar - Dezember	**28,0**	**19,0**	**1 530**	**142**	**97**	**62**	---	**4,5/1 643**

KLIMADATEN DOUALA

Monat	Temperatur in °C		Niederschlag in mm		Mittl. Luftfeuchtigkeit in %		Klimabelastung 2 : schwül 3 : sehr schwül	Mittl. tägl. Sonnenscheindauer in h
	mittleres tägliches Maximum nachmittags	mittleres tägliches Minimum morgens	Mittlere Monatsmenge	Mittlere Anzahl der Tage mit Niederschlag	Relative Feuchtigkeit morgens	Relative Feuchtigkeit nachmittags		
Januar	31,0	23,0	50	7	98	64	3	2,9
Februar	31,5	23,0	90	9	98	62	3	4,1
März	31,5	23,5	206	16	97	62	3	3,6
April	31,5	23,0	237	18	97	62	3	4,4
Mai	31,0	23,0	369	23	97	66	3	3,9
Juni	29,5	23,0	459	24	98	70	3	2,6
Juli	27,0	22,5	702	29	98	77	2	1,1
August	27,0	22,5	665	29	98	76	2	1,1
September	28,5	22,5	612	27	98	73	3	2,1
Oktober	29,5	22,5	373	25	98	68	3	3,5
November	30,5	22,5	144	16	98	68	3	3,6
Dezember	31,0	23,0	52	9	98	66	3	3,5
Januar - Dezember	**30,0**	**23,0**	**3 959**	**232**	**98**	**68**	---	**3/1 095**

2.3 VÖLKERKUNDLICHER ÜBERBLICK

In Kamerun gibt es mehr als 200 Sprachen und demnach fast ebenso viele Völker - die Kleingruppen, sprachlich den Dialekten zugeordnet, nicht mitgerechnet. Alle hierzu existierenden Statistiken sind jedoch unzuverlässig. Es ist deshalb nicht möglich, alle Völker zu beschreiben, sondern es seien nur die aufgeführt, die für die Entwicklung des modernen Staates von Bedeutung sind, die also auch heute noch eine gewisse Rolle spielen, weil sie nach wie vor eine Landschaft prägen und gewisse Traditionen verkörpern.

Kamerun ist ein Staat moderner Prägung, der jedoch erkannt hat, daß die völkischen Traditionen wichtig und für das Funktionieren auch des modernen Staatswesens von Nutzen sind. So ist in Kamerun eine einzigartige Symbiose geglückt: Tradition und Moderne widersprechen sich nicht, sie sind integriert, leben nicht nur nebeneinander her. Dies festigt den heutigen Staat.

Auch heute noch sind sich die Ethnologen über die Ursprünge vieler Völker nicht im klaren. Das erklärt sich unter anderem auch aus der Tatsache, daß schriftliche Überlieferungen fehlen und nur mündliche erhalten sind. Wer sich da zu einem Stamm rechnete, rechnen durfte oder wollte, ist nicht immer mit Gewißheit festzustellen. Sicher ist, daß, soweit sich die Geschichte zurückverfolgen läßt, es stets Völkerwanderungen gegeben hat, die natürlich an den Grenzen des heutigen Kameruns nicht haltmachten, sondern von außen kamen und sich innerhalb des Territoriums des heutigen Staates und darüber hinaus bewegten.

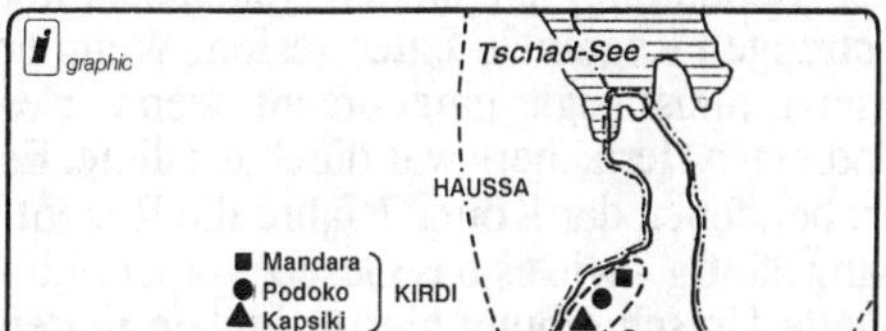

- So bilden die Gruppen des Nordens den einen Bereich: Fulbé, Haussa und die Bergvölker des Nordens.
- Im Nordwesten lebten und wanderten die Tikar, deren Verwandte - feindliche wie freundschaftlich gesinnte Brüder - sich in mehrere Völker aufsplitterten und von denen hier nur einige genannt werden können: die Bamoum, die Bamiléké, die Bafut und die Bali.

- Es folgen die Bantuvölker im Zentrum und Süden des Landes: die Douala, Bakoko und Bassa.
- Zu den Pahouin zählt man die Ewondo, die Fang, Beti und Bulu. Sie alle leben weit über die heutigen Landesgrenzen hinaus in Äquatorialguinea und Gabun.
- Als letzte Gruppe schließlich seien noch die Pygmäen erwähnt.

Dies ist nur ein kleiner Ausschnitt des Völkerreichtums des heutigen Staates. Und bei der Verschiedenheit der Volksgruppen ist es wie ein Wunder, daß sich innerhalb von 30 Jahren hier eine moderne Nation hat entwickeln können.

Noch ein Wort zur Terminologie:
Es wird die Rede sein von Chefs oder Königen, von einem Fon oder Lamido. Sie alle bezeichnen die Führungspersönlichkeit eines Volkes im traditionellen Kamerun (hier wird das früher häufig benutzte Wort "Häuptling" ebenso wie das des "Medizinmannes" vermieden, da diese Termini aus der Kolonialzeit stammen und den Beigeschmack des Primitiven haben).

Ein **König** (dieses Wort wird hier benutzt, jedoch nicht im europäischen Sinne, sondern in abgewandelter Bedeutung) ist niemals ein absoluter Herrscher. Er hat sich vielmehr strengen Regeln zu unterwerfen. Wenn er gegen sie verstößt, wird er abgesetzt, meist sogar umgebracht, wenn er es nicht selber tut. Der natürliche Tod eines Herrschers war die Ausnahme. Es gab in der Tradition auch Völker, bei denen der König 7 Jahre die Regentschaft ausübte und sich dann zwangsläufig - wie es das Gesetz vorschrieb - umzubringen hatte. Die traditionelle Umschreibung hierfür lautete in den meisten Kulturen, daß der König schlafen gehe. Ein König ist von seinen Beratern, den Alten und den Adligen umgeben. Er kann also keineswegs tun, was ein europäischer Souverän an seiner Stelle tun könnte.

Ein **Lamido** ist ein König der Fulbé, der oft islamisiert ist; ein Sultan ist das Oberhaupt der Moslems; der Begriff **Fon** kommt aus der Tradition der Tikar und deckt alle oben genannten Funktionen ab. Er wird als Ausdruck vor allem im Kameruner Grasland benutzt.

Die Bezeichnung **Chef** ist gängig und wird auch für den Führer eines kleinem Stammes gebraucht, der höchstens über einige Dörfer zu sagen hat - daher auch die Bezeichnung Dorfchef, Chef des Weberviertels, etc. Auch unter den Chefs gibt es eine Hierarchie, die streng beachtet wird.

2.3.1 DIE FULBÉ

Niemand kennt den wahren Ursprung des Volkes der Fulbé, das auch Peul (Schreibweise auch Peulh) oder - weniger häufig - Fulani genannt wird. Es ist viele Tausend Kilometer über ganz West- und Zentralafrika verstreut und hat zu Spekulationen Anlaß gegeben, daß es eine mysteriöse Vergangenheit hat und von sehr weit her kam, was es deshalb besonders geheimnisvoll macht. Fest steht, daß die Fulbé - in den meisten Fällen - eher hell- als dunkelhäutig sind, zartgliedrig, also keine im eigentlichen Sinne "negroiden" Züge aufweisen (ich benutze dieses Wort mit großem Vorbehalt, auch wenn es in der Ethnologie üblich ist, da es m.E. ein Relikt aus den Forschungen während der Kolonialzeit ist).

Die Fulbé waren ursprünglich Nomaden, ein Hirten- und Reitervolk, sehr kriegerisch, gehaßt von seßhaften Völkern und gefürchtet von denen, die sie angriffen. Ihre Kultur und ihr Sozialsystem sind jedoch äußerst kompliziert und zeugen von hohem Niveau, was sich nicht zuletzt auch in ihrer Sprache ausdrückt.

Ihre Islamisierung ist schon zu einem sehr frühen Zeitpunkt erfolgt.

In Westafrika sind sie heutzutage noch immer als Nomaden bekannt, in Kamerun (und auch in Nigeria und teilweise im Niger) jedoch als ein Volk, das seßhaft geworden ist, Königreiche gegründet hat und Herrschaft über andere Stämme ausübt.

Trotzdem verachtet man sie heute noch als Nomaden, weil ihre Tiere manchmal noch in die Felder der seßhaften Bauern gehen und dort fressen - ein Eigentumsdelikt, das, geht man zurück auf die alten afrikanischen Traditionen, allerdings keines ist, denn die Felder mit ihrer Frucht gehörten allen.

Sie werden beneidet und bewundert: Die Schönheit und der Schmuck ihrer Frauen sind berühmt; ihre Pferde sind schöner herausgeputzt als andere; sie besitzen sehr gepflegte Rinderherden und betreiben als einzige Milchwirtschaft, was für die Ernährung sehr wichtig ist.

Man kann ihre Spuren bis ins 13. Jahrhundert zurückverfolgen. Ihre kriegerischen Invasionen (vornehmlich, um Sklaven für den eigenen Gebrauch zu gewinnen) sind jedoch erst seit dem 18. Jahrhundert in Kamerun bekannt. In den ersten Jahren des 19. Jahrhunderts begannen sie ihre Kriegszüge gegen die Haussa, gegen die Kirdi im Norden Kameruns und gegen andere Völker. Das Kriegsglück wechselte, aber sie nahmen den Norden bis nach Ngaoundéré ein und scheiterten erst bei den Tikar (Bamoum u.a.). Sie siedelten sich in Form der Lamidats an, einer Art Oberherrschaft oder Königreich. Ihr Chef ist bis heute der Lamido.

Es gelang den Haussa durch geschickte Händlertaktik und, gestützt auf die Gemeinsamkeit der Religion, des Islam, mit den Fulbé Frieden zu schließen. Heute leben beide Völker gemeinsam und sehr friedlich miteinander, und sie beide sind es hauptsächlich, die das soziale und wirtschaftliche Potential des Nordens ausmachen.

2.3.2 DIE HAUSSA

Die Geschichte der Haussa - geographisch wohl vom Sudan ausgehend - ist weniger von Kriegen bestimmt und reicht bis ins 12. Jahrhundert zurück. Sie sind vor allem ein Volk von Händlern und bis heute außerordentlich geschickt in ihrer Tätigkeit. Es gibt Schätzungen, die besagen, daß über ganz West- und Zentralafrika verstreut etwa 60 Millionen Haussa leben.

Ihre islamische Tradition, gemischt freilich mit animistischen Praktiken, ist bis zu den frühesten historischen Spuren zurückzuverfolgen und hat ihre Lebensart und Staatsform entscheidend mitgeprägt.

Geographisch gesehen, waren und sind sie vor allem in Nordnigeria, dem Niger, dem Tschad und im Norden Kameruns angesiedelt. Der "Siegeszug" der Haussa auf kommerziellem Gebiet bis weit nach Westafrika hinein ist späteren Ursprungs.

Bezeichnend ist, daß sie nicht einheitlich als kriegerische Invasoren in der Geschichte auftauchen. Selbst die Religionskriege in Nordnigeria zu Beginn der achtziger Jahre tragen nicht primär Haussa-Charakter. Jedoch haben die Haussa eine Art von kultureller Kolonisation betrieben, denkt man z.B. an die Bergvölker Nordkameruns.

Die Haussa waren die Herren, und sie benannten die Völker mit ihren Namen: Die Mafa, eines der Bergvölker, das schon seit Urzeiten so hieß, wurde von den Haussa nun "Matakam" genannt, was soviel heißt wie "der Unbekleidete" oder "der zu arm ist, sich etwas anzuziehen", eine erniedrigende Bezeichnung, die verständlicherweise noch heute den Mafa zu schaffen macht.

Mützen für Moslems zum Verkauf auf dem Markt

Heute gelten die Haussa in Nordkamerun als zuverlässige Geschäftspartner. Sie verfügen nach wie vor über enorme Reichtümer, was sie nach außen unter dem einfachen "Boubou", dem islamischen Gewand, verbergen können. Man sieht dies aber an ihren reich bestickten Mützen.

Ihren Reichtum können sie aber auch herauskehren: Sehen Sie zu einem entsprechenden Anlaß einen Haussa in Festkleidung, so werden Sie staunen über die Pracht und die Feinheit, die "nur" aus seinem Gewand spricht: Die billigsten kosten um die 2.000 DM!

Die Haussa sind ausgesprochen stolz und haben tadellose Umgangsformen. Bei aller Geschäftstüchigkeit - oder gerade deshalb? - bleiben sie stets höflich und zuvorkommend. Streit gibt es selten, das berühmte "afrikanische Palaver" um nichts bleibt aus.

Sie sind freundlich auch gegenüber sozial niedriger Gestellten, und das ist ehrlich gemeint.

2.3.3 DIE BERGBEWOHNER DES NORDENS

Es sind ihrer viele, es gilt hier jedoch, sich auf diejenigen zu beschränken, mit denen man auch bei einem Besuch in Kamerun in Berührung kommen wird: Dies sind vor allem die Kapsiki, die Mafa, die Mandara und die Podoko.

Sie bewohnen in der Provinz des Extremen Nordens, die bis zum Tschadsee reicht, die Mandaraberge und die umliegenden Berglandschaften entlang der nigerianischen Grenze. Selbstverständlich leben diese Völker auch jenseits der Grenze: Die modernen Grenzen sind keine völkischen.

Alle zeichnet ein gemeinsames Schicksal und ein gemeinsames Stück Kultur aus: Sie sind von Hause aus "Animisten" (vgl. Kapitel 2.5.3), und sie wurden immer und immer wieder von Eindringlingen mit militärischer (Fulbé) oder kultureller Absicht (Haussa) bedroht, was sie im Laufe der Jahrhunderte nicht nur mißtrauisch gemacht, sondern sie auch dazu bewogen hat, den Status des Flüchtenden, des in die Berge Fliehenden, des sich Versteckenden anzunehmen. Dies prägt den Charakter eines Volkes.

Die Kapsiki

Sie sind eines der großen Bergvölker, die sich durch großen Fleiß, harte Arbeit und ein hohes Durchhaltevermögen auszeichnen. Sie wohnen in einer vulkanischen Zone, wo man glaubt, sich in einer Mondlandschaft zu befinden. Felszähne ragen empor, bizarre, oft unbewachsene Bergformen. Höhlen bieten, wenn nötig, noch heute den Kapsiki Unterschlupfmöglichkeit. Klettert man auf einen der größeren Berge, sieht man gut, wie die Krater insgesamt aussehen: Sie sind meist kreisrund und relativ groß.

Der berühmteste Ort in ihrem Landstrich ist Rhumsiki, ein großes Dorf mit etwa 900 Familien, das man eigentlich vor dem Überranntwerden durch die Touristen bewahren müßte. Aber das tun die Kapsiki schon selbst, so seltsam das klingen mag. Natürlich laufen die Kinder den Touristen hinterher, aber das Dorf hält auf sein traditionelles Leben.

Rhumsiki ist der zentrale Ort in eben jener Landschaft, die André Gide als "eine der schönsten Landschaften der Welt" bezeichnet hat.

“Roum” (oder “Rhum”) heißt der “Berg” in der Sprache der Kapsiki, und es gibt dazu eine historisch überlieferte Geschichte:

Vor fast 200 Jahren verirrte sich Siki, ein Jäger, in jener Gegend und erklomm, um sich wieder zurechtzufinden, einen Berg. Da ihm der Ort gefiel, siedelte er sich mit seiner Familie hier an.

Rhumsiki: der Berg mit dem Hotel

Der Berg heißt heute wie das Dorf, das Volk ist das der Kapsiki. Die meisten von ihnen sind Animisten. In den umliegenden Bergen befinden sich Höhlen, in die bei Bedrohung die Alten, Frauen und Kinder gebracht wurden.

In diesem unwegsamen Gelände konnten die Männer des Dorfes - gut versteckt, da sie die Örtlichkeiten kannten, und von sicherem Posten den Feind beobachtend - sich gegen die berittenen Fulbé wehren. Die Fulbé konnten niemals die Bergdörfer erobern oder sich ausreichend mit Sklaven versorgen. Sie fanden die Bergbewohner einfach nicht.

Von der Lage her bietet sich dieses Tal zwischen den Bergen und nahe der nigerianischen Grenze auch heute noch geradezu als ideales Schmugglergebiet an. Die Rechnung geht jedoch nicht auf: Die Kapsiki halten nach wie vor Wache in den Bergen, und wer den Pfad unerlaubterweise kreuzt, wird zur Rede gestellt.

In Rhumsiki - wie in den umliegenden Dörfern der Kapsiki - wird im Oktober jeden Jahres eine Art Erntedankfest gefeiert.
Bisher hatten Touristen jedoch keinen Zutritt.

Tänzer vor den Vulkanfelsen in Rhumsiki

Nach ganz bestimmtem Ritus werden Opfer erbracht, zuvor werden Tiere geschlachtet, es wird Hirsebier gebraut, und die gesamte Bevölkerung nimmt teil an Tanz, Opfergang und an den Opfern selbst, indem jeder nach afrikanischer Sitte seine Gaben beisteuert.

Die vier Autoritäten des Dorfes - der Älteste, der religiöse Chef, der politische Chef und der Krabbenzauberer - leiten die Zeremonie. Sie opfern ein schwarzes Rind, ein schwarzes Schaf, eine schwarze Ziege und ein schwarzes Huhn. Das Blut dieser Tiere wird in einem geweihten Gefäß mit 4 Öffnungen gesammelt, weiteren Riten unterzogen und dann als Segnung über die Leute gesprengt. Man betet dabei um eine gute nächste Ernte, um Gesundheit und Frieden im Dorf.

Die Kapsiki haben auch einen für die Berge in mehreren Gegenden überraschend übereinstimmenden **Totenkult**. Sie begraben ihre Toten, d.h. die Notablen, in runden Erdgräbern nach einem bestimmten Ritus: Stirbt einer der Notablen, sei's Mann oder Frau, wird dort, wo er begraben werden soll (das entscheiden nun wiederum die vier Verantwortlichen des Dorfes), ein Loch gegraben mit ca. 1 m Durchmesser und 1,5 m Tiefe. Da wird der Verstorbene hineingelegt, in weißes oder schwarzes Tuch gehüllt, das vor Ort gewebt wurde. In die Hände gibt man ihm die Utensilien, die das Leben des Verstorbenen stets bestimmt haben: eine Kalebasse, eine Hacke, ein Messer, Pfeil und Bogen und andere Gegenstände. So können die physisch Toten in der Welt der Ahnen weiterleben. Erst nach einiger Zeit wird ein runder Stein gesucht, der das Grab dann schließt. Es wird eine kleine Mauer aus Bruchsteinen hochgemauert. Kinder setzen noch "ihren Stein" senkrecht darauf: einen höheren für die Jungen, einen kleineren für die Mädchen.

Die Kapsiki haben noch andere Sitten, die es wert sind, erwähnt zu werden:

- Da gibt es am Ortseingang zwei "**Palaverbäume**", einen für die Männer und einen für die Frauen. Freilich sind beide so nah beieinander, daß es unmöglich ist, die anderen nicht zu hören. Hier werden die Probleme der Ortes und der Familien besprochen, Streit geschlichtet, für jeden auf seine Weise.

Hirsestampfende Frauen mit Nachwuchs

- Und immer wieder Bilder, die zeigen, daß bei den Kapsiki die **Arbeit** großgeschrieben wird. Da gibt es im Dorf Hirsespeicher, Maisspeicher, Frauen, die im Mörser Hirse, Erdnüsse, Reis oder anderes stampfen ... Es wird gewebt und gesponnen, es wird aus Lehm geformt und getöpfert.

- Auch **Tanz** und **Musik** sind den Kapsiki wichtig. Fragen Sie nach der Tanzgruppe, und Sie werden einen Einblick bekommen in die Sitten und Gebräuche: Da gibt es einen Kriegstanz, einen Animateur, der die Leute in den Krieg schickt; da gibt es die jungen Mädchen auf Brautschau; da gibt es einen Erntetanz ...

- Und es gibt **Kunsthandwerk**: Oben auf einem der deutlich sichtbaren Hügel, ein wenig ins Tal hineinragend, hat sich die Kooperative der Kunsthandwerker installiert. Sie verkaufen dort das, was die künstlerisch begabten Kapsiki fertigen konnten: Hüte aus Stroh, Gitarren aus Kalebassen, bezogen

Weber in Rhumsiki

mit Ziegenleder und besaitet, geigenartige Instrumente, kleine Töpfereien aus Lehm, die im Ziegenmist gebrannt und deshalb schwarz geworden sind. Sie stellen die Formen der traditionellen Opfergefäße dar. Da sind auch Gegenstände, die man sonst nicht oder kaum mehr findet: vom Schmied die Produkte, die in der verlorenen Form (Erklärung s. Kapitel 2.3.3) gegossen wurden, außerdem Lederarbeiten, kunstfertig bemalte bzw. mit Zieraten eingebrannte Kalebassen ...

Die Vielfalt ist verwirrend. Das Ganze stellt sich an einem landschaftlich schönen Fleck mit Sicht auf die unvergleichliche "Mondlandschaft" dar ... All das ist die sehr typische Kapsikikultur.

Sie leben ansonsten vor allem vom Hirseanbau, für den sie mühsam dem Boden jeden Quadratmeter abringen, ohne Wasser oft, bei schlechter Erde. Sie müssen das Wasser in der Trockenzeit kilometerweit herbei- und hochschleppen, denn wir befinden uns in fast 1.800 m Höhe.

Viehzucht wird ebenso betrieben (Schafe, Ziegen, wenig Rinder, da sie zu groß sind, Hühner, Perlhühner), was schwierig ist wegen der schlechten Wasserversorgung, reicht doch meist das Wasser nicht einmal für die Menschen aus.

Kommt ein Fremder in die Gegend der Kapsiki, wird er weniger als zahlender Gast denn als eingeladener Fremdling betrachtet. Man wird alles tun, um ihn zufriedenzustellen. Meist ist Besuchern nicht bewußt, was sie "verlangen", d.h. was ihnen geboten wird: Nachtarbeit der Angestellten im

Spinnende Frauen im Weberviertel von Rhumsiki

Hotel, großzügige Bettwäsche (man denke an die Wasserknappheit), hervorragendes Essen (so wie diese Gäste essen die Leute im Dorf kaum einmal im Jahr).

Aber immer wieder wichtig ist die Rückkehr in die Tradition, bzw. das Festhalten an ihr:

Krabbenzauberer von Rhumsiki

- Da gibt es den **Dorfchef**, dem man seine Aufwartung zu machen hat, wenn man als Fremder ankommt - dies gilt sicherlich nicht mehr für Sie als Touristen, wenn Sie im Hotel wohnen (aber es würde auch nichts schaden, wenn Sie es täten).

- Da gibt es auch den **"Krabbenzauberer"**, der in allen Reiseveranstalterprospekten so genannt wird und doch jemand ganz anderes ist. Es gibt ihn übrigens nicht nur bei den Kapsiki, sondern bei fast allen Bergvölkern. Er besitzt Kenntnisse als Naturheilkundler und sucht selbst seine Kräuter und Essenzen an geheimen Orten. Er hat zudem seherische Kräfte, die er durch die Hilfe eines Flußkrebses erhält.

Er sucht sich nach nur ihm bekannten Riten an einem bestimmten Wasserlauf einen Krebs, den er zu sich nimmt und mit drei Hirsekörnern pro Tag ernährt. In einem Keramiktopf mit wassergetränktem Sand stecken kleine Stückchen von Kalebassen, die die ihn besuchenden Menschen, seine Kunden oder auch die sie belastenden Probleme bedeuten. Der Topf wird verdeckt, der Krebs hineingegeben. Dazu singt und spielt er seine Melodie und wartet die Arbeit des Krebses ab. Wenn er den Topf wieder öffnet, ersieht er aus der Bewegung des Krebses bzw. aus der veränderten Stellung der Kalebassenstückchen, was er zu sagen und zu tun hat.

● Am **Markttag** zum Beispiel sitzt der Dorfchef an einer zentralen Stelle am Markt mit seinen Notablen und überwacht den ordnungsgemäßen Ablauf des Marktes.
Es wird gehandelt, ein Kauf wird mit Handschlag besiegelt. Unstimmigkeiten werden vor den Chef gebracht.

Man darf nicht vergessen, daß die Menschen, die ja weit verstreut in den Bergen wohnen, als einzige Kommunikationsmöglichkeit den Tag des Marktes haben. Da kommen sie von überall her, sie marschieren oft die halbe oder ganze Nacht, um zu handeln, aber auch, um sich zu unterhalten. So wird dann auch gefeiert, mit oder ohne Anlaß, und das Hirsebier fließt reichlich. Der Dorfchef verfügt über Leute, die Kontrollgänge über den Markt machen und für Ordnung sorgen. Machen sie z.B. einen Dieb dingfest, wird er zum Chef geführt, und dort wird Gericht gehalten. Bei weniger schweren Fällen, wie Trunkenheit und Randalieren, bekommen die Schuldigen "nur" Schläge: die Frauen 5, die Männer 50 Stockschläge.
Ist ein Fall so gravierend, daß er vor Ort nicht gelöst werden kann, wird der Schuldige zur modernen Justiz geschickt, d.h. in die nächste Provinzhauptstadt, wo dann die moderne Gerichtsbarkeit auf ihn wartet, die meist weit unangenehmer ist als die traditionelle.
Man versucht so weit wie möglich, mit den Problemen auf Dorfesebene fertig zu werden.

All die beschriebenen Sitten gelten nicht nur für die Kapsiki, sondern im gleichen Maße mit nur wenigen Varianten für alle Bergvölker des Nordens.

Die Mafa

Die Mafa leben in den Mandarabergen oberhalb von **Mokolo** Richtung **Koza,** das heute eine Zollstation zu Nigeria ist. Man begegnet ihnen jedoch schon auf dem Wege nach Mokolo an der Straße von Maroua aus.

Sie leben in Rundhütten mit sehr spitzen Strohdächern. Diese müssen alle drei bis fünf Jahre neu mit Hirsestroh gedeckt werden, eine mühselige Arbeit: Das Stroh muß zusammengetragen und getrocknet, dann gebündelt werden, bis es dann auf das Dach gebunden wird. Diese Arbeit ist nur während der Trockenzeit möglich, wenn das Stroh ausreichend trocken ist,

Dorf der Mafa in den Mandarabergen

die Arbeit nicht durch Regen gestört wird und die Männer nicht aufs Feld zur Arbeit müssen. Die Spitze des Daches wird meist gesondert gefertigt und kann im Bedarfsfall abgenommen werden.

Die Mafa leben immer im Familienverbund zusammen, ebenso karg wie die Kapsiki. Gegen die Erosion legen sie kunstvoll Terrassen an, um das wenige, was sie der Erde abtrotzen können, nicht auch noch zu verlieren.

Hauptnahrungsmittel Hirse auf einem Markt im Norden

Sie sind bescheiden und von verschlossenem Charakter, und es ist nicht leicht, mit ihnen ins Gespräch zu kommen.

Sie leben wie die Kapsiki vor allem vom Hirseanbau, der in den wasserarmen Gegenden und bei der kargen Erde mühsam ist: pflanzen, verziehen, gießen, ernten, dreschen, verkaufen oder speichern, all dies bis zum Verzehr - und die Vorräte sollen ja lange halten.

Durch die Missionierung hat man ihnen ihre Tänze und Riten weitgehend verboten, so daß sie sie nur noch heimlich ausführen können und man sie nur noch sehr selten tanzen sehen kann.

Kunsthandwerklich sind die Mafa ähnlich geschickt wie die Kapsiki. Besondere Fertigkeiten entwickeln sie jedoch in der Schmiedekunst. Leider sind heute nur noch wenige dieser Öfen erhalten. Die anderen Schmiede, auch bei den Kapsiki, die noch aus der verlorenen Form gießen, benutzen hierzu eine vom Gehöft wegen der Feuergefahr entfernt liegende einfache Feuerstelle. Sie ist aus Lehmziegeln gebrannt, das Feuer wird von unten durch zwei Löcher mit dem Blasebalg zum Lodern gebracht.

Die Familie des Schmieds hat eine besondere soziale Stellung, nicht jeder darf zu ihm oder mit ihm essen und trinken. Zudem spricht man ihm Zauberkräfte zu. In den Familien der Schmiede soll es besonders viele Zwillingsgeburten geben, auch das ein Segen der Natur, der darauf hinzuweisen scheint, daß dem Schmied besondere Kräfte eigen sind.

i ***Informationen zur Schmiedekunst der Mafa und Kapsiki***

Vorgang des Gießens aus der verlorenen Form:

Vorbereiten des Brennofens

Der Schmied von Amsa kühlt sein Produkt in Wasser

Von dem herzustellenden Objekt (heute oft eine kleine Hacke, ein Döschen o.ä.) wird zuerst eine Wachsfigur geformt, genauso wie das Objekt im Fertigzustand aussehen soll. Diese Figuren sind sehr fein und empfindlich und bedürfen einer hohen Modellierkunst. Sodann werden sie dicht mit Lehm umkleidet, der so die Form des Wachses annimmt. Oben

Der Schmied von Amsa klopft sein fertiges Produkt aus der Lehmhülle

bleibt eine Öffnung. Dann entzündet der Schmied zum erstenmal ein Feuer und legt die Figur hinein, die Öffnung nach oben. Das Wachs schmilzt, und der Schmied läßt es hinauslaufen. So hat er eine hohle Negativform von dem Gegenstand, den er herstellen will. Anschließend wird auf die wieder erkaltete Form das Metall (heute meist Kupfer- oder Messinglegierungen) auf die Öffnung gelegt, die dann luftdicht, wiederum mit Lehm, verschlossen wird. Anschließend geht der Schmied zur Feuerstelle, stellt den Gegenstand ins Feuer und facht das Feuer durch einen Blasebalg an. Es entsteht so eine große Hitze, die noch durch Oberhitze (Strohfeuer von oben her) verstärkt wird. Nach einer Weile wird das Feuer an manchen Stellen grünlich, der Schmelzvorgang geht voran. Die grünliche Färbung entsteht durch Oxidierung des Metalls, denn es bleiben immer irgendwelche Rückstände in der Feuerstelle, auch wenn das Gefäß ganz dicht verschlossen ist.

Fertiges Produkt des Schmiedes

Ist der entscheidende Moment gekommen, nimmt der Schmied den Gegenstand mit einer Zange heraus (das Wachs ist im Innern längst geschmolzen), kippt alles auf den Kopf, so daß das flüssige Metall dann in die hohle Form fließen kann. Dann wird das Ganze zum Abkühlen in kaltes Wasser getaucht, das sofort zu brodeln anfängt. Erst jetzt beginnt der Schmied, die Lehmhülle vorsichtig abzuklopfen: Der gewünschte Gegenstand kommt zum Vorschein und muß nun nur noch gesäubert und an einigen Stellen vielleicht geglättet werden.

In der Vergangenheit war dieser Vorgang noch viel komplizierter, da er von rituellen Opfern begleitet wurde, und er nahm auch sehr viel mehr Zeit ein als heute (etwa 1 Stunde ohne das Vorformen der Wachsfigur).

Die Mandara

Die Mandara leben, wie ihr Name schon sagt, ebenfalls in den Mandarabergen, etwa von Koza an nordöstlich bis hinunter in die Ebene nach Mora. Sie sind schon vor der Invasion der Fulbé im 18. und 19. Jahrhundert von Völkern, die vom Tschadsee her kamen, islamisiert worden und haben sich im letzten Jahrhundert tatkräftig an den Feldzügen gegen die Kirdi in den Bergen beteiligt.

Sie schafften es gar, bevor sie von den Fulbé geschlagen wurden, ihre Herrschaft bis etwa zum heutigen Garoua auszudehnen, mußten sich jedoch dann wieder in ihr ursprüngliches Gebiet zurückziehen.

Heute sind sie friedlich, leben von Viehzucht und Ackerbau und verkaufen ihre Produkte auf dem Sonntagsmarkt von Mora. Es ist auffallend, wie die Bauweise der Mandara sich von der der Mafa und Kapsiki unterscheidet: Hier wird oft nachlässig gebaut, die Hütten sind eckig, von Mauern umgeben, in den Orten sind mit Bäumen gesäumte Alleen entstanden, die Schatten spenden. Die Mandara sind wenig an Fremden interessiert und oft fotoscheu.

Die Podoko

Die Podoko sind ein zahlenmäßig relativ kleines Volk, das in den Bergen nur wenige Kilometer südwestlich von Mora lebt. Sie sind bekannt durch ihre animistischen Praktiken, die sie auch erzählen, die sich aber ihrer Meinung nach durchaus mit dem Christentum vereinbaren lassen.

Ihr Chef wohnt auf dem Berg im Dorfe **Oudjila**, hat 47 Frauen und führt die Fremden gegen ein recht hohes Entgelt (aushandeln!) durch sein Anwesen, seinen Saré.

Hier erinnert vieles an die Kapsiki, nur daß die einzelnen Häuser des Saré höher sind, sehr eng aneinandergebaut, und der Tourist auch in die Gemächer geführt wird, in denen die Ahnen wohnen: Jeder verstorbene Chef lebt in einem tönernen Gefäß weiter, sie alle werden in einem fast im Dunkeln liegenden Gebetsraum aufbewahrt, der sich hinter dem Grabesraum des letzten Chefs befindet. Dieser ist hinter einer Lehmmauer bestattet, und nur seine Witwen dürfen in diesem Raum schlafen.

Die Arbeit der Frauen ist genau eingeteilt: Mittags kochen 23 Frauen für alle, einschließlich der unendlich vielen Kinder und der Familien der Brüder des Chefs, die in einem äußeren Ring um den Saré des Chefs leben; abends kochen dann die anderen 24 Frauen. Man kann jedoch auch "Schichtwechsel" aushandeln, wenn man Dringenderes zu erledigen hat. Die Podoko feiern ebenso wie andere Bergvölker eine Art Erntefest mit der Schlachtung eines heiligen Rindes.

Sie haben ebenfalls ein Wasserproblem (Höhe des Dorfes fast 900 m), da sich Wasser nur am Fuße der Berge befindet.

Erstaunlich ist die hohe Einschulungsrate und die offiziell weit gediehene Christianisierung.

Leider sind die Podoko ein Beispiel dafür, daß der Tourismus Schaden bringen kann: bettelnde Kinder und Frauen auf dem gesamten Wege, Unlust beim Vorzeigen des Saré und hohe Geldforderungen lassen immer wieder die Frage aufkommen, inwieweit es sinnvoll ist, sie zu besuchen.

Doch allein schon der Blick von Oudjila ist einmalig, vor allem bei klarem Wetter: Er geht weit bis ins ca. 70 km entfernte Waza!

Befinden Sie sich bei den Kapsiki, den Mafa oder den Podoko, so werden Ihnen immer wieder auf der Straße Kinder begegnen, die kunstfertiges Spielzeug gebastelt haben: Aus dem Inneren des Maisstengels, der nur noch als Stroh verwendet werden kann, fertigen sie kleine Autos, Flugzeuge mit sich drehenden Propellern, Häuser, ja ganze Anwesen, kleine Sarés, Radioapparate mit sich öffnendem Kassettenrekorder ... raffiniert ausgedacht, kunstvoll, genau und sauber gefertigt! Sie wollen diese ihre Produkte an die Fremden für ein paar Pfennige verkaufen.

Leider sind die Gegenstände aufgrund des weichen Materials so zerbrechlich, daß man sie nicht mit ins Gepäck nehmen kann: Sie gehen unweigerlich entzwei.

2.3.4 DIE TIKAR

Die Tikar sind touristisch nicht von großem Interesse. Sie sind jedoch die Vorfahren anderer, wichtiger Völker, denen Sie auf Ihrer Reise begegnen werden, und sollen somit nicht unerwähnt bleiben.

Der Legende nach hat der Prophet Mohammed sie aus Mekka vertrieben, als er die heidnischen Götter zerschlug. Die Tikar zogen südwärts bis etwa in die Gegend des heutigen Ngaoundéré.
Von hier aus zogen sie über das Adamaoua Hochland nach Süden und Westen bis in die Ebene des Mbam, südlich etwa bis zum heutigen Bafia, westlich über Foumban bis nach Bamenda und zur Ring Road. Sie sind die Vorfahren der Bamoum, der Bamiléké, der Bafut und der Bali, um nur die wichtigsten zu nennen.

Wir wollen uns hier auf die Bamoum konzentrieren, da sie in Sitten und Gebräuchen den anderen, von den Tikar abstammenden Völkern verwandt sind und ihre Kultur zudem gut erforscht und weit über die Grenzen

Kameruns hinaus bekannt ist. Bei den anderen Völkern wird einer der Aspekte beschrieben, der für sie besonders typisch erscheint.

2.3.5 DIE BAMOUM

Das Volk der Bamoum, das im Grasland lebt (Hauptstadt Foumban), ist eines der großen in Kamerun: Die Geschichte dieses Volkes ist bis zu seiner Gründung im Jahre 1394 zurückzuverfolgen. Der heutige **Sultan El Hadj Seidou Njimoluh Njoya** ist der 18. König in ununterbrochener Reihenfolge. Er ist König, Sultan und Fon zugleich.

Die 7 Steine der Nkom, der Gründer des Reiches der Bamoum

Über keines der anderen Völker gibt es so viele Dokumente, so viele mündliche und schriftliche Zeugnisse der Vergangenheit und so viel auch heute noch gelebte Tradition wie bei den Bamoum.

Hinzu kommt, daß dieses Volk außerordentlich weltoffen ist, was den Kontakt zum Fremden leicht macht und so auch den Zugang zu Kultur und Geschichte.

Im Jahre 1394 zieht sich der Gründer der Dynastie **Ncharé Yen** mit seinen 7 Würdenträgern, den "Nkom", nach Njimom zurück, nach einer Flucht mit dem König Mfonbam, der getötet werden sollte, und mit den königlichen Insignien aus dem Ursprungsort Rifum. Am Fluß trennt sich Ncharé auch von seiner Schwester Ngonso, die später Königin der Dynastie Nso im Nordwesten des Landes werden sollte. Ncharé Yen zerstört die Pirogen hinter sich, um nicht verfolgt zu werden, und jeder flieht in eine andere Richtung.

Es entstehen drei Dynastien. Alle sind Tikar, auch wenn sie heute ortsbedingt andere Sprachen sprechen.

In Njimom angekommen, einem kleinen Dorf etwa 20 km östlich von Foumban, setzt sich Ncharé Yen mit seinen Getreuen auf die bis heute erhaltenen Steine mit Blick auf das Land, und sie denken über die Gründung des Volkes der Bamoum nach. Alle sind nach einiger Überlegung einverstanden, Ncharé zum König zu wählen, und die anderen behalten ihre Stellung als Würdenträger, die den König inthronisieren. Ncharé Yen wird als König erwählt, von den 7 Würdenträgern inthronisiert und zieht schließlich in Foumban ein.

Die Besichtigung dieser Gründungsstätte, die streng bewacht wird, bedarf der Genehmigung, und vor allem die Erlaubnis zu fotografieren muß noch heute vom Sultan persönlich erteilt werden. Auch sollte eine Besichtigung nicht ohne königliche Begleitung erfolgen. Es ist empfehlenswert, wenn auch mit einem Geldgeschenk verbunden, sich zuvor bei den Nachkommen der ursprünglichen 7 Nkom vorzustellen, die in Njimom leben.

In der Folge wurden in blutigen Kriegen die Volksstämme um Foumban herum erobert. Es war selten, daß die Bamoum nicht erfolgreich waren. Lediglich die berittenen Fulbé wurden ihnen immer wieder zum Problem. Der 10. und 11. König haben die Fulbé besiegt, indem sie Schutzmauern bauten. In der Folge gewannen sie die Fulbé gar als Verbündete.

Die Bamoum führten stets nur dann Krieg, wenn alle diplomatischen Möglichkeiten erschöpft waren. Wenn der Kriegsfall dann eintrat, gingen die Bamoum geschickt vor. Sie schickten einen Gesandten mit zwei Lanzen für den Feind: eine mit gerader und eine mit gebogener Spitze.
Der Feind konnte nun wählen. Wählte er die Lanze mit der gebogenen Spitze, gab es kein Blutvergießen, das entsprechende Volk unterwarf sich dem König der Bamoum. Es wurden ihm jedoch alle seine Rechte (bis auf einige steuerliche Abgaben) belassen. Sie unterwarfen sich also in Freiheit, die Chefs behielten ihre Rechte, ebenso wie man ihnen ihre Sitten und Gebräuche ließ. So geschah es mit etwa 200 Ethnien.

Wählte ein Volk jedoch die Lanze mit der geraden Spitze, gab es Krieg. Verlor das Volk, wurde es damit auch seiner Rechte verlustig und versklavt.

Alles ist hervorragend dokumentiert und aufbewahrt im **Museum des Sultanpalastes in Foumban**. Jeder König hatte seine Utensilien: Kleider, Lanzen, Trinkgefäße, Pfeife, Kopfbedeckung, Kriegshemd, etc. Und das meiste ist noch vorhanden.

Da ist zum Beispiel der berühmte 11. König **Mbouombouo**, der 2,60 m groß gewesen sein soll und von 1757 - 1814 regierte. Sieht man seine Pfeife und seine Lanzen, wird seine gigantische Größe glaubhaft. Er trank - wie andere nach ihm - seinen Palmwein aus einer Kalebasse, die mit den Unterkiefern seiner Feinde geschmückt war. Andere wieder tranken aus den Schädeln ihrer erlegten Feinde.

Trinkkalebasse des 11. Königs der Bamoum, behängt mit den Kiefern seiner erlegten Feinde

Mbouombouo unterwarf 48 "Chefferien", d.h. Volksstämme, und festigte dadurch wesentlich die Macht der Bamoum. Er erreichte eine vierfache Landesvergrößerung des Reiches der Bamoum.

Dann ist da noch **Ngoungouré,** in der Dokumentation der Bamoum mit der Regentschaft von 30 Minuten bezeichnet. Folgendes wird erzählt: Sie war eine Frau und die einzige direkte Thronfolgerin. Da jedoch die Last des Krieges nicht auf den Schultern einer Frau getragen werden kann, gab sie ihr Amt 30 Minuten später an ihren Sohn, der ebenfalls königlicher Abstammung war, ab.

Die spätere Geschichte berichtet im Gegensatz hierzu jedoch sehr wohl von Frauen als Kriegerinnen, und es gibt auch heute noch einige wenige. Die Frauen übrigens, entgegen der in Europa vorherrschenden Meinung, sind in

den Königreichen des Graslands keineswegs unterprivilegiert, sondern nehmen eine hervorragende Stellung ein. Dies stammt historisch aus der Tradition der alten afrikanischen Königreiche, die der Mutter oder Schwester des jeweiligen Königs in der sozialen Hierarchie immer eine Sonderstellung einräumten. Sie hatte eine Art Oberaufsicht über alle anderen Frauen bei Hofe und stand in manchem dem König gleich.
Noch heute haben die Frauen am Hofe des Sultans von Foumban eine hohe Stellung. Die Frauen des Königs sind in sechs "Häuser" (sowohl vom Wohnraum als auch von der Hierarchie her) eingeteilt. Hier hat stets die erste Frau das Sagen. Eine andere Frau, die Erbin z.B. der Mutter des Königs, heute eine der Töchter von Njimoluh Njoya, ist ranghöher als die Frauen des Königs selbst.

Weiterhin gibt es in der Gesellschaft der Bamoum andere königliche Titel, die der Sultan verteilt und die dann von den Frauen getragen und deren Funktionen streng nach der Tradition ausgeübt werden. Hier kann niemand von Unterdrückung oder Rechtlosigkeit der afrikanischen Frau sprechen!

Informationen zum König Njoya

*Am berühmtesten unter den Königen wurde freilich König **Njoya,** der nach dem Tode seines Vaters **Nsangou,** der im Krieg gegen die Banso im Nordwesten bei Kumbo 1888 starb, noch minderjährig den Thron bestieg. Man schätzt sein Geburtsjahr auf etwa 1872, seine Mutter **Njapdunké,** eine mutige und entschlossene Frau, betreute das Interim bis zur Volljährigkeit ihres Sohnes. Sie hatte den Ruf, streng, aber gerecht zu sein, und sie verteidigte vor allem ihren Sohn.*

Eines Tages versuchte ein Attentäter, den jungen Njoya, der neben seiner Mutter auf seinem Thron saß, zu töten. Njapdunké ergriff ein Schwert und tötete den Mann. Das Schwert ist bis heute erhalten und hängt im Museum neben dem Schädel des Attentäters und dem königlichen Hemd des Knaben Njoya, das er trug, wenn er auf dem Thron saß.

Das Grab der Mutter des berühmten Königs liegt in der Mitte des Palasthofes. Auf französisch, in der Sprache und Schrift der Bamoum, und auch in deutsch kann man lesen:
"Hier ruht die Mutter von König Njoya ..."

König Njoya zeichnete sich schon in seiner Kindheit durch besonderen Mut und Verantwortungsgefühl aus. Er wurde wie die anderen königlichen Nachkommen traditionell erzogen und mit den Aufgaben eines Herrschers vertraut gemacht.
Aber wie so oft bei minderjährigen Herrschern gab es Intrigen, und andere Verwandte wollten den Thron erobern. Njoya griff zum letzten Mittel: Er schickte Gesandte, beladen mit Geschenken, zu den Peul und

bat um militärische Hilfe aus dem Norden, in der Gegend des heutigen Bakim, die ihm auch prompt gewährt wurde. Auch eine zweite Revolte wurde von Njoya siegreich bezwungen, und so konnte er - im Frieden mit den Peul und den umliegenden Völkern - etwa um 1896 die großen technischen und kulturellen Reformen in Angriff nehmen, die ihm für sein Volk am Herzen lagen.

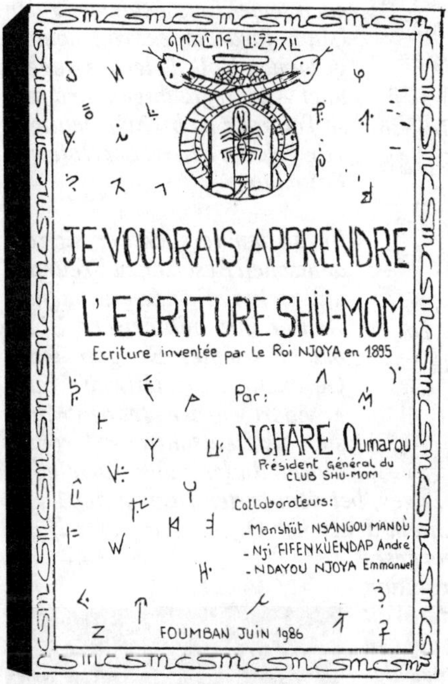

- Er kümmerte sich um die Schmiedekunst, die er generell verbesserte;
- er ließ eine Maismühle entwickeln;
- er veränderte die Bedingungen für den landwirtschaftlichen Anbau, indem er den Bauern nach 10 Jahren Arbeit das entsprechende Land schenkte;
- er unterstützte die Viehzucht und den Handel, indem er Freizügigkeit walten ließ und verhalf so seinem Land zu wirtschaftlicher Blüte wie nie zuvor;
- er ließ eine Schrift entwickeln, die noch heute in der Schule des Palastes gelehrt wird. In dieser Schrift ließ er Erzählungen, Gedichte, Gebete, Sprichwörter, kurz, alles, was er aus der Tradition finden konnte, aufschreiben.

- Er ließ Geburtenregister anfertigen (man kann ein Original im Palastmuseum einsehen);
- er ließ in seiner Schule Geschichte und Kultur seines Volkes lehren;
- er holte Weber an seinen Hof und gebot ihnen, die ihnen bekannten Motive zu weben. Das Resultat war eine Sammlung von über 400 Motiven auf einem mehr als 26 m langen Band, damit die Muster nicht verlorengingen.

Auf dem religiösen Sektor zögerte Njoya lange, ehe er sich definitiv dem Islam zuwandte und damit Sultan wurde. Dies rührte aus seiner sehr ernsthaften Auseinandersetzung mit dem Christentum zur Zeit der deut-

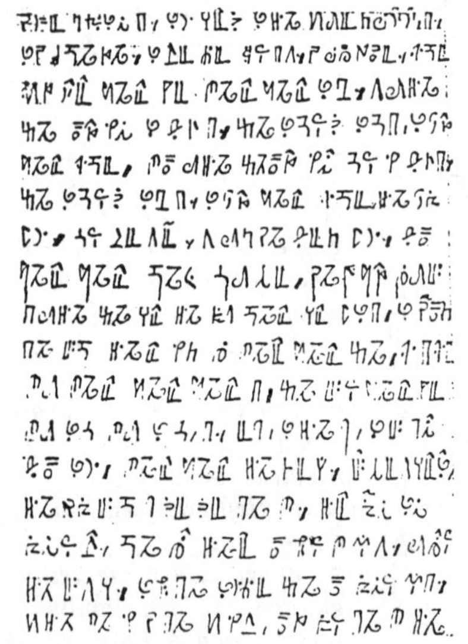

schen Besetzung her, allerdings auch aus einer gewissen Enttäuschung über die christliche Praxis der Deutschen und dann auch die der Engländer. Aber selbst nach seiner Entscheidung für den Islam forderte er von seinem gesamten Volk Toleranz gegenüber Andersgläubigen, und diese Toleranz ist bis zum heutigen Tag gelebte Praxis am Hofe von Foumban.

Bei all dem versuchte er, sich die deutschen Besetzer zu Freunden und nicht zu Feinden zu machen, weil er ihre militärische Übermacht kannte. Er gab ihnen Geschenke, die teilweise auch erwidert wurden. Jedoch waren sich die Deutschen der Großzügigkeit dieses außerordentlichen Mannes nicht bewußt. Eines Tages, bei dem ersten Besuch der Deutschen in Foumban, setzte sich ein deutscher Offizier einfach auf den Thron. Er meinte, dies sei so vorgesehen, was jedoch nach der Tradition der Bamoum wie überall auf der Welt einem gewaltsamen Anspruch auf den Thron gleichkommt. Die Armee des Königs stand schußbereit, aber Njoya sagte: "Schießt nicht, er kann es nicht wissen. Wenn mein deutscher Freund so viele Leute sieht, verliert er ein wenig den Kopf."

Er vermied damit, noch dazu auf humorvolle Weise, ein Blutbad, wollte aber noch mehr tun: Er ließ den Thron nach Buéa zu den Deutschen anläßlich des Geburtags von König Wilhelm II. tragen in der Hoffnung, daß diese das Geschenk zu würdigen wüßten. Der Thron steht heute im Berliner Völkerkundemuseum, und König Njoya ließ sich einen neuen bauen.

Königsthron der Bamoum

Ein weiteres Geschenk sei jedoch noch erwähnt, da auch dieses ein Beweis für den Mut des Königs ist: Die Deutschen schenkten dem König einige Gewehre, Pickelhauben und Panzerhemden aus der Zeit Bismarcks mit der Bemerkung, da gehe keine Kugel durch.

Der König zog das Hemd an und befahl seinen Leuten: "Ich will wissen, ob die Deutschen die Wahrheit gesagt haben: Also schießt auf mich!" Die Reaktion derer, die schießen mußten, ist nicht bekannt. Der Schuß wurde jedoch abgefeuert, und eine kleine Delle im Panzerhemd zeugt davon, daß der König überlebte ...

König Njoya legte auch fest, daß die Symbole der Bamoum, die zuvor vom 11. König benutzt werden durften, nunmehr für alle Bamoum gelten sollten:

- *Die Doppelglocke (die man übrigens nicht nur hier findet, sondern bei fast allen Völkern des Graslandes bis weit hinein in die umliegenden Länder, bis nach Zaire z.B.) als Zeichen des Krieges und der Liebe zum Vaterland;*
- *die Spinne als Zeichen der Arbeit und der Weisheit;*
- *die doppelköpfige Schlange als Zeichen der Macht geographisch nach allen Seiten hin (nicht etwa, wie böse Zungen behaupten, als Zeichen einer Doppelzüngigkeit der Bamoum!) und als Zeichen des Friedens in ihrem geschlossenen Inneren.*

Die politische Situation des Volkes der Bamoum verschlechterte sich nach und nach mit der Ankunft der Engländer und dann der Franzosen. Diese zwangen den König im März 1931 ins Exil. Bevor er ging, übergab er seine Pfeife und seinen Tabaksbeutel seinem Sohn Seidou Njimoluh und verbot in einer abschließenden Rede seinem Volke jegliche Gewalttat: Es sei genug Blut vergossen worden, und er unterwerfe sich dem Willen Allahs.

Er wurde nach Dschang, dann nach Yaoundé gebracht, wo er am 30. Mai 1933 starb. Er hinterließ 155 Witwen, 167 Kinder und viele Enkel und Urenkel.

Sein Sohn, Seidou Njimoluh, nahm die Nachfolge seines Vaters selbstverständlich an. Er wurde am 25. Juni 1933 zum 18. König der Bamoum gekrönt.

Informationen zum Sultan El Hadj Seidou Njimoluh

Der König der Bamoum konnte, da er sich gut mit den Franzosen verstand (er hatte unter seinem Vater jahrelang als Sekretär und Mittelsmann gearbeitet), in Foumban bleiben und begab sich an die Wiederherstellung der Bauten, Dokumente und Denkmäler, die durch das Exil seines Vaters bedroht waren. Er selbst nahm Schaufel und Hacke zur Hand und betätigte sich als Pflanzer. Das Beispiel machte Schule.

Er befriedete zudem die Familie und konnte sich hinfort denselben Aufgaben wie sein Vater widmen: Sorge um
- *den politischen und sozialen Frieden,*
- *den ökonomischen Fortschritt,*
- *die Pflege der Kultur.*

Auch im Zweiten Weltkrieg konnte seine starke politische Position nicht mehr erschüttert werden. Er wurde sukzessive in alle Gremien der politischen Vertretungen des späteren Kamerun gewählt. Seit der Unabhängigkeit ist er Mitglied der Nationalversammlung.

Er ist bis heute Bürgermeister seiner Stadt und hält Gericht. Er schließt Hochzeiten und steht anderen, rituellen Anlässen vor. So hat er bis heute und bis in alltägliche Angelegenheiten wesentlichen Einfluß auf das tägliche Leben seines Volkes. 1947 reiste er zum erstenmal nach Mekka. Es folgten 10 weitere Reisen im Laufe der Jahre. Er unterstützt dennoch bis heute auch die anderen Religionen.

Im Jahre 1985 weihte er seinen renovierten, von seinem Vater Njoya seit 1917 erbauten Palast, den heutigen, ein. Das Puttkamer-Schlößchen in Buéa war einst Vorbild gewesen für den Bau. Dieser dient ihm nun als

S.E. Seidou Njimoluh Njoya, Sultan von Foumban

Heim und bietet dem Museum ausreichend Platz, alle Gegenstände ihrer Würde gemäß zur Schau zu stellen. In den angrenzenden Häusern wohnen seine Frauen und Kinder, die er regelmäßig sieht. Trotz seines hohen Alters läßt er sich nach wie vor häufig beim Volke sehen. Er sitzt dann meist im Palasteingang, und ein Bedürftiger kann mit seinem Problem zum Sultan kommen. Er hört aufmerksam zu und gibt Rat und Hilfe. Zudem ist er ein ausgesprochen humorvoller Mann, der über eine komische Situation trotz all seiner Würde lachen kann.

Es ist beeindruckend, wenn man ihn bei seinem Besuch in der Moschee beobachtet: Er geht gemessenen Schrittes, sein Volk jubelt ihm zu, ein Griot, ein Geschichtenerzähler und Berichterstatter, eilt ihm voraus und rühmt seine Taten.
Er hat nach wie vor ein wachsames Auge auf die Sicherheit seines Volkes: Bei einem festlichen Anlaß erforderte es kürzlich der Ritus, daß die Krieger auf eine große Matte wie auf eine Zielscheibe Lanzen werfen, um dem König ihre Untergebung und Bereitschaft zu beweisen, für ihn in den Krieg zu ziehen.

Als die Matte mit Pfeilen so gespickt war, daß diese herunterzufallen drohten und vielleicht jemanden verletzt hätten, ließ er die Zeremonie unterbrechen und viele Lanzen entfernen: Das Auge des Königs schläft nicht, sagt man in Afrika.
Es ist hier nicht möglich, alle Verdienste dieses großen Mannes, der bis heute in all seiner geistigen Frische seinem Volke vorsteht, zu rühmen.

Besonders hinzuweisen ist jedoch auf die Pflege der kulturellen Tradition, die wohl ihresgleichen sucht. Sein Vater, König Njoya, hatte ein Hoftheater gegründet und selbst Theaterstücke geschrieben. Der junge Seidou Njimoluh, noch zu Beginn seiner Regentschaft, führt diese Tradition fort, indem er selbst schreibt, Theater spielt und musiziert.

Eines seiner berühmtesten Stücke ist das vom Diebstahl des königlichen Schießpulvers. Es bezieht sich auf eine Geschichte, die unter dem 11. König wirklich passiert sein soll. Die Handlung ist einfach, wird jedoch auf der Bühne sehr kunstvoll in Szene gesetzt:

Eines Tages, als die Stadt Foumban angegriffen wird und der König zum letzten Mittel, dem des Krieges, greifen muß, läßt er nach dem königlichen Schießpulver schicken, um sich zu verteidigen.

Der Wächter des Schießpulvers, Njilong, weiß nichts über dessen Verbleib, sein eigener Sohn beschuldigt ihn unrechtmäßig. Njilong wird gehängt, sein eigener Sohn widerstrebend als Erbe mit derselben Verantwortung wie der seines Vaters eingesetzt.

Jedoch plagen Gewissensbisse den jungen Erben, denn er selbst hat das Pulver genommen. Er wird gar mit Krankheit geschlagen, gesteht schließlich seine Schandtat, wird den traditionellen Reinigungszeremonien unterworfen, und Frieden kehrt wieder ein in sein Haus.

Diese Geschichte wird eingekleidet in Zeremonien am königlichen Hofe. Der Zuschauer sieht, wie der König einzieht und begrüßt wird, wie man an ihn mit Problemen herantritt, wie er ißt und trinkt, wie er Justiz übt, wie er den Irrtum seines Untertanen erkennt, ihn reinwaschen läßt und ihm verzeiht.

Musik, Tanz, Ballett, Theater sind eins im Leben eines jeden Afrikaners.

In Berlin existieren musik-ethnologische Aufnahmen vom Beginn dieses Jahrhunderts, die genau das wiedergeben, was heute noch bei Hofe gespielt wird.

Das Hoftheater, heute übernommen von einem der Söhne des Sultans Njimoluh Njoya, dem **Prinzen Njiassé Njoya Aboubakar**, promovierter Anthropologe und Ethnologe, spielt nach wie vor. Die Geschichte des Volkes der Bamoum wird in Form von Theaterstücken oder von Geschichten wieder auf die Bühne gebracht.

Die Gruppe unternahm im Sommer 1989 ihre erste Europatournee, der hoffentlich weitere folgen werden. Sie spielen in Bamoum, in ihrer Sprache, und trotzdem ist alles verständlich: das Gebaren bei Hofe, ein sozialer oder politischer Konflikt, ein Urteil des Königs, Aussöhnung oder sogar der Tod. Dabei spielt der König - oder sein Sohn - niemals die Rolle des Königs.

So wird das Theater sozialer Spiegel: Der König sieht sich und seine Aktionen vor sich, eben wie im Spiegel.

Die Schauspieler sind keine Profis, sondern Angehörige des Palastes, Minister, Adlige; alle sind gute Spieler und Tänzer und vor allem sehr gute Musiker. Tradition wird lebendig, Theater mischt sich mit der gelebten Wirklichkeit.

Wenn man bei einem der rituellen Fest eingeladen ist, kann es passieren, daß man beides kaum unterscheiden kann. Sinnentleerte Folklore ist hier nicht im Spiel, alles ist strenger Ernst.

Krieger der Bamoum erwarten den Sultan

Vieles scheint unwirklich, und manche mögen den Beschreibungen nicht glauben, wenn man sieht, wie hier Moderne und Tradition zusammenleben. Und trotzdem ist es möglich und ein einzigartiges Beispiel in der technisierten Welt der neunziger Jahre unseres Jahrhunderts.

Aus der Geschichte der Entstehung der Bamoum ("Pas se": aus der Vergangenheit)

Eines Tages kratzte ein Kind seinem Vater den Rücken, als es mehrere Leute, an einem Seil hängend, vom Himmel fallen sah. Es war zuerst sehr überrascht und rief: "Vater, sieh diese Menschen vom Himmel fallen!" Auf diesen Schrei hin riß das Seil ab, und einige der Menschen stiegen wieder gen Himmel auf. Einige Dutzend von ihnen waren jedoch schon auf der Erde gelandet, und sie trugen einen großen Schwanz wie Affen.

Es war mitten am Tag im Dorf Njimom. Man hinterbrachte dem König, daß diese Leute vom Himmel gefallen waren, aber daß sie nicht sprachen, wenn man das Wort an sie richtete. Der König befahl seinen 7 Adligen von Njimom, diese Menschen mit dem Affenschwanz zum Reden zu bringen. Die Anstrengungen der 7 "Nkom" (Adligen) waren jedoch umsonst.

Zu dieser Zeit lebte ein fremder Prinz mit Namen Mfon Soup-Soup in Mben. Der König befahl ihm, diese Leute zu befragen. Mfon Soup-Soup ging und wandte sich an den vornehmsten der "Leute vom Himmel". "U ndo'ya mùn i kun u? Lishu po kue" (Woher kommst du, nackter Mann mit dem langen Schwanz, und wie heißt du)? "Lisha puô nfonrùem! Me ndo' kuput" (Ich bin der König von Rùem, und ich komme vom Himmel). Der Bote des Königs brach in Lachen aus und ging sehr fröhlich zum König Ncharé, daß er die "Besucher vom Himmel" zum Sprechen gebracht habe. Ncharé sagte ihm daraufhin: "Wu sé pùem pu" (Du hast neue Untertanen neu hinzugewonnen) "Dein Name wird fortan 'Njiassé' sein, der Adlige von besonderem Verdienst."

Die Fremden mit dem langen Schwanz wurden am Ort, wo sie vom Himmel gekommen waren, in Njimom, angesiedelt als Untertanen von Njiassé. Sie leben dort noch heute. Mfonrùem ist Berater von Njiassé. Er ist es, der das Feuer für ihn anzündet, wenn letzterer stirbt. Er ist es auch, der dem Erben des Königs Ncharé den Arm reicht. Er ist es, der den Erben am heiligen Fluß wäscht, wenn dieser vom König gekrönt worden ist.

2.3.6 DIE BAMILÉKÉ

Die Bamiléké sind den Bamoum verwandt, stammen sie doch ebenso von den Tikar ab. Warum es zwischen diesen Brudervölkern immer wieder Zwistigkeiten gibt, ist schwer zu sagen. Die Hauptstadt der Bamiléké ist Bafoussam. Von den heutigen Einwohnern der Stadt sind ungefähr 30.000 ursprüngliche Bamiléké von Bafoussam, die sich um ihren Chef scharen. Die anderen sind Zugezogene, auch wenn sie Bamiléké anderer Gegenden sind. Die Chefferie von Bafoussam hat erst kürzlich neuen Aufschwung bekommen, was für die Erhaltung der Kultur hoffen läßt. Noch ist das Museum geschlossen. Die Gegenstände sind nur gesammelt in einem Raum und liegen ungeordnet und ungepflegt herum. Es ist für das kulturelle Erbe der Bamiléké zu hoffen, daß sich ihr neuer Chef, **Njitack Ngompé Pele**, darum kümmert.

Jeder Fon oder König eines Volkes aus dem Grasland bestimmt noch zu seinen Lebzeiten seinen Nachfolger, denjenigen seiner Söhne, der ihm als der geeignetste erscheint. In fast allen Fällen bleibt dieses testamentarische Vermächtnis jedoch geheim, so daß man erst beim Tod des Chefs erfährt, wer sein Nachfolger werden wird. Das gibt nicht selten Überraschungen, aber manchmal ist es auch ein offenes Geheimnis. Der Erbe wird dann öffentlich benannt und hat den entsprechenden Riten zu folgen. Selbst wenn er schon eine Familie hat und woanders wohnt, wird er sein ehemaliges Haus verlassen und von nun an im Haus seines Vaters wohnen. Diese Sitte des Einsetzens des Erben wird nicht nur bei den Königshäusern praktiziert, sondern bei allen adligen Familien. Dann ist es der König selbst, der den Erben einsetzt.

Ein Adliger der Bamoum wird zum Erben seines Vaters ernannt, was die rote Feder im Haar zeigt

Am 18.2.1989 beginnen die Festlichkeiten zur Inthronisation des neuen Chefs in Bafoussam. Die Feierlichkeiten dauern drei Tage, nachdem der Chef neun Wochen im "Heiligen Dorf", dem Ort seiner Initiation, genannt La'Akam, unter strenger Kontrolle und Aufsicht der Alten und Notablen verbracht hat.

Typischer Eingang eines königlichen Palastes, hier Bafoussam

Er ist in den neun Wochen bestimmten Riten unterworfen, die ihn nicht nur auf sein Amt vorbereiten, sondern auch auf die Zukunft hindeuten sollen: auf eine gute Regierungszeit, auf Segen für sein Volk. Eine seiner Frauen muß in dieser Zeit schwanger werden, um die Nachkommenschaft zu sichern. Er ist - wie bei den Bamoum - als Erbe von seinem Vater eingesetzt worden. Letzterer starb überraschend im Alter von weniger als 50 Jahren und benannte einen seiner Söhne als Erben, der sich noch voll im Jurastudium befand (2. Studienjahr). Dem jungen Mann stehen seitdem die Ratgeber seines Vaters zur Seite. Die Würde oder vielmehr die Bürde eines solchen Amtes ist schwer zu tragen für einen Mann von Anfang zwanzig.

Die Feierlichkeiten bei solchen Gelegenheiten werden mit unvorstellbarem Aufwand betrieben. Jeder kann essen und trinken, was ihm gefällt, Tag und Nacht wird getanzt und gefeiert, nicht nur im Palast des Chefs, sondern in der ganzen Stadt. Alle Straßen sind mit Luxusautos hoffnungslos verstopft, es gibt kein Durchkommen. Die Autoschlange zieht sich von Douala ohne Unterbrechung hin und am Ende wieder in die Gegenrichtung zurück (immerhin fast 270 km!).

Feinste Kleidung aus vornehmem Damast, teuer bestickt und bestens verarbeitet (ein solch traditionelles Kleidungsstück kostet leicht 2.000 bis 3.000 DM oder mehr!) sowie wertvoller Schmuck stellen Tradition und Reichtum dieses Volkes zur Schau.

Als ich diesen jungen Chef besuchen konnte, waren gerade die Feierlichkeiten vorbei. Er war entsprechend müde, wahrte jedoch, seiner Tradition gemäß, Haltung.

Einen solchen Chef darf man nicht etwa mit Handschlag begrüßen, sondern man bleibt in ehrenvollem Abstand stehen und klatscht nur leicht in die Hände. Man redet nur, wenn man gefragt wird oder wenn er ausgeredet hat.

Auch darf man ihn eigentlich nicht direkt ansprechen, sondern muß dies mit vorgehaltener Hand tun, meist auch ohne ihn anzuschauen.
Bei Europäern sind die meisten Chefs nicht so konventionell, aber es ist besser, die Sitten zu kennen und sich danach zu verhalten.

Wenn ein Chef Sie zum Trinken einlädt, dürfen Sie sich nicht selbst bedienen und erst recht nicht aus derselben Flasche trinken wie der Chef. Was der Chef trinkt, ist eben nicht Limonade oder Wasser, sondern bekommt dadurch, daß er es ist, einen anderen Namen. Ebenso ist es beim Essen. Zurückhaltung ist hier immer angeraten, und man tut, wozu man aufgefordert wird.

Diese Sitten sind bei allen Chefs des Graslandes üblich, die Varianten sind nur sehr gering.

2.3.7 DIE BAFUT

Auch die Bafut stammen von den Tikar ab und haben somit ähnliche Traditionen wie die Bamoum und die Bamiléké. Sie leben in der Nähe von Bamenda, etwa 20 km nördlich dieser Stadt. Schon auf der Ring Road liegt ihre Hauptstadt Bafut. In der Nähe, d.h. über die gesamte Ring Road verteilt, gibt es unzählige kleine Fürstentümer, die teilweise dem Fon von Bafut unterstehen. Auch unter den einzelnen Fons gibt es eine Hierarchie.

Tam-Tam-Haus vor dem königlichen Palast in Bafut

Die einstige Palastanlage befand sich außerhalb der heutigen Ortschaft an einem Berghang. Da dieser ziemlich steil war und die Kinder des Fons oft fielen und sich manchmal zu Tode stürzten, suchte man einen neuen Platz. Man fand ihn dort, wo der heutige Palast steht.

Der Fon von Bafut, **Abombi II.** (auch Abuhmbi geschrieben), altersmäßig erst Ende dreißig, ist ein an europäischen Universitäten ausgebildeter, mehrsprachiger, sehr heiterer Mann, der sich vor allem um das Schulwesen in seiner Gegend bemüht.

Er gründete und leitet verschiedene Schulen und macht sich so um die Bildung seines Volkes verdient. Er hat zudem vor kurzer Zeit begonnen, seine ausgedehnten Palastanlagen von Grund auf zu renovieren. Die Arbeiten sind nicht abgeschlossen, gehen aber zügig voran.

S.E. Abombi II., Fon von Bafut

Die Frauenhäuser sind sehr zahlreich und weitläufig angelegt, die älteren Frauen wohnen, des Schutzes wegen, hinten, die jüngeren vorn. Jeder Fon "erbt", wenn sein Vater stirbt, dessen Frauen, was aber fast ausschließlich Versorgungscharakter hat.

Die Bafut haben viele ähnliche Sitten wie die Bamoum oder die Bamiléké, aber auch einige Besonderheiten, auf die wir hinweisen möchten:

- Treten Sie in den **Palast** - nur eine Frau darf Sie führen -, wird man Sie zu einem großen Reibestein bringen, auf dem Sandelholz (Rotholz) zu Puder gerieben wird.

Die Bafut sammeln dieses Holz im Wald und bringen es zum Palast. Dort wird es zerrieben und gewissen Riten unterworfen. Dann bekommt es der Fon zu seiner Verfügung für sein Volk. Es ist eine Ehre, dem Fon dieses Holz zu bringen, denn wenn man einmal den Segen oder den Schutz des Fons braucht, kann man zu ihm gehen.

Der rituelle Reibestein für Rotholz

Er nimmt dann ein wenig von dem roten Puder und reibt es der Person auf die Stirn. Damit ist sie rituell geschützt, denn jeder weiß, daß der Fon eine enge Beziehung zu Gott oder den Göttern hat. Er ist der Mittler zwischen Gott und den Menschen. Deshalb ist auch die Bürde seines Amtes so schwer.

- Betreten Sie die inneren Palastanlagen, begegnen Sie an der **Palastmauer** den 4 heiligen Tieren der Bafut: Löwe, Panther, Elefant und Adler. Sie schützen das Königshaus, und wenn jemand im Wald einem solchen Tier begegnet, darf er es keinesfalls töten, sondern sollte es nach Möglichkeit mit in den Palast nehmen. Es könnte nämlich sein, so sagt die Geschichte, daß in einem solchen Tier einer der Ahnen wohnt, und die sind unantastbar.

Heiligtum, "Achum", des Königs von Bafut

- Auch ein **Versammlungshaus** ist Teil der Palastanlage; dort werden die Probleme des Volkes diskutiert.

- Der rituelle Ort ist der **Achum** neben dem Wohnhaus des Fons im Innern der Palastanlage, den ein nicht Initiierter niemals betreten darf. Sogar die Stufen darf man nicht hinaufgehen (Geldstrafe und Hausverbot).

Auf dem kleinen terrassenartigen Vorbau stehen mehrere hölzerne Stühle, unter anderem der Stuhl seiner Mutter (auch hier hat diese wieder eine vorrangige Stellung) und auch der Sessel des Fons. Diesen Holzsessel erkennt man daran, daß er Füße hat, die in Form von Tieren oder anderen Wesen, aber jedenfalls mit Augen, geschnitzt sind. Nur der Fon hat das Recht, auf einem Stuhl mit Augen zu sitzen. Auch hier wieder: Der König sieht alles; das Auge des Königs schläft nicht.

Der Achum hat ein strohgedecktes Haus, das niemals ab- und dann neugedeckt wird. Aber regelmäßig jedes Jahr im April findet das "Grass cutting"-Fest statt, bei dem für die Erneuerung des Daches Sorge getragen wird: Die Leute bringen eine bestimmte Art von Stroh, das für das Dach benötigt wird, und schenken es dem Fon.

Dieser hat ausgesuchte Männer, die sich nun um die Befestigung des Strohs auf dem Dach kümmern. Es wird festgebunden, niemals auf andere Art befestigt, und hält auf diese Weise, immer von oben erneuert. Bei diesem Fest wird wie überall in Afrika getanzt, gegessen und gefeiert.

☞ Es gibt noch verschiedene traditionelle Festtage im Kalender der Bafut, aber das größte, sozusagen das Nationalfest der Bafut, findet vom 18. - 22.12. eines jeden Jahres statt.

Die Bafut haben, wie die anderen Verwandten der Tikar, viele Geheimgesellschaften, je nach Alter, Geschlecht, Fähigkeit und sozialem Rang, deren Tabus man unbedingt zu respektieren hat.

Sehen Sie irgendwo eine Matte oder eine andere Abgrenzung, gucken Sie keinesfalls darüber hinweg! Wer ein Tabu verletzt, wird nicht nur vertrieben, sondern hat mit ernsthaften Strafen zu rechnen.

Aber abgesehen von Tabuverletzungen ist man auch in diesem Königshause den Fremden gegenüber sehr aufgeschlossen und wird Sie stets freundlich empfangen, wenn Sie die Sitten respektieren.

Der Fon hat nach dem Abbrennen seines Palastes durch die Deutschen ein neues **Gästehaus** gebaut, das oberhalb der Palastanlage liegt und das Ganze

Gästehaus des Fons von Bafut

dominiert. Von der Treppe aus hat man den schönsten Rundblick. Hier will der Fon ein Museum eröffnen. Dem Gebäude sieht man den von den Deutschen geprägten Kolonialstil durchaus an.

Die Bafut sind zudem geschickte Korbflechter und sticken ihre rituelle Kleidung mit viel Geduld und Akribie. So arbeiten sie Wochen und Wochen an einem einzigen Gewand.

Bei ihnen gibt es auch einen guten Palmwein. Da sie keine Moslems sind, dürfen sie Alkohol trinken.

Die Tänze der Bafut sind oft von Tiermasken bestimmt und haben akrobatischen Charakter: Da gibt es Stelzentänzer, die sich derart geschickt auf ihren ca. 2 m hohen Stelzen bewegen, daß man im Laufen nicht mit ihnen mithalten könnte. Die Tänze sind, je nach Anlaß, auch oft sehr lustig: Ein "Elefant" kriecht von unten durch die Beine des Stelzentänzers, die Fremden werden aufgefordert mitzumachen ...

Heiterkeit und offene Kooperation herrschen am Hofe des Fons von Bafut.

2.3.8 DIE BALI

Die Bali, ebenfalls ein Volk der Tikar und nicht weit von der Ring Road gelegen, machen heute wenig von sich reden.
Auch sie waren, historisch gesehen, größeren kriegerischen Auseinandersetzungen ausgesetzt, wurden vertrieben, von anderen erobert, so daß sie auch sprachlich nicht mehr eine so eindeutige und einheitliche Tradition aufweisen.

Sie spielten während der Auseinandersetzungen zwischen den Völkern des Graslands und den Deutschen eine entscheidende Rolle, da sie nämlich den Deutschen beistanden.

Der heutige Fon, **N'Ganyonga III.** (auch Ganyionga geschrieben), ist erst vor einigen Jahren als Fon eingesetzt worden und hat in Münster 8 Jahre lang bis zu seiner Promotion studiert. Er regiert über etwa 30 Dörfer in einem Umkreis von ca. 20 km.

2.3.9 DIE BANTUVÖLKER: DOUALA, BAKOKO, BASSA; DIE PAHOUIN: EWONDO, FANG, BULU, BETI

Die große Gruppe der Bantuvölker gehört ohne Zweifel zu den größten Volksgruppen von Zentral- über Süd- bis nach Ostafrika hinein. Durch die kriegerischen Auseinandersetzungen mit den Fulbé und anderen von Norden eindringenden Völkern war es einzelnen Stämmen nicht immer möglich, ihre Authentizität zu wahren. Sie flohen nach Süden und vermischten sich mit anderen Stämmen. Man spricht von Bantuvölkern, von bantuisierten Völkern und dergleichen mehr. Dies zeugt von begrifflichen Unklarheiten und noch offenen ethnologischen Fragen. Hinzu kommt der linguistische und der kunsthistorische Aspekt der Forschungen, deren Ergebnisse nicht immer mit denen der "reinen" Ethnologen übereinzustimmen scheinen. Sicher erscheint, daß diese Gruppen - soweit es das Territorium des heutigen Kameruns betrifft - gezeichnet wurden durch kriegerische Vertreibung gen Süden. Daher auch die ethnische Vermischung mit anderen Völkern.

Ursprünglich waren sie wohl alle den Künsten sehr aufgeschlossen (Schnitzereien aus Holz und Elfenbein, Tanz, Musik). Dies hat sich bis heute noch speziell bei den Fang und den Beti erhalten. Ihre Produkte - vor allem Maskenschnitzereien aus Holz - sind auf dem internationalen Markt sehr gefragt und haben ihren Preis.

Die Bantuvölker leben im Regenwald und sind somit permanent den Unbilden der Natur ausgesetzt: viel Ungeziefer, zu schnelles Wachstum des Regenwaldes. Dies macht eine sinnvolle Betreibung von Landwirtschaft schwierig, weil der Wald dauernd die angebauten Produkte überwuchert. Dazu kommen verkehrstechnische Probleme, weil im Regenwald nur schwer durchzukommen ist.

Aus all dem haben sich Gerüchte gebildet, daß die Bantu im Verein mit bösen Mächten arbeiten und über übernatürliche Kräfte verfügen, vor denen man sich hüten müsse. Giftmischerei sei an der Tagesordnung, und man solle sich hüten, sich einen Bantu zum Feind zu machen.

Sicher ist, daß durch den engen Kontakt mit der Natur bei den Menschen Kenntnisse entstanden sind über Pflanzen und deren Heil- oder auch Unheilwirkungen, die aber durchaus im positiven Sinne für die Mitmenschen eingesetzt werden können.

2.3.10 DIE PYGMÄEN

Sie leben im Süden des Landes im Regenwald als nomadisierende Jäger, kennen keine Landesgrenzen, wechseln demnach auch in die südlich angrenzenden Länder und sind recht menschenscheu. Sie ernähren sich von den Tieren, die sie fangen und entweder selber essen oder zum Kauf anbieten.

Pygmäen vor ihrer Hütte

Auch die Felle der Tiere werden verkauft. Sie erlegen sie entweder durch Fallen oder mit vergifteten Pfeilen.

Ihre Hütten sind einfach gebaut mit Bambusstangen, die sie mit Lehm verkleidet haben. Im Inneren liegt im allgemeinen nichts auf der Erde, sondern es steht oder hängt immer etwas erhöht - sicher wegen der Gefahr von Ungeziefer oder Schlangen im dichten Regenwald. Sie leben zu mehreren, auch zu mehreren Paaren in einem Raum.

Sie zeichnen sich durch ihren kleinen Wuchs aus. Ein Erwachsener ist kaum größer als 1,50 m, sie haben breite Augen und Nasen und oft starke Behaarung an Armen und Beinen.

Man hat viel über die Pygmäen gehört und geschrieben, und um sie hat sich auch bei den afrikanischen Völkern ein Mythos gebildet.

Ob die in der weiteren Umgebung von Kribi wohnenden Pygmäen noch echte Pygmäen sind, ist schwer zu beurteilen. Die, die man im allgemeinen zu Gesicht bekommt, haben eher den Anschein einer von Touristen verdorbenen Volksgruppe: kein Wort, keine Bewegung, bevor nicht kräftig Alkohol aufgetischt wird ... Und die anwesenden Leute anderer Stämme (Bassa, Bulu, Fang o.a.) wollen sich immer sehr deutlich distanziert von den Pygmäen verstanden wissen. Dennoch ist eine zunehmende ethnische Mischung der Bantuvölker mit den Pygmäen in Kamerun zu beobachten. Man zählt noch etwa 5.000 Pygmäen, aber solche Zahlen sind nicht zuverlässig.

Pygmäen

Die kamerunische Regierung ermutigt sie, seßhaft zu werden und ihre Kinder in Schulen zu schicken; so ist der Versuch der Missionsstation in Bipindi zu verstehen (vgl. Kap. 4.1.1). Die Erfolge scheinen jedoch auf sich warten zu lassen.

2.4 KAMERUN HEUTE

Die Republik Kamerun ist nun seit dreißig Jahren unabhängig und kann auf eine positive nationale Entwicklung stolz sein. Die Völkervielfalt hat sich - unter Bewahrung der jeweiligen Sitten und Gebräuche - nicht etwa als Negativum herausgestellt, sondern das Zusammenleben ist in vieler Hinsicht ein Beispiel für andere Staaten, wo dies nicht gelang: In Kamerun existiert heutzutage eine glückliche Symbiose zwischen Tradition und Moderne, zwischen dem Kameruner Nationalstolz und dem Bewußtsein der Zugehörigkeit zu einem alten, afrikanischen Volk mit entsprechender Geschichte.

Es ist wohl kaum übertrieben, dieses Verdienst beiden Seiten zukommen zu lassen: Einerseits der klugen Staatsführung, die nicht durch falsche Verbote das zu unterdrücken versucht hat, was sowieso vorhanden war; andererseits aber auch den Trägern der Tradition, die sich der Moderne nicht verschlossen, sondern aufgeschlossen haben und im modernen Staatswesen mitarbeiten. Dies ist ein selten glücklicher Fall auf dem schwarzen Kontinent, der so zerrissen scheint zwischen der ursprünglich afrikanischen und der modernen Wirklichkeit der neunziger Jahre des 20. Jahrhunderts.

Dazu kommt eine außerordentliche Geschicklichkeit auf dem internationalen Parkett: Der Staatspräsident S.E. Paul Biya vertritt eine Außenpolitik der friedlichen Koexistenz auch mit Völkern, die nicht den gleichen Internationalen Organisationen angehören wie Kamerun. Er vermeidet Grenzstreitigkeiten, hält den Hafen seines Landes (Douala) offen für die angrenzenden Staaten und hat auch in Zeiten politischer Krisen durch kluge Zurückhaltung oder diplomatische Intervention im rechten Augenblick andere beruhigen und den Frieden in seinem eigenen Land festigen können.

Kamerun ist eine präsidiale Republik. Der Regierungschef S.E. Paul Biya ist Präsident seit 1982 und hat jeweils eine Amtszeit von 5 Jahren. Er ist zum letzten Mal 1989 mit großer Mehrheit wiedergewählt worden. Das Parlament ist die Nationalversammlung, die sich aus Abgeordneten der 10 Verwaltungsprovinzen, zahlenmäßig je nach Bevölkerungsdichte vertreten, zusammensetzt. Es herrscht ein Einparteiensystem mit der RDPC, dem **R**assemblement **D**émocratique du **P**euple **C**amerounais (früher UNC).

Die Internationalen Mitgliedschaften und entsprechenden Verpflichtungen:
- Vereinte Nationen und UN-Sonderorganisationen
- Organisation für Afrikanische Einheit (OUA)
- Zentralafrikanische Zoll- und Wirtschaftgemeinschaft (UDEAC)
- Westafrikanische Währungsunion (UMOA) - mit der Europäischen Gemeinschaft assoziiert.

2.4.1 VERWALTUNG

Kamerun ist verwaltungsmäßig gegliedert in 10 Provinzen, 49 Départements (= Verwaltungsbezirke) und 182 Arrondissements (= den Départements unterstellte Verwaltungsbezirke). Die Provinzen schicken je nach Bevölkerungsdichte frei gewählte Repräsentanten ins Parlament, die alle 5 Jahre neu gewählt werden. Die 10 Provinzen sind:

Provinz des Extremen Nordens	Hauptstadt Maroua
Provinz des Nordens	Hauptstadt Garoua
Provinz Adamaoua	Hauptstadt Ngaoundéré
Provinz des Nord-Westens	Hauptstadt Bamenda
Provinz des Westens	Hauptstadt Bafoussam
Provinz des Zentrums	Hauptstadt Yaoundé
Provinz der Küste	Hauptstadt Douala
Provinz des Süd-Westens (Littoral)	Hauptstadt Buéa
Provinz des Südens	Hauptstadt Ebolowa
Provinz des Ostens	Hauptstadt Bertoua

Die Départements sind meist nach den sie durchfließenden Flüssen benannt, eine geschickte Strategie, die die geographische Lage zugleich kennzeichnet. Da gibt es z.B. das Département des Mungo, des Noun, des Ntem, des Haute-Sanaga, des Mifi, des Mayo-Banyo (Mayo bedeutet: "der Fluß"), des Bénoué, des Mayo-Rey, des Mayo-Louti, des Mayo-Tsanaga, des Diamaré, des Logone-Chari und viele andere, um nur einige zu nennen, deren Namen auch der Tourist immer wieder hören wird.

Die Anzahl der Minister wechselt von Zeit zu Zeit. So ist zum Beispiel im April 1989 das Generalsekretariat für den Tourismus zum Ministerium erklärt worden, was die Vergrößerung dieses Wirtschaftssektors kennzeichnet (vgl. auch die Titelseite von Cameroon Tribune S. 75).

2.4.2 WIRTSCHAFT

Kamerun ist eines der wenigen afrikanischen Länder, die sich auf landwirtschaftlichem Sektor selbst versorgen können. Die industrielle Entwicklung nahm erst seit der Unabhängikeit ihren Lauf. Das Land ist dank Erdöl und Wasserkraft energiemäßig autark. Die Handelsbilanz ist aktiv: Die letzten vorliegenden Zahlen (1986) verweisen auf einen Exportüberschuß von 25 %. Die Inflation belief sich 1989 auf 8,4 %. Auf die Exporterlöse drücken die gesunkenen Weltmarktpreise für Erdöl, Kakao und Kaffee.

Im Verlauf des Haushaltsjahres 1988/89 konnte man absehen, daß Kamerun in eine wirtschaftliche Krise hineingleitet. Schuld daran ist der Rückgang der Wirtschaftstätigkeit, die sinkenden Staatseinnahmen sowie der Anstieg der öffentlichen Verschuldung.

Sinkende Erlöse aus dem Erdölverkauf, die Abwertung des Dollars und ein Rückgang der Weltmarktpreise für die Hauptexportgüter wie Kaffee, Kakao und Baumwolle haben die wirtschaftliche Lage destabilisiert. Um mit dieser Misere fertig zu werden, stellte Präsident Paul Biya im Januar 1989 Ziele für ein umfassendes, auf vier Jahre angelegtes finanzielles Stabilisierungs- und Wiederaufbauprogramm vor. Dies ist als Ersatz für den 6. Fünfjahres-Plan 1986 - 91 gedacht, der aufgrund der Wirtschafts- und Finanzkrise Kameruns nicht mehr umgesetzt werden konnte.

Dieses Sanierungsprogramm wird vom Internationalen Währungsfonds (IWF) unterstützt. Die Weltbank stellt Kamerun wieder hohe finanzielle Mittel zur Verfügung.

In den vergangenen Jahren verzeichnete Kamerun eine starke Kapitalflucht, was zu ernsten Liquiditätsproblemen der Banken führte. Die Folge war die Auflösung von drei Großbanken im Verlaufe des Jahres 1989 und eine damit verbundene Neuorganisation des Bankwesens. Den Kamerunesen wurde eine Amnestie in Aussicht gestellt, um ihre im Ausland angelegten Gelder wieder ins Land zurückzubringen, damit wieder mehr Eigenkapital zur wirtschaftlichen Belebung zur Verfügung steht.

Die in staatlicher Hand befindlichen Betriebe haben in großem Maße dazu beigetragen, den Staatshaushalt zu belasten. Die Regierung ist bestrebt, diese unwirtschaftlich arbeitenden Betriebe zu privatisieren.

Die aufgrund der Finanzmisere notwendig gewordenen Importeinschränkungen haben vor allem den Haupthandelspartner Frankreich stark getroffen: von 1986 bis 1988 sind die Importe um 50 % zurückgegangen.

1988 hat die Bundesrepublik Deutschland Kamerun im Rahmen der finanziellen Zusammenarbeit 709 Millionen DM zur Förderung des Agrarsektors sowie der Infrastruktur zugesagt. Für die technische Zusammenarbeit wurden 265 Millionen DM zur Verfügung gestellt.

Einige Wirtschaftsdaten mögen das ökonomische Bild abrunden:

1. Hauptexportgüter:			
Erdöl	54,2 %	Kaffee	8,7 %
Kakao	11,2 %	Holz	5,1 %
Aluminium	4,7 %		
2. Hauptimportgüter:			
Halbfertigwaren	45 %	Verbrauchsgüter für Haushalte	15 %
Ausrüstungsgüter für die Industrie	30 %	Nahrungsmittel	10 %
3. Hauptabnehmerländer:			
Frankreich	28,3 %	USA	13,3 %
Niederlande	15,3 %	Italien	7,7 %
BRD	7,6 %		
4. Hauptlieferländer:			
Frankreich	40,2 %	Italien	5,7 %
BRD	7,1 %	Belgien/Luxemburg	4,3 %
Japan	3,8 %		
5. Auslandsverschuldung:			
1988/89	2,9 Milliarden US $		

Landwirtschaft

Obwohl offiziell Anstrengungen unternommen werden, Kamerun zu industrialisieren, ist das Land nach wie vor primär ein Agrarland. Die Agrarwirtschaft soll auch bei wachsender Industrialisierung nicht vernachlässigt werden.

Die Land- und Forstwirtschaft ist der bedeutendste Wirtschaftszweig: etwa 80 % der Menschen sind hier beschäftigt.

Insgesamt existieren etwa eine Million Klein- und Kleinstbetriebe, die sehr weit verstreut liegen und zum größten Teil im Sinne der Subsistenzwirtschaft der Eigenversorgung dienen. Die vorliegenden Produktionsstatistiken berücksichtigen die hier erzeugten Mengen nicht und verzerren daher das Leistungsbild. Die für den Eigenbedarf erzeugte Nahrungsmittelmenge übersteigt bei weitem die Menge der Erzeugung für den Markt. In Kamerun leidet niemand Hunger - und das ist für afrikanische Länder nicht selbstverständlich. Die Bevölkerung vermag sich autark mit Kochbananen, zahlreichen tropischen Knollengewächsen, Gemüse und verschiedenen Palmenarten gut zu versorgen. Einige Stämme betreiben intensiv Jagd und sammeln Früchte. Zum Teil existieren noch eine nomadische Viehhaltung und Wanderhackbau auf der Basis von Brandrodung.

In den Küstenregionen wurden bereits vor dem 1. Weltkrieg riesige Plantagen angelegt. Diese Pflanzungen spielen auch heute noch beim Anbau von Bananen, Kaffee oder Ölpalmen eine wichtige Rolle. Zum Teil kommt den Plantagen eine Art Monopolstellung zu: Fast das gesamte Palmöl entstammt der Anbaufläche von 45.000 ha, die nur fünf großen Gesellschaften gehören ...

Das bedeutendste landwirtschaftliche Unternehmen ist die staatliche Entwicklungsgesellschaft “Cameroon Development Corporation” (CDC). Sie bewirtschaftet ein Gebiet von 100.000 ha Land und beschäftigt 12.000 Menschen. Vor allem konzentriert sich die CDC auf die Unterhaltung von Kautschuk- und Ölpalmenplantagen, baut aber auch Bananen, Tee und Pfeffer an.

Etwa 14,6 % der Gesamtfläche Kameruns eignen sich zur ackerbaulichen Nutzung. Tatsächlich genutzt werden aber nur etwa 5 % der Landesfläche. Etwa 70 % der ackerbaulich nutzbaren Fläche werden von Kleinbauern bewirtschaftet, die Kleinflächen von 2 ha bearbeiten.

Maschinen spielen in der kamerunischen Landwirtschaft eine sehr geringe Rolle. Die Kleinbauern sind nicht in der Lage, teure Geräte zu kaufen. In Anbetracht genügend vorhandener menschlicher Hilfskräfte scheint dies auch nicht angebracht. Noch immer wird relativ wenig Kunstdünger verbraucht. Der Index der landwirtschaftlichen Erzeugung ist in den vergangenen Jahren, für die statistische Angaben vorliegen (Periode 1982 - 1986), zwar gestiegen, legt man aber die Produktivität pro Kopf der (rascher gewachsenen) Bevölkerung um, so ist die Erzeugung zurückgefallen.

Die wichtigsten Grundnahrungsmittel sind Maniok, Hirse, Mais, Kartoffeln, Reis und Bohnen. Speiseöl wird aus Ölpalmen, Erdnüssen, Sesam- und Baumwollsaaten gewonnen. Wirtschaftlich bedeutsam ist der Anbau von Kaffee, Kakao, Bananen und Baumwolle.

Baumwolltransport

Im Sinne einer "Agroindustrie" werden Palmöl, Zuckerrohr und Kautschuk erzeugt. Beim landwirtschaftlichen Export spielen vor allem Kakao (1987 der 5. größte Produzent der Welt) und Kaffee (1987 der 15. größte Erzeuger der Welt) eine Rolle. Doch leider handelt es sich bei beiden Exportprodukten um Ware, die am Weltmarkt im Übermaß angeboten wird: Sowohl die Erlöse aus dem Handel mit Kaffee als auch Kakao sanken aufgrund fallender Weltmarktpreise stetig.

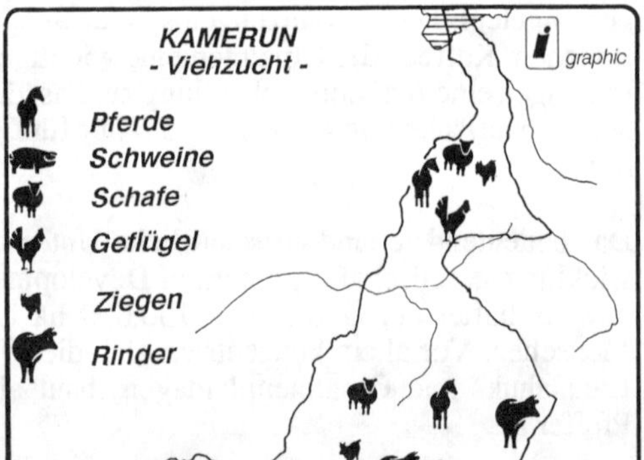

Die Viehwirtschaft spielt eine verhältnismäßig geringe Rolle. Sie wird vor allem durch naturräumliche Gegebenheiten, wie tropischen Regenwald, Trockenzonen, Verbreitung der Tsetsefliege etc., eingeschränkt. Die Bevölkerung ißt wenig Fleisch, trotzdem vermag sich Kamerun fleischmäßig nicht selbst zu ernähren. Im Adamaoua-Hochland liegen gute Weidegründe. In Ost- und Westkamerun werden Pferde und Rinder gehalten, doch die Verbreitung der Tsetsefliege

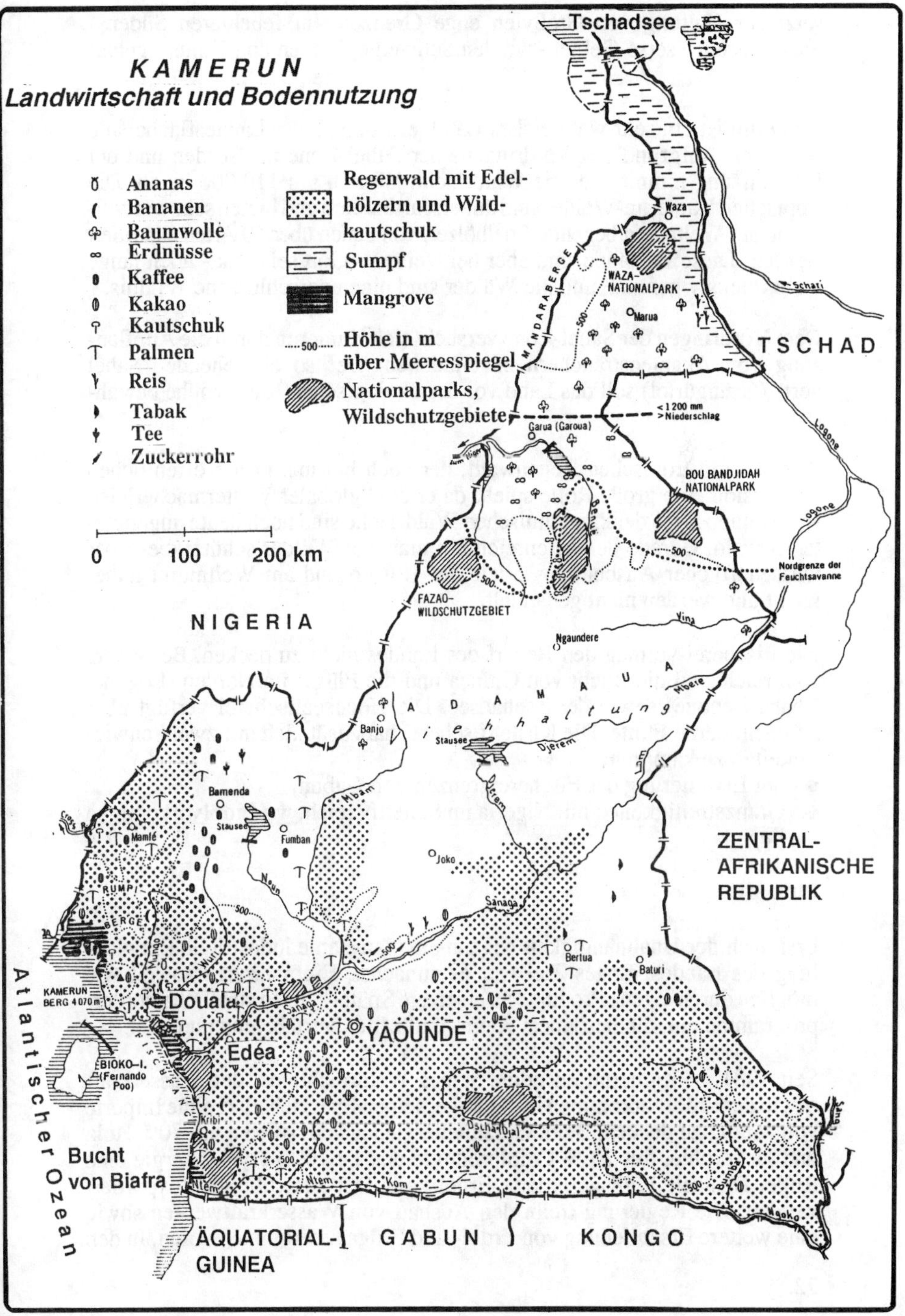
KAMERUN
Landwirtschaft und Bodennutzung
Ananas
Bananen
Baumwolle
Erdnüsse
Kaffee
Kakao
Kautschuk
Palmen
Reis
Tabak
Tee
Zuckerrohr
Regenwald mit Edelhölzern und Wildkautschuk
Sumpf
Mangrove
500 Höhe in m über Meeresspiegel
Nationalparks, Wildschutzgebiete
0 100 200 km
Tschadsee
TSCHAD
Waza
WAZA-NATIONALPARK
Marua
MANDARABERGE
Schari
<1200 mm >Niederschlag
Garua (Garoua)
Logone
BOU BANDJIDAH NATIONALPARK
Nordgrenze der Feuchtsavanne
FAZAO-WILDSCHUTZGEBIET
NIGERIA
Ngaundere
Vina
A D A M A U A
Schwelle
Mbere
Banjo
Stausee
Djerem
Mbam
Bamenda
Fumban
Mamfe
RUMPI BERGE
Noun
Joko
Sanaga
ZENTRAL-AFRIKANISCHE REPUBLIK
Bertua
Baturi
KAMERUN BERG 4070 m
Douala
YAOUNDE
Edéa
BIOKO-I. (Fernando Poo)
Kribi
Atlantischer Ozean
Bucht von Biafra
Ntem
Kom
Bumba
Ngoko
ÄQUATORIAL-GUINEA
GABUN
KONGO

setzt der Haltung von Großvieh enge Grenzen. Im feuchteren Süden - ebenfalls ein Tsetse-Gebiet - werden Schweine, Ziegen und Hühner gehalten.

Kamerun ist ein sehr waldreiches Land, etwa 53 % der Landesfläche sind bewaldet. Aufgrund des Vordringens der Sahel-Zone im Norden und der Holznutzung nimmt aber die Waldfläche jährlich um 110.000 ha ab. Die tropischen Kamerun-Wälder sind äußerst artenreich und bieten sehr wertvolle und am Weltmarkt begehrte Edelhölzer, von denen über 40 Arten exportiert werden. Diese Bestände sind aber bei weitem - Gott sei dank - noch lange nicht intensiv genutzt, und die Wälder sind eine unerschlossene Wildnis.

Dem Vordringen der Sahel-Zone versucht sich Kamerun durch die Anpflanzung von Akaziensträuchern zu entziehen. Der so entstehende "Sahel vert" (Grüngürtel) soll das Land vor der ökologischen Katastrophe bewahren.

Zurück zum tropischen Regenwald, der auch bei uns in der öffentlichen Diskussion eine große Rolle spielt, da er ein "globaler Wettermacher" ist. Etwa knapp 50 % der kamerunischen Waldfläche sind noch heute ungenutzter Urwald. Gerade der Artenreichtum mancher Wälder schützt diese vor wirtschaftlicher Ausbeutung. Viele der Hölzer sind am Weltmarkt unbekannt und werden nicht gehandelt.

Die Fischerei vermag den Bedarf des Landes nicht zu decken. Besonders fischreich sind die Bucht von Guinea und die Flüsse im Norden (Logone, Chari, Bénoué) sowie der Tschadsee. Die Hochseefischerei verfügt über keine moderne Flotte. Die Küstenfischerei hat zusätzlich mit zwei Schwierigkeiten zu kämpfen:

- der Erweiterung der Fischereigrenzen von Gabun,
- Grenzstreitigkeiten mit Nigeria im Schelfbereich, wo Erdölvorkommen liegen.

Industrie

Erst nach der Unabhängigkeit begann eine langsame industrielle Entwicklung des Landes. Erstes Ziel war es zunächst, Einfuhrwaren soweit wie möglich durch eigene Produkte zu ersetzen. Später setzten staatliche Förderprogramme ein, die besonders Klein- und Mittelbetriebe unterstützten.

Seit 1981 ist Kamerun aufgrund seines Waldreichtums, der Wasserkraft sowie der Erdölvorkommen in der Lage, seinen Energiebedarf ohne Importe vollständig zu decken. Beim Gesamtenergiehaushalt spielen mit 70% Holz und Holzkohle, mit 20 % Erdölprodukte und zu 10 % Hydroenergie eine Rolle. Das seit 1978 geförderte Erdöl kann fast ausschließlich exportiert werden. Die Regierung treibt den Ausbau von Wasserkraftwerken sowie eine weitere Erschließung von Erdöl- und Erdgasvorkommen voran. In den

KAMERUN
Bodenschätze Industriestandorte Verkehr
Orte
Orte über 20000 Ew
Eisenbahn
geplant
Asphaltstraßen
sonstige Straßen
Flüsse
Staudämme, im Bau
Wasserkraftwerke
Wärmekraftwerke
Seehäfen
Binnenhäfen
Flughäfen
Flugplätze
Landeplätze
Braunkohle
Erdgas/Erdöl
Ab Asbest
Bx Bauxit
Di Diamanten
Fe Eisen
Gl Glimmer
Au Gold
Ca Kalk
Cu Kupfer
Ti Titan
U Uran
W Wolfram
Sn Zinn
Garua (Garoua) Industriestand orte
Erdölraffinerie
Aluminiumver.
C CD Chemische Industrie
Bw Baumwollentkör
Baustoffindustrie
Zementfabriken
N Nahrungsmittelverarb.
NB Brauereien
NF Fleischwaren
M Metallgewerbe
Ölmühlen
H Holzverarb.
Hs Sägewerke
Hz Zellstofffabrik
To Tabakindustrie
T Textil
0 100 200 km
Tschadsee
Trans-Sahelien Route (Dakar-Massaua)
TSCHAD
NIGERIA
ZENTRAL-AFRIKANISCHE REPUBLIK
gepl. Trans Africa Route (Lagos-Mombasa)
Atlantischer Ozean
Bucht von Biafra
BIOKO-I. (Fernando Poó)
ÄQUATORIAL-GUINEA
GABUN
KONGO
Makari
Kusséri
N'Djamena (Fort Lamy)
Maltam
nach Maiduguri
Waza
Mora
Meri
Mokolo
Maroua
Bogo
Mindif
nach Yola
Guider
Kaélé
Jagua (Yagoua)
Bongor
Schari
Logone
Figil
Léré
Pala
Pitoa
Garoua
LAGDO
Benué
Tchamba
Poli
Faro
Tchollire
Beinamar
geplant
Moundou
Kontcha
Touboro
Baibokoum
Vina
Tignéré
Ngaoundere
Martap
Minim
NGAUNDAL
Nagaundal
Meiganga
Mbere
Djerem
Mba
Banjo
Nkambé
Ndu
Wum
Kumbo
Majo-Darle
Mbam
Tibati
MBAKAU
Meiduugu
nach Enugu
Mamfé
Bamenda
Bali
Mbuda
Fumban
Dschang
FONGO-TONGO
Bafoussam
Noun
nach Calabar
Nguli
Bafang
Mundemba
Bangangté
Nkongsamba
Ekundu Titi
Kumba
Lum
Mbanga
Jabassi
Bafia
Joko
Lom
Garua
Bulai
Belare-Oja
nach Bouar
nach Bangui
Gojum
Belabo
Sanaga
Bertoua
Minta
Nanga-Eboko
Ntui
Buea
Douala
Ngambé
Obala
Mbandjock
Akonolinga
Doumé
Batur i
Limbe
Tiko
Bonaberi
Malabo
Edéa
YAOUNDE
Eséka
Makak
Mbalmajo
Otélé
Abong-Mbang
M'Bang
Ndélélé
Lolodorf
Lomié
Jokaduma (Yokadouma)
Kribi
Akom
Sangmélia
Dscha (Dja)
Ebolowa
Djum
Mintom
Ngoila
Ebodié
LES MAMELLES
Ambam
DJA
Campo
Bitam
Batá
Molundu
Ngoko
Sangha
nach Lambarene

vergangenen Jahren werden auch alternative Energiequellen entwickelt (z.B. Biogasanlagen im Rahmen der deutsch-kamerunischen Zusammenarbeit). Auch Solarenergie wird zunehmend genutzt.

An Bodenschätzen verfügt Kamerun über Erdöl und Erdgas, Zinn, Titan, Gold- und Kupfererze sowie Diamanten und Bauxit. Die Bauxitvorkommen gelten als die 6. größten der Welt (sie liegen im Adamaoua-Hochland sowie bei Minim und Martap). Die seit 1974 fertiggestellte Transkamerun-Bahn, welche Ngaoundéré erreicht, ermöglicht einen Abtransport zur Küste.

Eine bedeutende Rolle spielen die Erdölvorkommen vor der Küste (offshore). Obwohl sich die Förderung des Erdöls stetig ausgeweitet hat, sanken aufgrund des Preisverfalls die Erlöse aus diesem Geschäft.

Industrielle Hauptstandorte sind Douala, Edéa und Yaoundé. Die meisten Betriebe sind noch in französischem Besitz, allerdings ist an Neugründungen stets der Staat beteiligt. Als Großunternehmen gelten die Aluminiumwerke in Edeá (ALUCAM) sowie die Erdölraffinerie in Limbé (SONARA). Kleinbetriebe verarbeiten dagegen die heimischen Agrarprodukte. Desweiteren spielen Betriebe der Holzverarbeitung und der im Aufbau befindlichen chemischen Industrie eine Rolle.

Günstige Entwicklungsmöglichkeiten dürfte auch der Tourismus haben. Neben der Vielfalt der Landschaft, etablierter Nationalparks sowie reizvoller Küstengebiete ist Kamerun ethnologisch-kulturell hochinteressant. Die meisten Besucher Kameruns sind allerdings bis jetzt Geschäftsreisende. Deshalb ist auch die Hotel-Infrastruktur vor allem in den großen Städten wie Yaoundé und Douala weit entwickelt.

1986 wurde die SOCATOUR (Société Camerounaise de Tourisme) gegründet. An ihr sind der Staat, die Cameroun Airlines, die staatliche Investitionsgesellschaft SNI sowie die Eisenbahngesellschaft REGIFERCAM beteiligt. Die Aufgabe von SOCATOUR ist die Förderung des kamerunischen Tourismus. Es gibt daneben noch weitere Tourimusunternehmen und Reiseagenturen.
Weitaus die meisten ausländischen Touristen stammen aus Frankreich (1982: 45.000, während aus der BRD nur knapp 5.000 kamen).

2.4.3 PRESSE UND VERKEHR

Presse

Die offizielle schriftliche Presse ist die staatliche Tageszeitung **Cameroon Tribune**, deren Hauptsitz in Yaoundé ist und die, je nach Gegend, in französischer und englischer Fassung erscheint. Sie informiert umfassend über Ereignisse im In- und Ausland.

DOCUMENT **LES LOIS PROMULGUÉES PAR LE CHEF DE L'ETAT** PP. 9 à 16

« Mobilisons toutes nos forces pour vaincre. 1990 sera certainement une nouvelle année difficile, mais tous les éléments sont réunis pour que notre économie redémarre. Les mesures que nous avons prises sont les bonnes. Les jours meilleurs sont devant nous, et je garde confiance et espoir en l'avenir ».

S.E. Paul Biya, président de la République.
(Message de Nouvel An à la nation. 31 décembre 1989).

CAMEROON TRIBUNE
GRATUIT
GRAND QUOTIDIEN NATIONAL D'INFORMATION
15e Année — N° 4556 — JEUDI 11 JANVIER 1990 — Cameroun : 150 F
Afrique Centrale : 250 F — Afrique de l'Ouest : 300 F — France : 7 FF

L'ancien immeuble de la BEAC affecté par le chef de l'Etat au ministère du Tourisme

Une vitrine de choix

Le ministère du Tourisme nouvellement créé vient de se voir affecter les locaux de l'ancien siège de la Banque des Etats de l'Afrique centrale (BEAC). Cette décision du président Paul Biya traduit l'importance qu'il accorde au développement du secteur touristique appelé à jouer un rôle de premier plan dans la stratégie de relance économique. Le moins que l'on puisse dire, c'est que cet immeuble est un joyau pour mieux vendre le Cameroun.

P. 3

NOTRE PHOTO (Archives) : L'ancien siège de la Banque des Etats de l'Afrique centrale devenu désormais ministère du Tourisme.

Téléphone

On met les bouchées doubles

Au cours de son récent séjour chez nous, M. Jean Jipguep, vice-secrétaire général de l'Union Internationale des Télécommunications (UIT), a pu se rendre compte des efforts qui sont faits pour doter notre pays d'un réseau de télécommunications solide et moderne. Ainsi, 50.000 lignes téléphoniques viendront bientôt enrichir le réseau entre Douala et Yaoundé grâce aux centraux en construction à Bassa, Akwa, Bonabéri et Bonamoussadi.

P. 5

Mbandjock

Il pend sa fille et se pend

Le nommé Ondoua Justin, un jeune homme de 34 ans s'est récemment donné la mort par pendaison à Mbandjock après avoir pendu sa fille cadette, la petite Mbe Carine âgée seulement de quatre ans. Les dépouilles des défunts ont été découvertes des heures plus tard par Mme Ondoua, l'épouse du défunt dans leur champ d'arachide.

P. 6

Demain, les nominations à l'Education nationale

☛ *Le sommaire complet en page [illegible]*

Daneben gibt es noch einige andere, nicht offizielle kleinere Blätter, Sportmagazine und die Boulevardpresse, die aber keine großen Auflagen haben und oft auch nur regional begrenzt (vor allem in den großen Städten) ausgeliefert werden. Der kamerunische Zeitschriftenleser bzw. -leserin orientiert sich, vor allem in Modefragen, an den französischen Zeitschriften.

Der eigentliche Buchmarkt hat nach wie vor wie überall in Afrika das Produktions-, Verbreitungs- und Publikumsproblem: Die Herstellungskosten sind teuer, die Leserschaft ist klein. Ein Buch zählt nach wie vor zu den Luxusgütern in Kamerun.

Radio und Fernsehen nehmen einen breiten Raum im kamerunischen Leben ein. Man muß dabei immer bedenken, daß eine Tageszeitung 150 CFA, (gut 1 DM) kostet. Für dieses Geld kann man sich schon etwas zu essen oder zu trinken kaufen, und da sind die Nachrichten im Radio billiger (wenn man vom Anschaffungspreis absieht).

Es ist erfreulich zu sehen, daß auch im Fernsehen mehr und mehr afrikanische Produktionen gebracht werden und nicht nur die in Europa oder den USA eingekauften (vgl. auch Kap. 3.2.2)

Straße mit Jacaranda-Bäumen bei Foumbot

Buschtaxi

Verkehr

Kamerun verfügt über das differenzierteste Verkehrsnetz Zentralafrikas. Allerdings darf man bei dieser Aussage nicht an mitteleuropäische Verhältnisse denken. Noch immer sind abgelegene Landesregionen nur schwer erreichbar und behindern dadurch die wirtschaftliche Entwicklung.
Als Transitland zu den afrikanischen Binnenstaaten Tschad sowie der Zentralafrikanischen Republik kommt Kamerun eine wichtige Mittlerrolle zu.

Das Straßennetz ist zwar relativ dicht, doch zumeist nur außerhalb der Regenzeiten voll nutzbar. Von den etwa 68.000 Straßen-

Bepackte Esel auf einsamer Straße

kilometern sind 2.800 km Asphaltstraßen! Im dünn besiedelten Norden sowie in den südöstlichen tropischen Regenwäldern gibt es nur saisonal nutzbare Pisten. Die Unterhaltung der nicht-befestigten Pisten verschlingt hohe Summen, denn nach jeder Regenzeit müssen diese Wege neu geebnet und zum Teil aufgeschüttet werden.

Das Eisenbahnnetz baut sich aus zwei Hauptstrecken auf:
- der Nordbahn von Douala nach Nkongsamba,
- der Zentralbahn Douala - Yaoundé, die seit 1964 als Trans-Kamerun-Bahn bis nach Ngaoundéré reicht.

Bahnhof in Yaoundé

Für die wirtschaftliche Erschließung des Landes spielen diese Bahnen eine außerordentlich wichtige Rolle. Seit 1969 gibt es eine kleine Stichstrecke von der Nordbahn von Mbanga nach Kumba. Allerdings existiert auch in Kamerun die Konkurrenz zwischen Straße und Schiene: Seit zu Beginn der 80er Jahre die Schnellstraße Douala - Yaoundé fertiggestellt wurde, verlagerten sich der Personen- und Güterverkehr auf die Straße.

Der wichtigste Seehafen ist Douala. Er ist durch einen ausgebaggerten Kanal gut zugänglich. Über Douala wickeln auch der Tschad und die Zentralafrikanische Republik, selbst Nigeria einen Großteil ihres Außenhandels ab.

Im Personenverkehr spielen Kleinbusse sowie Buschtaxis eine wesentliche Rolle. Sie verbinden auch die entlegenen kleinen Orte, dienen der Verbindung zu Marktzentren, besorgen den Transport von Waren und Tieren.

Für Touristen liegt es nahe, ein gemietetes Auto oder als Gruppe einen Bus zu benutzen. Die Straßen sind im allgemeinen gut, aber es kann auch passieren, daß man über eine etwas wackelige Brücke fahren oder ein Wasser durchqueren muß (vornehmlich in der Regenzeit). Dann ist ein Landrover nötig.

Überquerung einer Brücke

Flußdurchquerung

Achtung: Elefanten kreuzen

Tradition und Moderne im Transportwesen

Das Flugzeug ist zwar das teuerste Transportmittel, wird aber trotzdem wegen der großen Entfernungen häufig benutzt. Bedenkt man, daß zwischen Douala und Maroua, der Hauptstadt der Provinz des Extremen Nordens und Hauptverkehrsknotenpunkt für die angrenzenden Länder, fast 1.500 km liegen, die auf der Straße zu großen Teilen auf einer Piste zu bewältigen wären, versteht man, daß nach Möglichkeit das Flugzeug benutzt wird. Es gibt auch ermäßigte Tarife wie überall in Europa für Gruppen, bestimmte Altersklassen, Zeiten, etc.
Cameroon Airlines ist auch auf einem Flug mit mehreren Zwischenlandungen (d.h. fast immer im Inland) meist pünktlich, die technische Wartung der Maschinen wird sorgfältig durchgeführt, der Service ist freundlich, und man ist rundum um den Passagier bemüht.

Gerade in ländlichen Gegenden ist ein Fahrrad unentbehrlich, und es ist ein wahres Wunder zu sehen, auf welchen uralten Stahlrossen (besser: "Rostrossen") eine längere Tour noch möglich ist. Günstig, aber den etwas Bemittelteren vorbehalten, ist das Moped, je nach Reichtum des Besitzers mit größerer oder kleinerer Maschine ausgestattet. Es spielt vor allem im Norden eine Rolle und wird da "der Mercedes des Nordens" genannt.

Ein uraltes "Transportmittel" neben dem Pferd, gerade im Norden, aber noch immer sehr beliebt, ist der Esel. Man kann ihn mit schweren Lasten bepacken, und viele Fulbé reiten auch selbst auf ihm zum Markt.

Im Transportwesen geben sich Tradition und Moderne die Hand wie in so vielen Bereichen des kamerunischen Lebens.

2.5 RELIGIONEN, BRAUCHTUM UND DIE KÜNSTE

Alle Religionen sind stets mit dem **rituellen Bereich** eng verknüpft, der seinerseits weit in das tägliche Leben der Kameruner hineingreift.

Das Leben in Afrika ist für die Menschen von der Geburt bis zum Tode gekennzeichnet vom Rituellen, das zu jeder neuen Lebensetappe hinzugehört: Schon bei seiner Geburt unterzieht seine Familie das Kind bestimmten Riten, um es in die Gemeinschaft der Familie und seines Volkes aufzunehmen, um ihm überhaupt den Eintritt in die Seinskategorie der Lebenden zu

Initiationsfeierlichkeiten bei den Bamoum

ermöglichen. So wird weiterhin verfahren bis zu seinem Tode, ja bis nach seinem Tode, denn der physische Tod ist keinesfalls das Ende aller Dinge, auch nicht einmal das Ende des Lebens. Manche Riten, z.B. Beerdigungsfeierlichkeiten, können unter Umständen erst einige Jahrzehnte nach dem Tod des Betroffenen vollzogen werden, wenn bestimmte Bedingungen gegeben sind.

Wichtig ist das Eingebundensein in den rituellen Bereich, das als Schutz dient und sich wie ein roter Faden, auch als Orientierungshilfe für das gesamte Dasein, durch jedes Leben zieht. Fällt die Dimension des Rituellen fort - etwa durch Verstädterung, Vereinzelung, durch Trennung von Heimat und Familie - ist der Mensch schutzlos.

Welcher Religion oder Glaubensgemeinschaft jemand auch angehört - man wird sehr selten einen Afrikaner finden, der nicht gläubig ist. Ungläubigkeit wird auch von den Afrikanern selbst negativ bewertet: Wer nicht glaubt, hat seinem Leben keine Richtung, keine Mitte gegeben und ist somit ohne Schutz.

Wichtig für den Besucher ist jedenfalls der Respekt vor jeder Religion, vor dem Rituellen schlechthin. Achten Sie Vorschriften und Tabus. Dies ist die wichtigste Form von Respekt, die Sie als Gast Ihren Gastgebern schuldig sind. Verhalten Sie sich zurückhaltend, fallen Sie nicht auf durch intensives bzw. lästiges Fragen, Fotografieren, ohne eine Erlaubnis eingeholt zu haben, oder durch eigenmächtiges Schauen über Zäune und Absperrungen.

2.5.1 CHRISTENTUM

Das Christentum ist von den Weißen mitgebracht worden. Grundsätzlich wurden die Missionare freundlich aufgenommen, denn es bestand für die Afrikaner kein Grund, den guten Gott der Weißen ihren eigenen Göttern bzw. Mächten nicht hinzuzufügen.

Problematisch wurde erst der Ausschließlichkeitsanspruch, den die christliche Kirche erhob. So ergaben sich immer wieder Konflikte zwischen afrikanischer Tradition, den Riten, die man nicht aufgeben wollte und konnte und den Geboten der christlichen Kirche.

Diese Spannung dauert bis heute an. Man wird immer wieder Menschen begegnen, die sich als gläubige Christen bezeichnen, jedoch weiterhin ihre traditionellen Riten praktizieren, auch wenn diese nach europäischer Denkart im Widerspruch zum Christentum stehen. Für die Afrikaner muß dies kein Widerspruch sein.

Die Statistiken sprechen heute von etwa 30% Christen in Kamerun. Freilich darf eine solche Zahl nicht sehr genau genommen werden. Aus der oben genannten Spannung heraus ergeben sich zahlenmäßige Überschneidungen.

Mit den verschiedenen Kolonialherren, den Deutschen, den Franzosen und den Engländern (Holländer und Portugiesen zählen hier nur am Rande), kamen auch verschiedene christliche Konfessionen nach Kamerun. In den anglophonen Provinzen ist bis heute der englische Einfluß stark spürbar. Die größte Glaubensgemeinschaft innerhalb aller christlichen Kirchen ist freilich die katholische.

Man ist in den letzten Jahren dazu übergegangen, auch Elemente der Tradition in den christlichen Kirchen zuzulassen. So werden jetzt die Gesänge, die ihrerseits in Wort und Musik "afrikanisiert" wurden und nicht mehr nur Kopien aus Europa sind, begleitet von Tam-Tam und Balafon, von Rasseln und anderen Rhythmusinstrumenten, vom Tanz der Menschen gar in der Kirche, der sich dann nach Gottesdienstschluß, als ob dieser nie aufhörte, ins Dorf hinein fortsetzen kann: bis in den Alltag hinein gelebtes Christentum. Dies hat die Kirche dem Volk näher gebracht und ist sicherlich wichtig für das Überleben der christlichen Kirchen.

2.5.2 ISLAM

Der Islam in West- und Zentralafrika sollte keinesfalls mit dem Islam der arabischen Länder verglichen werden. Er kam zwar von Norden durch die Wüste, hat jedoch hier einen sehr liberalen und, man möchte sagen, noblen Charakter: Der Islam ist hier tolerant, er ehrt die Frau, schützt die Familie und gibt den Moslems einen festen ethischen Rahmen, der das Zusammenleben sehr erleichtert.

Zudem entsprechen die konkret gehaltenen Vorschriften des Korans eher den traditionellen Sozial- und Lebensstrukturen in Afrika als die des Christentums. Dies beginnt bei der Polygamie, geht über die hygienischen Vorschriften bis zu sehr handfesten Geboten zum Sozialverhalten untereinander.

Der Islam besteht ja nicht einfach nur aus den 5 täglichen Gebeten und den anderen Grundgeboten, wie Almosengeben, Elternverehrung etc., sondern ist, dringt man tiefer in ihn ein oder besucht gar die Koranschule, ein sehr kompliziertes Gebilde, nach dem zu leben nicht einfach ist.

Dieser Glaube formt den Menschen und gibt ihm Charakterfestigkeit, was durchaus oft gepaart ist mit großer Geschäftstüchtigkeit, die im Islam nicht etwa verboten ist. Einem fanatischen Islam oder Missionierungsdrang, wie man ihn bei den Christen oft erfährt, begegnet man nie, eher Bescheidenheit und keiner besonderen Zur-Schau-Stellung des Glaubens. Trotzdem wird die Feierlichkeit moslemischer Feste nicht verheimlicht. Es ist beeindruckend, mit welcher Eleganz zu besonderen Anlässen die Menschen sich kleiden und die Frauen sich schminken können.

Moschee in Douala

Gestern noch eine unscheinbare Erscheinung, die keineswegs auffällt, erscheint ein festlich Gekleideter in einem Glanz und solcher Pracht, die dem Europäer unvorstellbar sind, wenn er nicht selbst Zeuge eines solchen Vorgangs wird: Kommen zum Beispiel die Pilger aus Mekka zurück, im weißen

Moslemischer Seher, auf einer Korantafel schreibend

Gewand des Hadji, werden sie mit großem Prunk am Flughafen empfangen. Kein "normaler" Flugpassagier käme auf die Idee, zuerst auszusteigen, jeder läßt die Pilger feierlich voranschreiten, damit sie schon am Fuße des Flugzeugs von den anderen Gläubigen empfangen werden.

Ein solcher Empfang ist für den Besucher ein besonderes Erlebnis.

Ca. 30 % der Bevölkerung in Kamerun gehören dem Islam an, aber auch diese Zahl ist ungenau. Geographisch gesehen nimmt der Islam nach Norden hin zu, im Süden herrscht das Christentum vor.

2.5.3 ANIMISTISCHE ODER NATURRELIGIONEN

Wie auch in anderen Teilen der Welt hat der Hang zu Sekten stark zugenommen. Dies geht einher mit der Neigung der Afrikaner, an übernatürliche, geheime Kräfte zu glauben und entsprechende Riten zu praktizieren.

Zu diesen Glaubensgemeinschaften zählt man Religionen, die ihren Gott, ihre Götter oder die über ihnen stehenden Mächte in der Natur suchen und finden. Für sie manifestieren sich ein oder mehrere höhere Wesen in der Natur, oder einzelne Naturphänomene verkörpern diese Wesen selbst. Das führt zwangsläufig dazu, daß die Natur sehr genau beobachtet wird und daß man den natürlichen Ereignissen stets eine große Bedeutung zumißt.

Dies ist um so wichtiger in Afrika, als sich dort das Leben noch mehr im Kontakt mit der Natur gestaltet als in den hochindustrialisierten Ländern, zum anderen aber auch, da sich die Natur in den Tropen besonders intensiv zeigt. Gewitter, Regen, Dürre oder Sonnenschein - selbst das Wachstum von Pflanzen - sind so gewaltig, daß man schnell geneigt ist, hier höhere Mächte, Segen oder Strafe zu vermuten.

Fetisch an einem Feldeingang als Warnung und Schutz vor unbefugtem Eintritt

Vor bösen Mächten kann man sich durch Fetische schützen, durch kompliziert angefertigte Gegenstände, die von einem Fetischeur oder Zauberer (das Wort ist eine etwas unglückliche Übersetzung) gewissen Riten unterzogen worden sind, um dem Wunsch des Kunden zu entsprechen.

Dieser erhält dann den Fetisch, auch Gri-Gri genannt, und trägt ihn bei sich, um den Hals (oft bei Kindern), in der Tasche, oder er stellt ihn an einen geeigneten Platz.

Oft ist auch definitiv Gift mit im Spiel: Will ein Bauer, daß niemand seinen Acker betritt, um zu stehlen, macht er dies durch einen Fetisch am Zugang zum Acker deutlich.

Niemand wird es nun wagen, in oder über den Acker zu gehen, denn man kann sicher sein, daß man es mit Gift zu tun hat.

Dazu kommen in den traditionellen afrikanischen Gesellschaften immer wieder Menschen, die übernatürliche Kräfte besitzen, die sie zum Wohl oder Wehe der Menschen einsetzen. Dies wird auch im Zusammenhang mit der medizinischen Versorgung der Menschen erwähnt (Kap. 3.2.5).

Was die Kenntnis solcher Glaubensgemeinschaften ganz besonders bei diesen Völkern so schwierig macht, ist, daß sie meistens geheim gehalten werden. Es bedarf einer speziellen Initiation, um Näheres zu erfahren. Ist man einmal initiiert, bekommt man - je nach Grad der Initiation - den Schlüssel zu den Geheimnissen nach und nach geliefert. Allerdings ist man selbst dann der Schweigepflicht unterworfen und hat innerhalb der Gemeinschaft bestimmte Verpflichtungen, die sehr ernst genommen werden müssen.

Eine solche Initiation dauert oft ein ganzes Leben lang: Das Rituelle begleitet den Afrikaner von der Geburt bis zum Tode, geht über den religiösen Bereich hinaus ins tägliche Leben und in die Kunst. Musik, Theater, bildende Kunst, alles ist Teil des großen rituellen Zusammenhangs.

2.5.4 BRAUCHTUM

Obwohl Kamerun, wie die meisten modernen afrikanischen Staaten, als Vielvölkerstaat bezeichnet werden kann und diese verschiedenen Völker eine sehr unterschiedliche Geschichte und Sozialstruktur haben, gibt es doch bei aller Unterschiedlichkeit immer wieder überraschende Übereinstimmungen über alle Volks- und Ländergrenzen hinweg, so daß sich auch der Fremde mit einiger Kenntnis über Land und Leute zurechtfinden kann (vgl. Kapitel 3.2).

Allen gemeinsam ist der **Kampf ums Überleben**, um die Erhaltung der Familie, um die Versorgung der Kinder.

Kinder sind überhaupt ein wesentliches und allgemeingültiges Merkmal der afrikanischen Gesellschaften: Wer keine Kinder hat, kann nach seinem Tode nicht weiterleben. Und das ist sehr schlimm. Denn der physische Tod ist nicht das letzte, sondern lediglich der Übergang in eine andere Existenzform.

Von hier aus, von der Welt der Ahnen aus, lebt der Mensch weiter und kann seiner Familie und seinem Volk Lebenskraft geben, genauso wie umgekehrt: Die Lebenden halten die physisch Toten lebendig, indem sie von und zu ihnen sprechen und den Kontakt auf diese Weise aufrechterhalten. So bedingt sich Leben im gegenseitigen Geben und Nehmen.

Die Gebräuche der einzelnen Völker sind abhängig von ihrer wirtschaftlichen Lage, von dem jeweiligen geographischen wie auch klimatischen Lebensbereich. Völker der Sahelzone müssen sich anders gegen Sand und Wassermangel schützen als Völker des Regenwaldes.

Die Bewohner des Nordens ringen dem kargen Boden das Wenige ab, das er hergibt, die des Südens können in Früchten und Gemüsen schwelgen: grundsätzlich andere Lebensbedingungen, die sich in jeglicher Hinsicht auswirken.

Es gibt in Kamerun, ähnlich wie in anderen schwarzafrikanischen Ländern, **Grundnahrungsmittel**, die - von einigen Varianten abgesehen - von allen verzehrt und gebraucht werden: Reis, Mais, Hirse (weiße und rote), Sorgho, Erdnuß, Zuckerrrohr, Kochbanane, Maniok, Yamwurzel, Palmöl, Taro und Makabo. Im Süden und Westen gibt es viele Zubereitungsarten von Maniok, im Norden überwiegt die Hirse.

An Früchten ist vor allem der Süden reich, aber auch im Norden gibt es genug: Ananas, Papaya, Banane, Goyave, Passionsfrucht, Melone, Mango, Zitrone, Apfelsine, Apfel, Pampelmuse, in einigen Gegenden gar Pfirsiche und Erdbeeren.

An uns bekannten Gemüsen findet man Bohnen, Erbsen, Möhren, Tomaten, Zwiebeln, Knoblauch, Gombo (oder Okra), Paprika, Pimentschoten, Mangold und viele Sorten von Blättern oder auch Blüten, die ebenso als Gemüse wie zu Soßen verarbeitet werden.

Fleisch, Fisch und Meeresfrüchte sind Luxusartikel (abgesehen von letzteren in der Küstenregion) und werden nur zu besonderen Gelegenheiten aufgetischt.

Kamerun hat selbst Tee, Tabak, Kaffee und Kakao, braut Biere und hat dazu natürliche Quellen, die erlauben, reines Wasser, in Flaschen abgefüllt, dem Konsumenten anzubieten (vor allem am Kamerunberg). Gewürze sind in unübersehbarer Vielfalt und Zusammenstellungen vorhanden, gerade auch im Norden (Puderform).

Die **Essenszubereitung** ist meist den Frauen, die **Bauarbeiten** sind den Männern vorbehalten. Viele Arbeiten jedoch (Feldarbeit und Viehhaltung) werden oft gemeinsam erledigt oder abwechselnd. Dies ist von Volk zu Volk verschieden, ändert sich auch zuweilen je nach Familienstand und Hierarchie.

Die **handwerklichen Tätigkeiten** waren einst streng nach Geschlechtern getrennt. Aber auch dies beginnt sich aufzulösen. Viele Arbeiten, die einst der Frau vorbehalten waren, übernimmt auch der Mann und umgekehrt: Der Tradition nach wurden Schlächterei, Holz- und Schmiedearbeiten vom Manne besorgt, die Arbeiten innerhalb des Hauses (außer den Bauarbeiten) von der Frau. Spinnen war Sache der Frauen, Weben durchaus die der Männer.
Vieles ist da in Bewegung geraten, nicht zum Schlechten, und immer begleiten Musik, Gesang und Tanz, Humor und Witz das Schaffen der Menschen.

Wichtig für das Verständnis des Fremden, d.h. auch für sein Verhalten gegenüber den Menschen, die er besucht, ist der Respekt vor dem Alter: Der Rangälteste oder der den Jahren nach Älteste verdienen immer den größten Respekt.

Die afrikanischen Gesellschaften sind **hierarchisch** strukturiert, und sobald man die Hierarchie durchschaut, ist es einfach, sich selbst einzuordnen und dementsprechend zu verhalten. Es handelt sich bei diesen Sozialstrukturen niemals um absolutistische Formen im europäischen Sinne, sondern stets um kontrollierte Herrschaften.

Der Erste ist bei den Fulbé der Lamido, bei den Moslems der Sultan, religions- und stammesübergreifend heißt der Herrscher Fon. Er hat einen Hofstaat und Krieger, deren militante Aufgabe jetzt - hoffentlich - erloschen ist.

Heutzutage ist der **Fon** meist betraut mit öffentlichen Ämtern im modernen Staatswesen. Er ist nach wie vor für sein Volk verantwortlich und fühlt sich ihm verpflichtet. Die Hierarchie setzt sich nach unten fort bis zum einfachen Mann. Aber selbst er hat Recht auf Gehör und kann sich innerhalb der sozialen Strukturen, vergleichbar den Gremien, artikulieren.

Begegnen sich Afrikaner untereinander, wird erst einmal diese Struktur, sei's innerhalb der Großfamilie oder des Volkes, "ent-deckt", d.h. bloßgelegt und festgestellt, und so wird klar, wie der **Verhaltenskodex** in der Folge auszusehen hat. Interessant ist auch das Phänomen des **physischen Kontakts**: Trifft man einen Bekannten, berührt man ihn zum Gruße, außer bei den meisten traditionellen Chefs, die man nicht berühren darf. Die Begrüßungszeremonien als solche sind je nach Volk verschieden. Begegnet man einer Mutter mit Kind, ist es üblich, das Kind auf den Arm zu nehmen, um die Mutter zu ehren. Man begegnet auch Männern auf der Straße, die Hand in Hand oder umarmt gehen - dem Europäer ein ungewohntes Bild, dem Afrikaner vertraut. Einigkeit in einer Diskussion zum Beispiel wird ebenfalls mit Handschlag und meist mit Lachen besiegelt.

Neugierde des Fremden, vor allem was den privaten Bereich einer Person oder einer Familie betrifft, wird nicht gern gesehen. Es ist besser, man stellt keine direkten, erst recht keine bohrenden Fragen. Dann bekommt man nämlich gar keine oder ausweichende, manchmal auch absichtlich falsche Antworten, weil man dem Fremden keinen Zugang zu den Geheimnissen geben möchte. Lebt man jedoch einige Zeit mit den Menschen, ohne viel zu fragen, werden diese beginnen, selbst zu erzählen, und man erfährt oft mehr, als man sich als Information zuvor hätte vorstellen können. Die Afrikaner sind im allgemeinen nicht verschlossen, sondern offen und erzählfreudig, solange man sie nicht durch Fragen bremst.

Hören Sie nicht auf in Europa verbreitete Märchen, z.B. über die Stellung, d.h. Unterprivilegierung der Frau, Zwangsarbeit von Kindern, liebloses Verhalten untereinander, usw.

Dies alles ist viel komplexer und hat einen anderen Charakter als den sichtbaren; der Schein trügt: Die Frau tut, was sie will, die Kinder sind Teil einer in sich schlüssig funktionierenden Gemeinschaft. Ausschreitungen jeglicher Art gibt es wie überall auf der Welt, die Regel aber, der normal funktionierende Alltag, sieht anders aus.

Allerdings herrscht in Afrika ein für den Europäer ungewohntes, besonderes Gesetz: Macht oder gar Übermacht hat keinen Demonstrationscharakter nötig, sondern manifestiert sich in Taten. Das heißt: Eine Frau wird in der Öffentlichkeit immer demütig zu ihrem Gatten sprechen und sich ihm bescheiden oder gar untertänig nähern, auch wenn sie es ist, die in Wirklichkeit das Sagen hat.

Lassen Sie sich von Äußerlichkeiten nicht täuschen. Die dahinterstehende Realität ist eine andere und dem Fremden meist verborgen, vielleicht freilich nicht immer logisch im europäischen Sinne. Man sollte generell versuchen, nicht von Äußerlichkeiten auf Inhalte zu schließen. Bleibt man stets freundlich und höflich, wird man einen Zugang zu den so unterschiedlichen wie liebenswerten Völkern dieses Landes finden!

Über Sitten und Gebräuche lassen sich Bände füllen. Wichtig ist jedoch ein Bereich, auf den noch einmal hingewiesen werden soll: der rituelle. Versuchen Sie niemals, ungefragt, d.h. unaufgefordert, in den rituellen Bereich eines Volkes einzudringen: Man würde es Ihnen so schwer wie eine kriegerische Invasion ankreiden und Sie deshalb unerbittlich zur Rechenschaft ziehen! Dies ist der intimste Bereich des Afrikaners, mehr als sein offizielles oder auch schon mal inoffizielles Familienleben, das dem Europäer oft so ungeheuer privat erscheinen mag.

Das **Rituelle** bleibt stets der Bereich, der dem Fremden bis zuletzt verborgen bleibt. Man sollte niemals darauf dringen, in diese Geheimnisse eingeführt zu werden, es sei denn, ein dazu autorisierter Afrikaner forderte dazu auf. Denn dies darf auch nicht jeder tun.

Und auch in der **Initiation**, der "Einweihung", gibt es verschiedene Stufen, über die der Fremde selbst dann jeweils nicht mehr entscheiden kann, denn es ist ja an den Afrikanern, den Fremden zu akzeptieren und in ihre Zivilisation einzuführen - oder auch nicht. Man achte mit äußerster Sorgfalt, vor allem in Form von Diskretion, auf das, was mitgeteilt wird: Schon hier werden die Beobachter über den weiteren Weg und das Maß der Informationsübermittlung entscheiden.

Verlangen Sie niemals als Tourist, daß man Sie in die Geheimnisse eines Volkes einweiht, mit dem Sie letztlich nicht willens sind zu leben. Sie werden immer - verhalten Sie sich respektvoll Land und Leuten gegenüber - sehr freundlich empfangen werden. Und vergessen Sie nicht: **Musik, Tanz, Humor** und gemeinsame Freude spielen auch im rituellen Bereich eine wesentliche Rolle. Hier könnte ein möglicher Schlüssel zum Zugang zu Land und Leuten liegen. Aber wie weit man Sie - allein oder als Gruppe - auch an rituellen Feierlichkeiten teilnehmen läßt, werden nur die Afrikaner selbst entscheiden.

2.5.5 KUNST UND HANDWERK

Die bildenden Künste, wie auch die Musik und die mündlich überlieferte Literatur, gehören in Afrika nicht einem vom täglichen Leben abgehobenen Bereich an, sondern sind integraler Bestandteil des Alltagslebens. Auch hier spielt wieder das Rituelle eine Rolle: Besonders zu einem festlichen Ereignis wird musiziert und getanzt, es werden Masken geschnitzt, Skulpturen gefertigt und vieles mehr. Haben solche Gegenstände dann einem rituellen Zweck gedient, werden sie bis zur nächsten Gelegenheit sorgsam verwahrt und dann wieder in Gebrauch genommen.

Für den Europäer, der an Souvernirs, d.h. an "echten" Kunstgegenständen interessiert ist, entscheidet sich der Wert eines Stückes hier: Hat es einem rituellen Vorgang gedient, gilt es als echt, sonst handelt es sich um eine Kopie (wobei es jedoch sehr schöne Kopien gibt, die einem sogenannten Original an Kunstfertigkeit in nichts nachstehen).

Anders sieht es mit Kunsthandwerk aus, das speziell zum Verkauf und zum Gebrauch im nicht-rituellen Bereich gefertigt wird. Da gibt es schöne Gebrauchsgegenstände, von geschickten Handwerkern angefertigt, manchmal noch nach alten Verfahren, die im Verschwinden begriffen sind:

- Ein **Schmied** gießt noch aus der verlorenen Form (vgl. Kap. 2.3.3);
- ein **Weber** webt noch am alten Webstuhl ganz schmale Streifen, die nur in mühsamer Arbeit zu einem Kleid zusammengefügt werden können;
- **Baumwolle** wird an einer Spindel noch **mit der Hand gesponnen**;
- eine **Töpferin** brennt ihre Waren nach jahrhundertealtem Verfahren ...

Die **Musik** begleitet jegliches rituelle oder handwerkliche Tun, instrumental oder vokal. Musik gehört zum Leben des Afrikaners von der Geburt bis zum Tode.

Auch in der Auswahl ihrer **Arbeitsmaterialien** sind die Afrikaner äußerst erfindungsreich: Sie bauen Möbel aus Palmzweigen oder Bambusarten, sie nutzen Tierfelle, Hörner als Trinkgefäße, geschmückte Kalebassen zur Aufbewahrung ihrer Getränke, sie kühlen Wasser mit Blättern, sie rauchen aus kunstvoll gefertigten Ton-, Holz-, Knochen- oder auch Elfenbeinpfeifen ... Die Reihe ist fortsetzbar.

Und die Gegenstände, die über die Jahre hin erhalten bleiben, werden als **Erbstück** den Kindern überreicht und von ihnen in Ehren gehalten. Dies berührt dann schon wieder den rituellen Bereich. So ist also nicht immer der Unterschied zwischen Kunst und Handwerk klar zu ziehen, gerade weil diese Grenze für den Afrikaner so nicht gilt. Es wäre jedoch verfehlt, bei den künstlerisch gestalteten Gebrauchsgegenständen lediglich von funktioneller Kunst zu sprechen. **Kunst** gehört zum **Leben**, das Leben ist ohne Kunst nicht denkbar.

2.5.6 SPRACHEN UND LITERATUR

Kamerun ist im Gegensatz zu anderen Ländern, die im allgemeinen eine, manchmal eine zweite, dann meist afrikanische offizielle **Landessprache** haben, eines der wenigen Länder, die zwei europäische Amtssprachen haben: französisch und englisch. Dies hat seinen Ursprung in der neuesten Geschichte: Erst lange nach der offiziellen Unabhängigkeit 1960 werden die englischsprachigen Provinzen im Nordwesten und Süden Kamerun wieder angegliedert, so daß 1972 die Vereinigte Republik Kamerun ausgerufen werden kann. Seitdem - gewissermaßen als Zugeständnis für die beiden wieder hinzugewonnenen Provinzen - gelten beide Sprachen als Amtssprache. So wird an der Universität zweisprachig gelehrt, im Fernsehen werden Filme und auch aktuelle Sendungen in beiden Sprachen übertragen. Daneben gibt es auch Nachrichtensendungen im Rundfunk in wichtigen afrikanischen Sprachen. Die Zeitungen erscheinen englisch und französisch. Man kommt also mit Englisch einigermaßen, noch besser aber mit Französisch gut zurecht.

Unübersehbar und statistisch niemals genau festgestellt ist die Zahl der **afrikanischen Sprachen**: Man beachte hier den Unterschied zwischen Sprache und Dialekt. Es gibt in Kamerun mehrere hundert afrikanische Sprachen, die Zahl der Dialekte ist weitaus größer.

Ein "durchschnittlicher" Afrikaner, d.h. einer, der ein wenig oder gar nicht liest und schreibt (man sagt nicht: Er kann nicht lesen und schreiben, sondern: Er liest nicht, denn er hätte es ja lernen können, wenn er die Möglichkeit gehabt hätte, zur Schule zu gehen), und nicht etwa ein Universitätsangehöriger ist, spricht 4 bis 8 Sprachen fließend!

Einige der wichtigsten afrikanischen Sprachen in Kamerun sind die Bantusprachen im Süden, die Sprachen der Bamoum, Tikar, Bamiléké u.a. im Westen, und im Norden Haussa und Fulbé, in den islamischen Gegenden auch arabisch. Man verständigt sich auch mit einem sogenannten Pidgin, das freilich anders ist als das übliche Pidgin-Englisch.

Selten stößt man noch auf lebendige deutsche Sprachspuren außerhalb der historischen Monumente.

Der vornehmste Ausdruck der Sprache ist die **Literatur**. An ihr ist Kamerun ebenso reich wie an den anderen Künsten, sie ist jedoch in ihrem Charakter mit derjenigen in Europa nicht vergleichbar. Die traditionellen afrikanischen Literaturen sind oraler Art, d.h. **mündlich überliefert**, nicht schriftlich fixiert. Das hat zur Folge, daß die "**Griots**", die Erzähler und Bewahrer der literarischen wie historischen Tradition, ihr Gedächtnis außerordentlich geschult haben: Sie können, handelt es sich zum Beispiel um eine Genealogie, diese fehlerlos und ununterbrochen über 50 Generationen herstellen (man rechnet heute weltweit mit etwa drei Generationen pro Jahrhundert!), sie erzählen mit derselben Akribie die Geschichte ihres Volkes, der Entstehung der Welt usw. Sie erzählen, sie stellen szenisch dar, und so wird unversehens aus einer Erzählung ein Theaterstück. Oft genug werden die Zuschauer mit einbezogen: Eine Opposition zwischen Vortragendem und Publikum gibt es ursprünglich nicht.

In Afrika ist die erzählte Literatur nicht geschieden vom alltäglichen Leben, noch von der Musik oder dem Tanz, sondern ist Geschichte, soziale wie religiöse, ästhetische, kurz: **umfassende Unterweisung** in einem. So dienen sowohl die Literatur wie auch die anderen Künste gleichsam als Information, Mitteilung und Erziehung, wie auch genauso zur Freude des Benutzers oder Betrachters.

Literatur in diesem umfassenden Sinne wurde den Kindern von klein auf durch das Erzählen am Abend von den Alten vermittelt. Sie wuchsen so hinein in ihr Sozialgefüge ohne schulischen Druck, spielerisch und immer in der Gemeinschaft ihres Volkes, im Kontakt zwischen jung und alt. Die Schule moderner Prägung - die der Kolonialherren - hat hier eher Schaden als Nutzen angerichtet.

Erst in jüngster Zeit - in Kamerun beispielhaft und früh, d.h. schon im letzten Jahrhundert durch den König der Bamoum Njoya mit Hilfe der Erfindung sogar einer eigenen Schrift - werden oral überlieferte literarische Dokumente aufgeschrieben, damit sie durch die Technisierung des täglichen Lebens nicht vollends verlorengehen. Hier liegt zweifellos gerade auch heute noch ein großes Arbeitsfeld für Literaten und Ethnologen.

Die modernen afrikanischen Literaturen dagegen sind englisch oder französisch geschrieben, in Deutschland unverdienterweise durch fehlende oder schlechte Übersetzungen leider kaum oder unzulänglich bekannt. Dies ist bedauerlich, aber ein Marktphänomen.

Es stellen sich für die jungen afrikanischen Literaturen, die sich heute thematisch einerseits noch mit der Bewahrung ihrer Tradition, andererseits vor allem mit dem modernen Leben im heutigen Afrika beschäftigen, **Probleme technischer Art**: hohe Papierherstellungs- und Druckkosten, Verlegung der Bücher möglicherweise in Europa, was wiederum die Autonomie einschränkt, einen teuren Transport bedingt, Vertriebsprobleme schafft, u.ä.

Es ist zu hoffen, daß sich mit der Zeit Strukturen finden lassen, die diese Hindernisse weitgehend aus dem Weg schaffen, damit die Afrikaner der jungen Generation gehört werden können.

2.6 PFLANZEN- UND TIERWELT

Pflanzenwelt

Aufgrund der unterschiedlichen Klimazonen Kameruns ist auch die jeweilige Flora sehr verschieden. Für die Selbstversorgung auf dem Agrarsektor sind erst einmal die angebauten Produkte von Wichtigkeit: Im tropischen Regenwald wachsen als Kulturpflanzen neben reichlichen Früchten Maniok, Mais, Reis, Kochbananen, Zuckerrohr, Ölpalmen zur Gewinnung von Palmöl, Tabak, Kakao, Kaffee, Kautschuk, wobei die drei letzteren vor allem für den Export vorgesehen sind. Mehrfache Ernten im Jahr sind möglich. In der Savannenzone nimmt der Anbau dieser drei Produkte zugunsten von Baumwolle und Erdnuß (beide ebenfalls für den Export) ab.

In der Trockensavanne gedeihen vor allem Hirse zur Selbstversorgung, ein wenig Erdnuß und Baumwolle, die anderen Produkte fallen weg. So wird einsichtig, daß das agrarwirtschaftliche Gefälle von Norden nach Süden landschaftlich bedingt ist.

Bei der Viehwirtschaft überwiegt im Norden die Rinderzucht, dazu wenige Ziegen und Schafe. Die Anzahl der Zebus nimmt nach Süden hin ab, um Kleinviehhaltung den Vorzug zu geben: Hier überwiegt jedenfalls der ertragreichere Ackerbau. Der Norden ist aufgrund seiner extremen klimatischen Bedingungen viel mehr Mißernten und Naturkatastrophen (Dürrezeiten sowie auch Überschwemungen) ausgesetzt.

Menschen unter einem Kapokbaum

Die tropische Pflanzenwelt ist von unübersehbarem Reichtum: Neben den mehreren hundert Palmenarten gibt es im tropischen Regenwald viele Arten von Baumriesen mit Brett- oder Luftwurzeln. Dabei ist der Kapokbaum der größte. Der Mensch nimmt sich unter ihm sehr klein aus.

i Informationen zum tropischen Regenwald s. Kapitel 2.2.2.

Kaffee, Bananen, Kakao u.a. wachsen wild, im Untergehölz gedeihen Lianen, Blumen von äußerster Blütenpracht bis hin zu Orchideen. Immer wieder erfreut der Baum des Reisenden, auch Fächerpalme genannt, obwohl er zu den Bananenpflanzen gehört. Er speichert auch in der trockenen Zeit im Ansatz seiner weit ausladenden Zweige Wasser, was dem Reisenden dienen kann, wenn er woanders kein Wasser mehr findet.

Der Baum des Reisenden aus der Familie der Bananenpflanzen

All dies nimmt nach Norden hin ab, wo man dann neben Baobabs (Affenbrotbaum) und Mangobäumen vor allem auf die Schirmakazie der Sahelzone stößt. Sie ist, obwohl sehr stachelig, eine beliebte Nahrung der Elefanten.

Der Norden ist vor allem reizvoll durch seine wechselnden Jahreszeiten, die sich deutlich in der Vegetation widerspiegeln; ein Rhythmus, der im Süden kaum auffällt. Zum Ende der Trockenzeit scheint die Natur im Norden wie tot, ausgedörrt, und der Besucher fragt sich, wie je wieder Leben entstehen kann. Fallen jedoch die ersten kräftigen Regenfälle, sprießt es geradezu sichtbar aus dem Boden: Grün mischt sich mit den ersten Blüten, die Landschaft verändert sich grundlegend in ganz kurzer Zeit.

In der Trockenzeit sieht man von einem Gehöft zum anderen, manchmal weit. Am Ende der Regenzeit sind durch die Bewachsung auch die dicht nebeneinander liegenden Ansiedlungen voreinander versteckt.

Tierwelt

Ebenso vielfältig zeigt sich die Fauna, die der Besucher am besten in den Wildparks bewundern kann. Je nach Vegetationszone sind die Arten und die Häufigkeit der Tiere verschieden, aber Kamerun bietet durch die konsequente Pflege seiner Parks einen sehr großen Reichtum an Tieren. Waza gilt als der tierreichste Park in Westafrika.

Zum Beobachten mancher Tierarten gehört ein bißchen Glück (für Löwen z.B. oder Büffel, Krokodile und Flußpferde, Erdferkel, den Serval oder auch den Fennek, den Wüstenfuchs), aber viele Tiere kann man in den Parks leicht antreffen: Elefanten, Affen (Paviane, Meerkatzen, auch Schimpansen), Antilopen und Gazellen verschiedener Größe, Farbe, Hörnung (von der Pferdeantilope bis zum Ducker), Giraffen, Stachelschweine, Warzenschweine, Schakale, Hyänen.

Es gibt unendlich viele Vogelarten, vor allem sind die großen gut sichtbar, wie z.B. Marabu, Ibis, Kormorane, Calaos, Pelikane, Kronen- und andere

Kraniche, Strauße, Geier- und Adlerarten, Webervögel, Nektarvögel, verschiedene Reiherarten, besonders der Fisch- und der Kuhreiher; unendlich ist die Vielfalt.

Aber auch außerhalb der Naturparks treffen Sie auf Tiere, die Sie beachten oder vor denen Sie sich sogar in acht nehmen sollten. Unterschätzen Sie nicht die Schlangengefahr! Giftige Schlangen, z.B. die gefährliche grüne Mamba, sind nicht immer gut sichtbar und greifen beim Überraschtwerden aus Angst an. Dies kann in Ausnahmefällen selbst auf dem kurz geschnittenen Rasen eines Hotelgartens passieren.

Da gibt es aber auch das äußerst liebenswürdige Chamäleon, das Sie durchaus auf den Arm nehmen können und das dann seine Farbe angleicht.

Unterwegs begegnen Ihnen Fledermäuse oder Flughunde, Schmetterlinge in großer Farbenpracht, Papageien- und andere Vogelarten, Erdhörnchen und ihre Verwandten, Buschratten, Hasen, verschiedene Entenarten (eine kulinarische Spezialität in Kamerun), Pfauen, Eidechsen ganz verschiedener Farben, Geckos, leider natürlich auch Moskitos, die man weniger sieht als spürt, und Kriechtiere, Spinnen und Käfer.

Termitenhügel in Pilzform

Termiten kann man entweder in langen Reihen krabbelnd beobachten oder in Termitenhügeln, die sich als Erdhaufen bis zur Höhe von kleinen kirchturmähnlichen Gebilden erheben, manchmal aber auch die seltsame Form von Pilzen annehmen.

Meist sind jedoch die guten Hotels geschützt gegen ungebetene Eindringlinge, so daß Sie in Frieden essen und schlafen können.

Der Pflanzenreichtum Kameruns ist unendlich, und selbst Biologen und Zoologen lernen stets dazu. Gerade in den letzten Monaten sind umfangreiche Forschungen im neu erschlossenen Nationalpark von Korup im Gange. Man spricht von neu entdeckten, nur in Kamerun bisher beobachteten Baumarten, die zum Teil 4000 Jahre alt sein sollen. Die Forschungen sind jedoch noch nicht abgeschlossen.

Als Verfasserin dieses Reisehandbuches hoffe ich, daß es Ihnen bei der Reiseplanung und -durchführung gute Dienste leistet.
Seit vielen Jahren bereise ich Kamerun und komme immer wieder Neues kennenlernen.
Deshalb weiß ich: Kein Reiseführer kann fehlerfrei sein, zu schnell ändern sich Preise, Straßenverhältnisse oder die Qualität der örtlichen Leistungsträger.
Vielleicht entdecken Sie etwas besonders Sehenswertes, vielleicht stellen Sie fest, daß Hinweise berichtigt oder ergänzt werden müssen – dann helfen Sie bitte mit, dieses Buch in den weiteren Auflagen mit Ihren persönlichen Erfahrungen zu bereichern. Für jede Anregung werde ich mich mit einem kleinen Geschenk persönlich bedanken.
Viel Freude in Kamerun!

Dr. C. Kleffken

Fon und Sultan von Foumban

Traditionelle Erzähler der Bamoum

Tam-Tam-Haus Foumban

Nach deutschem Vorbild: Königspalast (Foumban)

Njiasse Njoya Aboubakar, Prinz der Bamoum

S. E. Al Hadj Seidou Njimoluh Njoya (Sultan)

Majestätisch: Kamerunberg im Abendlicht

Fetische als Halsschmuck

Bafut: Gästehaus des Fons

Bafut: Palast-Inneneingang

Folklore live: Kapsiki-Tänzer

Traditionelle Architektur: Mafa-Gehöft im Norden

Sicheltänze: Vor dem Saré in Oudjila

Baumwolltransport

Podoko-Frau

Kirdi-Kinder bauen Spielzeug

Hilfreiche Naturmedizin: Beim Apotheker

Ursprünglich: Markt in Tourou

Stets zu Diensten: Marktbarbier

Reichtum des Nordens: Rinderherden

Terrassenanbau der Kirdi

Der Kapsiki in „der schönsten Landschaft der Welt“

Getreide-Speicher der Mafa

Der weise Krebs des Zauberers

„Mondlandschaft" in den Kapsikibergen

Kapsiki-Krieger

3 KAMERUN ALS REISELAND

3.1 PRAKTISCHE REISETIPS VON A - Z

A Adapter

Die Stromspannung in Kamerun beträgt 220 Volt. Im allgemeinen passen Stecker von Rasierapparaten etc., d.h. die flachen Eurostecker. Es ist jedoch zu empfehlen, ein Adapter-Set mitzunehmen (erhältlich in einschlägigen Fachgeschäften).

➽ Ärztliche Versorgung

In den Städten ist die Versorgung gesichert, in den Dörfern und kleineren Städten oft unsicher. Deutsche Krankenscheine sind wertlos. Bitte erkundigen Sie sich vor der Reise, ob Ihre Krankenversicherung eine Deckung im Ausland (Übersee, nicht Europa!) übernimmt, oder ob es ratsam ist, eine für die Reisedauer gültige Zusatzversicherung abzuschließen. Auf jeden Fall muß Vorkasse geleistet werden, d.h. Sie müssen bar bezahlen. Die Rechnung kann hinterher bei der zuständigen Versicherung eingereicht werden. Bei größeren Summen hilft die deutsche Botschaft oder ein Konsulat. Es empfiehlt sich ebenfalls eine Rückholversicherung.

➽ Adressen

vgl. Botschaften, Konsulate

➽ Alkohol

Sie können überall in Kamerun alkoholische Getränke kaufen. Es gibt Bier, das in Kamerun gebraut und - trägt es nicht gerade einen deutschen Namen - im allgemeinen leichter ist als das in Deutschland. Importierte alkoholische Getränke sind teuer, aber in den größeren Orten ebenfalls erhältlich. Dazu kommen einheimische Alkoholika, wie Palmwein oder -schnaps, Hirsebier, Maisbier o.ä. Der jeweilige Alkoholgehalt ist unterschiedlich.

➽ Andenken

vgl. Antiquitäten, Souvenirs

➽ Angeln

Es ist keine offizielle Angelerlaubnis erforderlich, aber es ist empfehlenswert, die örtlichen traditionellen Autoritäten um Angelerlaubnis zu bitten. Kameruns Flüsse und Seen sind fischreich. Es empfiehlt sich, mit Afrikanern zum Fischen zu gehen, da sie die besten Fischgründe kennen und auch wissen, welcher Fisch worauf anbeißt, welche Witterungsverhältnisse zu beachten sind oder wo Angeln gefährlich sein könnte.

Anhalter

Es ist im allgemeinen nicht üblich, in Kamerun per Anhalter zu reisen. Freilich können Sie in Gegenden, wo es keine oder nur wenige öffentliche Verkehrsmittel (Buschtaxis, Taxis oder auch Busse) gibt, jemanden bitten, Sie eine Strecke lang mitzunehmen. Es ist dann üblich, daß Sie dem Fahrer den Tarif für ein öffentliches Verkehrsmittel bezahlen. Natürlich sind Sie weder hier noch bei den öffentlichen Verkehrsmitteln gegen Unfall versichert. Wenn Sie selbst mit dem Auto unterwegs sind, kann es manchmal von Vorteil sein, einen Anhalter mitzunehmen. Es besteht im allgemeinen keine Gefahr, im Gegenteil: Es kann sein, daß Sie durch den Mitfahrer interessante Erlebnisse erfahren und Bekanntschaften machen, die Sie sonst nicht erleben würden.

Antiquitäten

Für Antiquitäten (vor allem Holz- Bronze- oder Ledergegenstände) gibt es legale Möglichkeiten der Ausfuhr. Jedoch ist dieser Begriff sehr dehnbar und kann auch vom Zoll unterschiedlich ausgelegt werden. Im allgemeinen bezeichnet man in Afrika einen Kunstgegenstand als Antiquität, wenn man erkennen kann, daß er einem rituellen Zweck diente. Dies ist freilich nicht immer nachweisbar.
Wenn Sie einen Kunstgegenstand gekauft haben, lassen Sie sich immer eine Rechnung geben. Wegen einer Ausfuhrbescheinigung wenden Sie sich an die jeweilige Präfektur des Ortes, in dem Sie sich gerade aufhalten. Die Bescheinigung kostet im allgemeinen 2.000 CFA, ihr Erhalt ist oft zeitraubend, d.h. es kann mehrere Tage dauern.

Anreise

Sie erfolgt im allgemeinen per **Flugzeug** von Europa oder einem anderen afrikanischen Staat aus, Landung meist in Douala, manchmal auch in Garoua. Die Flughäfen Maroua und Yaoundé werden gerade zu internationalen Flughäfen ausgebaut, sind jedoch z.Zt. noch nicht als solche funktionsfähig. Die Einreise mit dem Flugzeug von Norden her über N'Djamena (Tschad), was relativ preisgünstig ist, ist z.Zt. wegen der vielen Kontrollen an der Grenze noch sehr kompliziert und wenig empfehlenswert.
Es gibt einige wenige **Schiffsverbindungen** zwischen Europa und Kamerun (dann meistens über die Volksrepublik Kongo oder über Zaire oder Nigeria). Wenn jemand mit dem **Auto** durch die Wüste, d.h. von Norden her, ins Land einreisen will, ist dies unter Beachtung der Zollbestimmungen der durchfahrenen Länder möglich. Die Probleme liegen dann meist vor den Grenzen Kameruns. Rechnen Sie dennoch bei der Einreise mit strengen Kontrollen auch der Gebrauchsgegenstände, die Sie im Auto mit sich führen. Sind Sie einmal eingereist und Ihre Papiere (Kfz-Schein, Kfz-Brief, Ausfuhrbescheinigung vom deutschen Zoll, Versicherung, TÜV) in Ordnung, fahren Sie ohne weitere Behinderungen durchs Land.

Anschnallpflicht

Sie besteht in Kamerun offiziell nicht, soll aber bald gesetzlich vorgeschrieben werden. Gurte sind - meist - vorhanden.

Apotheken

Französisch: Pharmacie, engl.: Pharmacy. Sie sind in allen größeren Orten vorhanden, jedoch oft nur spärlich ausgestattet. Die Medikamente sind meist aus Frankreich eingeführt.
In den Städten gibt es einen Nachtdienst, der durch die Beleuchtung der Apotheke kenntlich gemacht wird. Versäumen Sie dennoch nicht, sich schon vor Antritt der Reise ausreichend mit den Medikamenten auszustatten, die Sie üblicherweise benötigen. Es könnte sonst sein, daß Sie gerade sie nicht finden werden.

Automobilclub

Automobilclubs gibt es in Kamerun nicht.

Autovermietung

Von den **international bekannten Agenturen** seien Avis und Hertz aufgeführt.

Avis: **Douala**, B.P. 1217, Tel.: 42 76 55 u. 42 61 36,
im Viertel Bonabéri gelegen.
Yaoundé, B.P. 1740, Tel.: 23 02 85,
nähere Auskunft erhalten Sie auch im Hotel Mt. Fébé

Die Preise werden in CFA angegeben. 100 CFA entsprechen ca. 0,66 DM (Stand September 1990)

Wagengruppe	Modell (alle Toyota)	Preis pro Tag/km in CFA
D	Starlet	13.000/100
E	Corolla	15.000/100
F	Corona	16.000/100
G	Cressida	18.000/125
H	Corolla Allrad	24.000/150
I	Landcruiser Allrad	25.000/150

Die o.a. Preise gelten ab 01.10.1989. Eine Steuer von 10,99 % kommt auf den Endpreis hinzu. Bei allen Wagengruppen liegt die Selbstbeteiligung im Schadensfall bei 50.000 CFA. Bei Abschluß einer Vollkaskoversicherung von 3.000 CFA/Tag fällt die Selbstbeteiligung fort. Das Mindestalter des Anmieters beträgt 25 Jahre. An Kreditkarten werden Diners Club, Visa und Amexco akzeptiert.

Hertz: **Douala**, B.P. 5482, Tel.: 42 99 18, in der Rue Verdun gelegen.

Wagengruppe (alle Toyota außer C u. D)	Modell	Preis pro Tag/km in CFA
A	Starlet	12.000/100
B	Corolla	14.000/100
C	Renault 9	14.000/100
D	Honda Sedan	15.000/100
E	Corona	20.000/125

Haftungsausschluß täglich 2.000 CFA. Eine Steuer von 10,99 % kommt hinzu.

Preise für Vermietung mit Chauffeur nur auf Anfrage.

Bei den internationalen Vermietern sollte man von Europa aus bestellen (Tel.: Avis: 0130/7733; Hertz: 0130/2121), aber erst in Kamerun bezahlen, wenn die entsprechende Leistung auch voll erbracht worden ist. Leider ist nicht immer garantiert, daß Sie die bestellte Wagenklasse auch bekommen.

In den größeren Städten gibt es neben den international bekannten Agenturen auch **lokale Vermietungen**, die mehr oder weniger vertrauensvolle Geschäfte betreiben. Es ist stets ratsam, einen Wagen mit Chauffeur zu mieten, da dieser meist auch guter Automechaniker ist und sich mit den örtlichen Gegebenheiten besser auskennt. Fragen Sie in Ihrem Hotel nach einem örtlichen Vermieter, der Ihnen empfohlen werden kann.

Überzeugen Sie sich, daß die Autopapiere des Mietwagens in Ordnung (Daten!) und vollständig sind ("Carte grise" = Kfz-Schein, Bescheinigung vom TÜV = visite technique, wird jedes Jahr vorgenommen, und Versicherung). Schauen Sie ebenfalls, daß alles am Auto funktioniert, da Sie sonst Ärger bei Polizeikontrollen bekommen. Wünschen Sie spezielle Sicherheiten (extra Reserverad o.ä.) für die Fahrten in einem gemieteten Wagen, so sprechen Sie diese vorher mit dem Autovermieter ab.

B

Baden

Das Baden in den Schwimmbädern der großen Hotels ist im allgemeinen ungefährlich. Es ist empfehlenswert, ein Bad im Meer nur nach Informationen seitens Einheimischer zu versuchen: Es gibt in Kamerun Strände, die heimtückische Strömungen haben.

Baden Sie niemals in stehenden Gewässern wie in einem See. Mag er auch noch so verlockend klar erscheinen, er birgt in sich die Gefahr der Bilharziose, einer sehr unangenehmen parasitären Erkrankung, die man nicht so leicht diagnostizieren kann und schwer wieder los wird. Zum Trost: Noch vor wenigen Jahren war sie unheilbar, aber es gibt inzwischen Mittel, sie zu heilen.

Banken

vgl. auch Währung, Geld, Devisen
Es gibt sie in allen größeren Städten. Die Öffnungszeiten variieren von Provinz zu Provinz, jedoch können Sie sicherlich von 8.30 - 12.00 Uhr mit einer Öffnung rechnen, in den frankophonen Provinzen (alle bis auf die Nord-West und Süd-West Provinz) dann noch einmal nachmittags bis etwa 16 Uhr. Aber auch dies ist von Ort zu Ort verschieden.
Geldwechseln in Banken nimmt stets längere Zeit in Anspruch. In der Provinz ist nicht garantiert, daß man Ihre ausländischen Devisen auch wirklich eintauschen kann. Es ist besser, Sie tauschen im Hotel und haben französische Francs bei sich.

Bar

Sie finden in Kamerun Bars europäischen oder amerikanischen Standards, aber ebenso ganz kleine, örtliche Bars, frz. "Buvette", manchmal gar im Wohnzimmer des Besitzers (hier oft "chantier" genannt), Getränke auf einem Karren transportiert oder auf dem Markt in großen Tontöpfen angeboten.

Traditionelle Bar: Hirsebier

Bar "moderner" Prägung in Kribi

Überall werden Sie gastfreundlich aufgenommen, auch wenn das Getränk mal nicht gekühlt ist oder es keine Gläser gibt. Aus der Flasche schmeckt's ebenso gut. Vorsicht jedoch mit Eiswürfeln, sie könnten aus unsauberem Wasser hergestellt worden und somit Infektionsträger sein.

Behinderte

Die Haltung der Afrikaner Behinderten gegenüber ist beispielhaft. Im allgemeinen wird geholfen, wo man kann, auch Fremde helfen mit, so daß auch ein Behinderter mit etwas mehr Zeitaufwand eine Reise machen kann. Bedenken Sie jedoch die Belastungen durch das heiße und oft feuchte Klima: Kreislaufbeschwerden, geschwollene Hände und Füße können Ihnen stark zusetzen. Lassen Sie sich genau von Ihrem Arzt oder von einem der Tropeninstitute beraten.

Bekleidung

Nehmen Sie leichte, am besten Baumwollkleidung mit. In der Regenzeit brauchen Sie einen Regenschutz. Gummistiefel sind bei geplanten Fußmärschen von Nutzen, weniger jedoch Regenschirme, da es so gewaltig regnet und stürmt, daß Schirme einfach umklappen und nutzlos sind.

In der Trockenzeit kann es gerade in den höheren Lagen empfindlich kalt werden, so daß Wollkleidung anzuraten ist. Es gibt Gegenden mit Temperaturen bis zu wenigen Graden über Null. Gut sind Sachen, die man über- und untereinander ziehen kann, um so den Temperaturschwankungen Rechnung zu tragen. Für Wanderungen empfehlen sich feste Schuhe, auch wegen der Schlangen und Stacheln im Busch. Sonst reichen leichte, bequeme Schuhe. Ein Sonnenhut, der breitkrempig ist und so auch den Nacken schützt, ist von Vorteil.

Benzin

vgl. Tanken und Tankstellen

Bergwanderungen

Sie sind nur mit einheimischen Führern zu empfehlen, da sie die Gegend, die Wege und auch die Gefahren einschätzen können. Unterschätzen Sie nicht Geröll, steile Abhänge, Schlangen und andere Tiere, die angreifen. Unter den tropischen Wetterbedingungen sind Wanderungen wesentlich anstrengender als in Europa.
Eine Besonderheit bietet Ihnen Kamerun mit der Besteigung des 4095 m über Meereshöhe liegenden Kamerunbergs, dem Mont Cameroun (vgl. Kap. 4.1.2).

Bilaterale Gesellschaft

Freundeskreis Kamerun e.V., In der Ebene 11, 8708 Gerbrunn, Tel.: 0931/ 700758, Vorsitzende: Frau Renate Hose.
Kontaktadresse in Kamerun: Prof. Dr. Marc Ntetem, B.P. 754, Douala, Kamerun.

Vereinsziel ist die Förderung des kulturellen Kontaktes zwischen beiden Ländern. Der Freundeskreis unterstützt auch einzelne, vor allem ländliche Projekte (Brunnenbau, Errichtung eines Jugendzentrums etc.).

Botschaften

Botschaft der **Republik Kamerun**, Rheinallee 76, 5300 Bonn 2,
Tel.: 0228 / 35 60 37 / 39.
Botschaft der **BRD,** B.P. 1160, Yaoundé, Republik Kamerun,
Tel.: 220566 sowie 230056 (im Viertel Bastos gelegen).
Österreich nur konsularisch vertreten, s. Konsulate.
Schweizer Botschaft, B.P. 1169, Yaoundé, Tel.: 233052.

Buschtaxis

Sie sind das übliche Verkehrsmittel im Land. Die Tarife stehen fest, sind jedoch je nach Wagentyp (vom einfachen Pkw über den Combi bis zum Kleinbus) und Strecke unterschiedlich. Man fährt über lange Strecken für wenig Geld. Die Fahrzeuge fahren los, wenn alle Plätze besetzt sind. Oft sind sie überladen, der Reisende findet sich manchmal mit einer Ziege oder ähnlichen Getier auf dem Schoß wieder. Sie sind das beste Mittel, Land und Leute direkt kennenzulernen.

Busse

In den großen Städten Yaoundé und Douala gibt es ein gut funktionierendes Bussystem, was freilich von Weißen so gut wie gar nicht genutzt wird. Die Busse sind stets überfüllt, die Tarife sehr niedrig. Es empfiehlt sich als Transportmittel eher das Taxi.

Busverbindungen

vgl. Buschtaxis

Sie bestehen im ganzen Lande, von Ort zu Ort, sind oft Kleinbusse und haben feste Tarife, die angeschlagen sind.

C

Camping

Wildes Camping ist in Kamerun nicht direkt verboten, aber ungern gesehen und auch nicht empfehlenswert, vor allem wegen Ungeziefer, manchmal auch aus Gründen der Sicherheit. Campingplätze gibt es nicht. Sie können zu einem Hotel, evtl. auch zu einem Privatmann gehen und fragen, ob und gegen welches Entgelt Sie im Hof dort zelten dürfen.
Beim Preis spielt die Frage nach Wasser eine Rolle. Fragen Sie höflicherweise stets von sich aus nach Wasser, dies ist besonders im trockenen Norden wichtig.

D Devisen

Vgl. Währung

Die Ein- und Ausfuhr von CFA beschränkt sich auf 30.000 CFA. Vor allem bei der Ausreise werden Sie gefragt und müssen manchmal auch das Geld zeigen. Fremde Währungen dürfen uneingeschränkt aus- und eingeführt werden; am besten sind französische Francs, mit denen Sie an manchen Orten auch direkt bezahlen können.

Diebstahl

Diebstahl und Kriminalität sind in den großen Städten wie überall in der Welt gang und gäbe, nicht jedoch auf dem Lande. Die Menschen hier würden eher etwas dazulegen, als etwas wegnehmen. Freilich liegt es auch am Besucher selbst, ob er durch auffälliges Zeigen seines Reichtums zum Diebstahl einlädt.
Versuchen Sie, einen evtl. erfolgten Diebstahl zu deklarieren, sei's bei der Polizei, sei's im Hotel oder beim Reiseleiter, wenn Sie in der Gruppe reisen. Eine offiziell ausgestellte Bescheinigung mit Stempel und Unterschrift sollte für die Versicherung genügen.

Drogen

Drogen sind in Afrika nicht ein so brennendes Problem wie in Europa oder Amerika. Die Afrikaner sind an Drogen natürlicher Herkunft in Maßen gewöhnt, d.h. sie wissen damit umzugehen. Sie finden somit Drogen aus pflanzlichen Wirkstoffen überall auf dem Markt. Sie erleben Mißbrauch jedoch in den Großstädten. Drogenkonsum ist in Afrika nicht unbedingt gekoppelt an Drogenmißbrauch.

Durchfall

Jeden kann es "erwischen", aber man kann sich durch folgende Vorsichtsmaßnahmen schützen: Trinken Sie kein Leitungswasser oder Wasser aus Flüssen und Seen, auch wenn andere dies tun. Salate, rohes Gemüse und Eis sollte man nur dort essen, wo man sich auskennt, d.h. wo Ihnen eine verläßliche Person dazu rät. Leider sind große Hotels nicht immer automatisch eine Gewähr für Sauberkeit in der Küche. Vorsicht bei Sahnekuchen o.ä. und bei nicht durchgegartem Fleisch oder Fisch. Auch Eiswürfel sind nicht immer keimfrei.

Und wenn es einmal trotz aller Vorsicht so weit ist, nehmen Sie Kohletabletten in hoher Dosis, essen Bananen, trinken Tee, aber keinesfalls mit Zucker, wenn's nur eine Darmverstimmung ist. Achten Sie darauf, daß der Körper nicht von innen austrocknet. Im schlimmsten Falle hilft ein "Lebenswässerchen", d.h. Wasser oder Tee mit Salz und Zucker (gleichzeitig!).

E Einkaufen

Dieses Wort hat gewissermaßen magischen Klang. Ein Einkauf in Kamerun wird zum menschlichen Ereignis, unterzieht man sich den landesüblichen Regeln des Handelns, des Vergleichens, des Scherzens, kurz des gesamten Ritus', welcher das Einkaufen darstellt. Allgemeine Regeln sind schwer zu erstellen, noch nicht einmal das Gebot des Handelns ist überall gegeben. Sprechen Sie mit Ihren Partnern, wenn nötig mit Händen und Füßen: Sie werden schon verstanden werden! Folgen Sie Ihrem Gefühl, und zeigen Sie stets Höflichkeit, Freundlichkeit und Lachen. Witz ist überall beliebt. Vergessen Sie nicht, sich nach getätigtem Einkauf zu bedanken. Dies gehört dazu.

Eisenbahn

Es gibt in Kamerun mehrere Eisenbahnstrecken:
- einmal **von Douala**, der Hafenstadt, bis **nach Nkongsamba**. Hier wird vor allem Kaffee transportiert, der dann ausgeführt werden soll.
- Die andere Strecke führt **von Douala** über Edéa nach Yaoundé und von dort aus weiter bis **nach Ngaoundéré**, wo die Fracht dann auf Lastwagen geladen wird (vgl. Kap. 2.4.3).

Eine Eisenbahnfahrt ist nicht teuer und wird - wenn man über genügend Zeit verfügt - zum besonderen Erlebnis der Begegnung mit Kamerunern. Freilich fährt der Zug nicht schnell: nichts also für ungeduldige Gemüter! Die Züge fahren in der Regel zweimal am Tag (offiziell morgens um 6 und abends um 18 Uhr; keine Pünktlichkeit erwarten!); es ist empfehlenswert, die erste Klasse zu benutzen. Die Strecke Douala - Yaoundé z.B. kostet etwa 20,- DM.

Eiswürfel

Sie könnten manchmal aus nicht keimfreien Wasser hergestellt sein und somit zu gesundheitlichen Schwierigkeiten führen. Im allgemeinen brauchen Sie bei den großen Hotels nichts zu befürchten, aber seien Sie auf dem Lande vorsichtiger. Ein gekühltes Getränk auch ohne Eiswürfel reicht aus.

Elfenbein

Der Export von Elfenbein ist grundsätzlich verboten. Eine Konvention des WWF untersagt, Elfenbein aus nicht genehmigter Jagd nach Europa und damit auch Deutschland einzuführen. Sie brauchen also, wollen Sie Elfenbein oder -schmuck nach Europa mitnehmen, ein Urprungszeugnis, die Genehmigung zum Abschlag, die Rechnung eines seriösen Geschäftes, die beweist, daß alle Genehmigungen vorhanden sind. Dies dürfte schwer zu erbringen sein und unterstützt trotz Genehmigung weiterhin den Abschuß von Elefanten. Verfügen Sie nicht über alle nötigen Papiere, ist die Einfuhr von Elfenbein strafbar.

Essen und Trinken

Essen und trinken Sie alles, was Sie probieren möchten und was Ihnen Appetit macht, freilich unter Beachtung der hygienischen Grundsätze. Kein Afrikaner wird Ihnen böse sein, wenn Sie eine seiner Speisen nicht mögen. Aber Sie werden Land und Leute schneller und besser kennenlernen, wenn Sie ihre Nahrung mit ihnen teilen. Wundern Sie sich nicht über "merkwürdige" Gewürze oder Zubereitungsarten. Oft sind diese gerade speziell dem Klima und den örtlichen Gegebenheiten angepaßt und deshalb besonders bekömmlich. Vgl. Kap. 2.5.5 und 3.2.4.

Euroschecks

Vgl. Kreditkarten, Reiseschecks
Mit Euroschecks können Sie in Kamerun nichts anfangen.

F

Fahrrad

Fahrräder gibt es in Kamerun ohne Zahl, und sie sind ein Fortbewegungsmittel, das äußerst gefragt und auch nötig ist. Allerdings gibt es keinen organisierten Fahrradverleih wie in Europa, da dies viel zu umständlich und auch viel zu kostspielig und risikoreich für den Verleiher wäre: Ein Fahrrad allein hat einen so hohen Preis, daß der Verleiher eine sehr hohe Kaution fordern müßte, damit er sein Fahrrad nicht später irgendwo im Busch suchen muß oder niemals wiederfindet, und eine solche Kaution könnte sich kein Armer leisten. Und reiche Leute können sich ein Moped leisten. (Vgl. Kap. 2.4.3)

Es ist erstaunlich zu beobachten, wie viele Fahrradfahrer es gibt, vor allem im Norden, wo die Wege - zumindest in der Trockenzeit - gut befahrbar sind. Und mit welchen "Krücken" sie fahren! Es ist eine Kunst, ein zerbeultes Rad mit nicht mehr runden Rädern, mit schiefem Lenkrad, ohne Lampe, oft auch ohne Bremse, mal mit nur einem Pedal, ohne Klingel selbstverständlich, mit total zerbeultem oder zerfetztem Sattel, aber mit raffiniert ausgebautem Gepäckständer so instand zu halten, daß es sich über eine längere Strecke hinwegbewegen kann. Dies ist nicht etwa bedauernswert, sondern einer der Beweise für die Kunstfertigkeit der Afrikaner, auch aus dem Nichts noch etwas Brauchbares zu machen. Denn es ist nicht der Fahrradkomfort, den die Leute suchen, sondern die Zweckmäßigkeit. Solange das Rad seinen Zweck erfüllt, wird es dementsprechend gepflegt und in Ordnung gehalten. Die Haltbarkeit der vollführten Reparaturen ist verblüffend!

Bewundernswert ist immer wieder die Haltung der Radfahrer: Kommt auf einer staubigen Piste ein größeres Auto oder ein Bus vorbei, müssen die Fahrradfahrer ausweichen. Sie tun dies nie im Zorn, sondern eher mit freundlichem Winken, wobei doch sie es sind, die nicht so schnell vorwärts kommen und mit Staub überdeckt werden!

Feste und Feiertage

Die Feiertage in Kamerun folgen dem christlichen Kalender in Anlehnung an Frankreich (d.h.: Ostermontag, Pfingstmontag und der 2. Weihnachtsfeiertag sind keine Feiertage), hinzugefügt werden die Feiertage des islamischen Kalenders (vor allem die beweglichen Feiertage Ramadan und Tabaski). Dazu kommen Feiertage, wie der Nationalfeiertag am 20. Mai, in Erinnerung an den 20.5.1972, als die Vereinigte Kamerunische Republik ausgerufen wurde, der 11. Februar als das Fest der Jugend, der 1. Mai als Tag der Arbeit und einige vom Präsidenten jeweils proklamierte Feiertage zu besonderen Anlässen.
Fällt ein fester Feiertag zufällig auf einen Sonntag, ist der folgende Montag automatisch frei.
Weihnachten und Ostern werden nach französischem Muster mit großen Essen gefeiert, auf dem Lande jedoch und in den ganz islamischen Gegenden manchmal gar nicht.

FKK

Diese Art von “Strandleben” ist in Kamerun unbekannt und grundsätzlich verboten, es sei denn, Sie befinden sich in einem sehr privaten Klub. Die Barbusigkeit von Afrikanerinnen, die Sie möglicherweise aus Gründen der Armut noch in Dörfern finden, ist nicht mit FKK gleichzusetzen und gibt Ihnen kein Recht zur Bloßstellung des Körpers.

Darstellung oder Bloßlegung der Geschlechtsorgane ist für die Afrikaner grundsätzlich etwas anderes als die oben beschriebene Barbusigkeit. Die Afrikaner sind keineswegs prüde, aber sie haben ein natürliches Schamgefühl. Nackte Menschen anzusehen, die sich aus sportlichen Gründen oder, um braun zu werden, so präsentieren, noch dazu, da sie ja Fremde sind, ist für die Afrikaner nicht nur unverständlich, sondern eine Provokation und unmoralisch. Der Afrikaner würde nur fragen: Hat er kein Geld, seine Blöße zu bedecken? Will er sexuell provozieren? Selbst in den großen Hotels ist FKK nicht üblich.
Der Afrikaner hat unendlichen Respekt vor der Intimsphäre des Einzelnen, erst recht, wenn er ihn als Gast empfindet.

Flughafen

Auf allen Flughäfen des Landes ist Fotografieren strikt untersagt! Bitte beachten Sie dieses, sonst kommen Sie ernsthaft mit dem Gesetz in Konflikt. Die wichtigsten Flughäfen sind: Douala (Ankunftsflughafen für internationalen Flugverkehr), Yaoundé, Garoua (auch international), Maroua, Ngaoundéré. Koutaba ist ein Militärflughafen, der nur noch selten von Zivilflugzeugen angeflogen wird. Die erstgenannten werden regelmäßig angeflogen. Einige andere Flughäfen (Bamenda, Bafoussam, Waza, u.a.) können mit Privatmaschinen kleinerer Größe angeflogen werden.

Die Abfertigung verläuft im allgemeinen freundlich und ohne Hetze, da es jedoch keine Durchleuchtungsapparate gibt, wird meist der Koffer per Hand durchsucht, was von Fremden oft fälschlicherweise als Schikane empfunden wird. Denken Sie jedoch daran, daß dies Ihrer eigenen Sicherheit dient.

Flüge

Die internationalen Fluggesellschaften, die Kamerun anfliegen, sind Lufthansa, Cameroon Airlines, UTA, Air Afrique, Sabena, Swissair, PanAm und einige andere kleinere.
Kamerun wird von der Lufthansa zweimal pro Woche angeflogen (ab Frankfurt), von Cameroon Airlines viermal (ab Paris), von Sabena einmal (ab Brüssel), von Swissair ebenfalls einmal (ab Zürich/Genf) und dreimal von UTA (ab Paris).
Der offizielle IATA-Flugpreis Frankfurt - Douala beträgt 4.528 DM. Die Excursionstarife schwanken je nach Fluggesellschaft etwas (zwischen 3.069 DM und bis zu 4.081 DM). Es gibt im Einzelfall, je nach Gesellschaft und Saison, auch noch Pex- oder Apextarife, die sehr unterschiedlich sind.

Lufthansa-Verbindungen nach Kamerun:

		ab	**an**
Frankfurt - Douala:	dienstags u. samstags	10.30 h	16.00 h
Douala - Frankfurt:	mittwochs u. sonntags	00.10 h	06.50 h

Lufthansa bietet außer den o.g. Linienpreisen zu bestimmten Bedingungen noch den günstigeren Holiday-Tarif an (ab 2.190 DM ab Frankfurt bis 2.490 DM je nach Saison: Mindestaufenthalt 10 Tage, höchstens 25 Tage).

Es ist unbedingt notwendig, mindestens 3 Tage vor dem Rückflug diesen rückbestätigen zu lassen, damit man nicht aus dem Computer gestrichen wird (bei Lufthansa nur empfehlenswert).

Vorsicht bei eventuellem Durchleuchten des Handgepäcks in Douala, wenn der Apparat mal eingeschaltet wird: Die Maschine schwärzt Filme! Nehmen Sie sie heraus und lassen Sie diese mit der Hand prüfen, die Zöllner werden dies mit freundlichem Lächeln quittieren, und Ihr Film ist gerettet.

Noch einige Tips für den etwa sechsstündigen Flug von Europa nach Kamerun:

- Versuchen Sie, sich Ihre Beinfreiheit nicht durch zu massives Handgepäck einzuschränken. Gehen Sie ab und zu einmal den Gang auf und ab, um sich die Beine zu vertreten.
- Nach einem Langstreckenflug sind die Füße oft geschwollen und stark ermüdet. Das geht schnell wieder vorbei. Es ist günstig, während des Fluges die Schuhe auszuziehen (evtl. dicke Socken im Handgepäck mitnehmen).
- Auf dem Rückflug haben Sie ein Temperaturproblem: In Douala ist es schwül, Sie schwitzen, in Europa erwarten Sie sehr viel niedrigere Tempe-

raturen. Es empfiehlt sich, in leichter Kleidung ins Flugzeug zu steigen und sich während des Fluges umziehen. Lassen Sie im Handgepäck ein wenig Platz für Ihre leichten Sachen, dann können Sie sie noch zupacken (Sie wissen, daß in Europa nur ein Handgepäckstück erlaubt ist).

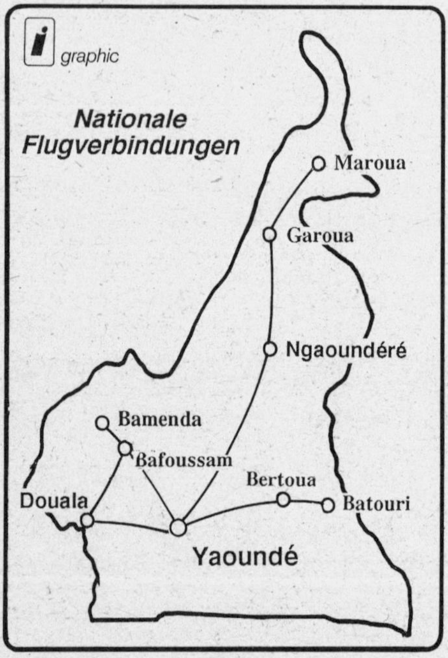

- Durch die trockene Luft im Flugzeug wird die Nasenschleimhaut gereizt. Abhilfe schafft hier ein Nasen-Gel (oder einfach Vaseline).
- Trinken Sie genügend, um den Wasserhaushalt Ihres Körpers zu regeln (aber nicht zu viel Alkohol).

Die **Flüge innerhalb Kameruns** werden von der nationalen Fluggesellschaft Cameroon Airlines geleistet. Der Flugplan wechselt alle drei Monate und ist saisonabhängig. Generell gilt, daß es zwischen Douala und Yaoundé 3 - 4 Verbindungen täglich gibt, zu den anderen Flughäfen im Landesinneren eine täglich Verbindung. Besondere Flugzeiten werden zudem zu den offiziellen Festtagen kurzfristig angegeben. Diese Tage sollte man als Reisetage vermeiden.

Tickets können in allen größeren Städten besorgt werden, aber auch schon von Deutschland aus über das Büro der Cameroon Airlines in Kelsterbach (beim Frankfurter Flughafen), Langer Kornweg 19, 6092 Kelsterbach, Tel. 06107/6037.

Es gibt zahlreiche Ermäßigungen für Gruppen, bestimmte Altersklassen, festgelegte Buchungen und Termine. Die Linienmaschinen der Cameroon Airlines halten im Inland trotz häufiger Zwischenlandungen im allgemeinen ihre Flugzeiten ein.

Fotografieren

In Kamerun ist es verboten, öffentliche Gebäude und Institutionen zu fotografieren. Darüber hinaus gibt es ein Verbot, das zu fotografieren, was der öffentlichen Sitte und dem Anstand Ärgernis bereiten könnte. Dies ist verständlich und absolut zu respektieren! Riskieren Sie nie einen Streit mit der Obrigkeit. Sie sind hier Gast und kennen Land und Leute zu wenig. Sie würden unweigerlich den kürzeren ziehen. Falls Ihnen das Unglück passiert, an einem Ort fotografiert zu haben, an dem es untersagt ist, nehmen Sie am besten den Film aus der Kamera und stellen ihn der Polizei zur Verfügung. Die Polizisten sind gern bereit, eine friedliche Lösung anzustreben.

Für private Aufnahmen benötigen Sie keine offizielle Fotografiererlaubnis. Aber schon bei Festlichkeiten sieht dies anders aus: Gehen Sie zum Präfekten und bitten Sie um eine offizielle Erlaubnis. Diese ist in jeder anderen Provinz zu erneuern. Sie benötigen eine solche Erlaubnis allerdings nicht, wenn Sie zu den Festlichkeiten durch die traditionelle Obrigkeit (Sultan, Fon, Lamido, u.a.) eingeladen sind. Dann nämlich gelten Sie als persönliche Gäste und stehen unter dem persönlichen Schutz des Einladenden, der Ihnen die entsprechende Erlaubnis mündlich erteilen wird. Bitte respektieren Sie jedoch die Intimsphäre der Bewohner. Es gibt Situationen und Momente, da möchte niemand fotografiert werden. Zudem herrscht bei manchen Völkern der Glaube, daß man ihnen beim Fotografieren ihre Seele nimmt. Das macht sie dann ängstlich und vielleicht auch aggressiv.

Fotokopieren

In allen größeren Städten gibt es die Möglichkeit zu fotokopieren (Preisdurchschnitt für eine Seite: 100 CFA).
Es ist vor allem Einzelreisenden anzuraten, ihre Papiere (Paß, Impfpaß, evtl. Personalausweis und Führerschein) in beglaubigter Fotokopie an anderer Stelle als die Originale mit sich zu führen. Dies erspart bei einem evtl. Verlust Zeit und Ärger. Es gibt zudem die Möglichkeit, alle Papiere mit einer festen Plastikhaut überziehen zu lassen, so daß Hitze und Feuchtigkeit, die die Tinte verwischen könnten, den Dokumenten nichts anhaben können. Dies kann bei längerem Aufenthalt oder bei Verlust der Originalpapiere sehr nützlich sein.

Fotos und Filme

Es ist günstig, nötiges Film- und Fotomaterial aus Europa mitzubringen. 10 Filme und 10 Videokassetten sind zollrechtlich pro Person erlaubt. Versorgen Sie sich in Europa mit dem nötigen Filmmaterial. Sie finden zwar in jedem größeren Hotel Filme, jedoch sind diese sehr teuer und die Verfallsdaten evtl. überschritten. Zudem kann die Qualität der Filme unter der Hitze, Trockenheit und Feuchtigkeit gelitten haben. Denken Sie auch an Ersatzbatterien für Ihre Kamera. Das Aufladen der Akkus von Videokameras ist in den Hotels im allgemeinen problemlos, vor allem wenn Sie über einen Adapter verfügen.

Wenn Sie mehrere Monate in Kamerun bleiben wollen, müssen Sie vor Ort nachkaufen. Jedoch ist es empfehlenswert, die Filme möglichst bald entwickeln zu lassen. Nochmals: Vorsicht beim eventuellen Durchleuchten auf dem Flughafen Douala!

Führerschein

Es ist empfehlenswert, neben dem nationalen auch einen internationalen Führerschein mitzunehmen, den Sie gegen eine Gebühr von 10 DM bei Ihrem zuständigen Straßenverkehrsamt erhalten.

G

Geld

In Kamerun gilt der CFA (Communauté Financière Africaine), die Währung der afrikanischen Finanzgemeinschaft. 1 CFA = 0,2 FF.
100 CFA entsprechen ca. 0,66 DM.

Es ist günstig, französische Francs, bar oder in Reiseschecks, zu kaufen. Einige Kreditkarten werden in den großen Hotels Kameruns ebenfalls anerkannt, nicht jedoch auf dem Lande. Wenn Sie sich in Deutschland die Landeswährung, CFA, verschaffen, wirkt es sich ungünstig auf den Kurs aus (ca. 10 - 15 % Verlust). Daher ist die Einfuhr von französischen Francs (FF) empfehlenswert.

Der FF und der CFA sind aneinander gebunden und somit frei konvertibel, d.h. ohne Gebühren hin- und rücktauschbar. Es ist empfehlenswert, sich bei Ankunft im Hotel in Kamerun einige CFA zu verschaffen, um für die ersten Ausgaben vor Ort gerüstet zu sein. Große Hotels oder Händler nehmen auch französisches Geld, freilich immer nur Papiergeld. Entsprechend können Sie sich auf der Rückfahrt verhalten: Zu viel eingetauschte CFA können noch in Kamerun in französische Francs zurückgetauscht werden. Die französischen Banken auf den Flughäfen nehmen restliche CFA zurück, freilich erst vom 5.000 CFA-Schein an aufwärts bis zu 50.000 CFA pro Person und pro Tag.

Sie werden bei der Ausreise aus Kamerun oft gefragt, wie viele CFA Sie noch bei sich tragen. Die Ausfuhr ist bis zu 30.000 CFA erlaubt.

!!! Zeigen Sie im Land und unterwegs niemals sichtbar Ihre Barschaft - dies könnte als Aufforderung zum Diebstahl für andere verstanden werden. Verbergen Sie Ihr Geld sicher, am besten am Körper oder in einem Hotelsafe gegen Quittung.

Geschenke

vgl. Antiquitäten, Souvenirs

Geschwindigkeit

Die Geschwindigkeitsbegrenzung in geschlossenen Ortschaften beträgt 50 km/h, auf der Autobahn (d.h. Schnellstraßen) 120 km/h, auf Landstraßen außerhalb geschlossener Ortschaften 90 km/h. Freilich hält sich kaum jemand daran.

Goethe-Institut

Im Goethe-Institut, in Yaoundé im Viertel der Ministerien gelegen, Tel.: 23 38 77, werden Deutschkurse für Kameruner veranstaltet sowie kulturelle Veranstaltungen zur Förderung des Kulturaustausches (Kontaktaufnahme auch über die Deutsche Botschaft in Yaoundé möglich).

H

Haltbarkeit von Lebensmitteln

Die Haltbarkeit von Lebensmitteln ist verständlicherweise in den Tropen gering. Man sollte beim Kauf von leicht verderblichen Produkten vorsichtig sein, aber die Haltbarkeit hängt auch von den Konservierungsmöglichkeiten des einzelnen Reisenden ab: Hat man eine Kühlbox, ist ein Spielraum von 4 - 12 Stunden realistisch, je nach Packung, Kühlelementen und Transportart. Fleisch und Fisch sind zur Mitnahme auf Touren sicherlich nicht empfehlenswert. Anders ist es mit Gemüsen, die bei luftiger Lagerung und in nicht überreifem Zustand auch noch einige Tage nach dem Einkauf verwertbar sind. Obst ist so reichlich und vielfältig vorhanden, daß eine Lagerung unsinnig ist.

Handeln

Handeln gehört zum afrikanischen Leben. Es gibt nur wenige Situationen, in denen Handeln ausgeschlossen ist: z.B. in den Supermärkten, in den Hotels, in Stadtgeschäften und bei Produkten der Moslems. Ansonsten bereitet das Handeln jedermann Spaß. Allgemeine Regeln kann man nicht aufstellen. Es kommt entscheidend darauf an, ob Ihr Kopf dem Händler gefällt, ob er Sie schon kennt, ob er in Ihnen einen wiederkehrenden oder einmaligen Kunden vermutet, ob er Ihr Sachverständnis einzuschätzen vermag, ob er selbst

notwendig Geld braucht, und freilich auch, ob es sein erstes Geschäft am Morgen ist: Dies ist jedenfalls günstig. Versuchen Sie nicht, ihn zu übervorteilen: Auch er hat seinen Preis bezahlt und reagiert empfindlich, wenn man ihn hereinlegen will.
Es gibt auf dem Lande selten auch noch den umgekehrten Fall: Der Händler sagt einen Preis, den Sie möglicherweise als Tourist akzeptieren, weil er Ihnen extrem günstig erscheint. Dann hören Sie vielleicht: "Nein, ich gebe es dir nicht, du hast mich um das Vergnügen des Handelns gebracht."

Hinweisschilder

Sie sind spärlich oder gar nicht vorhanden. Im allgemeinen ist eine persönliche Auskunft zuverlässiger. Ab und zu sehen Sie am Straßenrand Meilensteine, auf denen Kilometerangaben stehen, die aber oft nicht zuverlässig oder vom Zahn der Zeit verwischt sind. Ortsschilder am Ortseingang sind von Zeit zu Zeit vorhanden.

Höflichkeit

Sie spielt in Afrika eine wesentliche Rolle. Wenn Ihnen der Kragen platzt und Sie es an Höflichkeit fehlen lassen, können Sie besser abfahren. Bedenken Sie, daß die seit Jahrhunderten durchgestandene Kolonialzeit ihre Spuren hinterlassen hat und Sie deshalb möglicherweise an manchen Orten mit Mißtrauen empfangen werden. Bleiben Sie auch dann höflich, Sie werden die positive Reaktion spüren.

Bestehen Sie etwa auf dem, was Sie als Tourist "bezahlt" haben, haben Sie schon verloren. Sprechen Sie ruhig und freundlich, übergehen Sie heftige Reaktionen. Die Geduld des Besuchers wird da manchmal auf eine harte Probe gestellt. Dies soll nicht heißen, daß Sie sich alles gefallen lassen müssen. Versuchen Sie, ein Gefühl dafür zu entwickeln, wann Sie Ihre Rechte durchsetzen können. Versuchen Sie, dies immer erst durch freundliches Reden und erst ganz zuletzt durch Forderungen zu erreichen.

Meistens werden Sie mit so viel Höflichkeit und Freundlichkeit empfangen, daß Sie erstaunt sein werden. Nur geht manches nicht so schnell, wie Sie es in Europa gewöhnt sind. Aber da, wo Sie gern gesehen sind, wird man Ihnen jeden Wunsch erfüllen und versuchen, das Unmögliche zu erledigen. Achten Sie dies nicht gering! Das Besorgen eines Getränks erfordert an manchen Orten mehr Mühe als das Servieren von Kaviar in einem internationalen Restaurant.

Hotelauswahl

Reisen Sie in der Gruppe, so ist dies kein Problem für Sie. Reisen Sie individuell, verlassen Sie sich nicht auf Sterne usw. Diese Einteilungen sind rein formeller Natur und entsprechen oft nicht der Realität. Die Hotelpreise bewegen sich für ein Doppelzimmer zwischen 6.000 und 16.000 CFA (außer in den als sehr teuer bezeichneten Hotels der großen Städte), Einzelzimmer sind fast ebenso teuer (wie in Frankreich wird stets ein Zimmer vermietet). Ein Menu kostet zwischen 2.500 und 4.500 CFA, ein Frühstück (frz. einfach) zwischen 500 und 1.000 CFA. Die angeschlagenen Preise sind oft nur eine Verhandlungsbasis und können nach entsprechendem Handeln (außer zu den Festzeiten) variieren. Da die Hotels jedoch staatlicherseits eine Kategorisierung aufweisen, sind sie offiziell an bestimmte Preise gebunden.

Gehen Sie in ein Hotel mit ausgesprochen niedrigen Preisen, seien Sie vorsichtig: Es gibt entweder Ungeziefer, ein wackliges Bett, kein Wasser o.ä., und Sie sind Ihr Geld los.

Hotels haben - außer in den Hauptreisezeiten (Weihnachten, Silvester, Ostern und die Zeiten vor und nach den Festen) grundsätzlich Platz, es sei denn, es steht ein besonderes Ereignis an. Prüfen Sie jedenfalls das Preis-Leistungs-Verhältnis. Wollen Sie mehrere Tage in einem Hotel bleiben, verhandeln Sie mit dem Direktor über einen Sonderpreis. Oft wird er Ihnen gewährt, vor allem, wenn Sie die oben genannten Höflichkeitsformen beachten.

Hotelliste

Sie finden in dieser Liste alle im Reisehandbuch genannten Hotels, alphabetisch geordnet. Diese Liste erhebt keineswegs den Anspruch der Vollständigkeit. Alle genannten Hotels sind jedoch staatlich anerkannt. Eine Klassifizierung wird hier nicht vorgenommen, da die Vergabe von Sternen nichts über die wirkliche Qualität aussagt. Eine genauere Hotelbeschreibung finden Sie bei den entsprechenden Ortsbeschreibungen. Die Preise sind ca.-Preise und beziehen sich auf die preisgünstigen Doppelzimmer. Suiten etc. sind teurer.

Ort/ Hotelname	Anschrift	Telefon	ca. Preis je DZ
Bafang:			
Hotel La Falaise	B.P.143, Bafang	-	12.000 CFA
Bafoussam:			
Hotel Moderne Palace	B.P. 47, Bafoussam	Tel.: 44 16 96	12.000 CFA
Hotel Résidence Le Saré	B.P.731, Bafoussam	Tel.: 44 25 99	16.000 CFA
Saré le Kamkop	B.P.731, Bafoussam	Tel.: 44 18 02	10.000 CFA
Bamenda:			
Hotel Ayaba	B.P.315, Bamenda	Tel.: 36 13 21	12.000 CFA
Bertoua:			
Mansa Novotel	B.P.285, Bertoua	Tel.: 24 13 33 und 24 16 51	8.000 CFA

Ort/ Hotelname	Anschrift	Telefon	ca. Preis je DZ
Buéa:			
Mountain Hotel	B.P.71, Buéa	Tel.: 32 22 51 und 32 21 74	10.000 CFA
Douala:			
Hotel Akwa Palace	B.P.407, Douala	Tel.: 42 46 01 und 42 90 47	26.000 CFA
Hotel Arcade: Tropicana	B.P.12120, Douala	Tel.: 42 31 12, 42 20 15 und 42 21 07	16.000 CFA
Hotel Deido Plage	B.P.840, Douala	Tel.: 42 51 35	8.000 CFA
Hotel Ibis	B.P.12086, Douala	Tel.: 42 58 00 und 42 57 47	18.000 CFA
Hotel Le Méridien	B.P.3232, Douala	Tel.: 42 90 44 und 42 91 35	24.000 CFA
Hotel Parfait Garden	B.P.5350, Douala	Tel.: 42 63 57 und 42 83 98	16.000 CFA
Sawa Novotel	B.P.2345, Douala	Tel.: 42 08 66, 42 08 04 und 42 08 75	18.000 CFA
Dschang:			
Centre Climatique	B.P.40, Dschang	Tel.: 45 10 58	12.000 CFA
Edéa:			
Hostellerie de la Sanaga	B.P. 54, Edéa	Tel.: 46 43 33	10.000 CFA
Foumban:			
Hotel Le Chalet	B.P.48, Foumban	Tel.: 48 21 03	8.000 CFA
Garoua:			
Campement de Bouba Ndjida	Ohne Postadresse		
Campement du Buffle Noir	B.P.50, Garoua	Tel.: 27 10 20 und 27 13 64	10.000 CFA
Hotel La Bénoué	B.P.291, Garoua	Tel.: 27 12 04, 27 15 53 und 27 15 15	10.000 CFA
Kousséri:			
Hotel Moderne	ohne Postadresse	Tel.: 29 42 04	8.000 CFA
Kribi:			
Centre d'Acceuil	ohne Postadresse	Tel.: 46 16 35	12.000 CFA
Framotel	B.P.25, Kribi	Tel.: 64 15 41, 46 16 40 und 46 18 40	10.000 CFA
Marina Hotel	B.P.312, Kribi	Tel.: 46 17 18	8.000 CFA

Ort/ Hotelname	Anschrift	Telefon	ca. Preis je DZ
Limbé:			
Hotel Atlantic Beach	B.P.63, Limbé	Tel.: 33 23 32 und 33 26 89	16.000 CFA
Tabaï Park Hotel	B.P.10, Limbé	Tel.: 33 24 27 und 33 21 54	9.000 CFA
Maroua:			
Campement de Rhumsiki	B.P.134, Maroua	Tel.: 29 12 07	12.000 CFA
Campement de Waza	B.P.134, Maroua	Tel.: 29 12 07	12.000 CFA
Maroua Palace	B.P.381, Maroua	Tel.: 29 12 24, 29 12 84 und 29 15 25	12.000 CFA
Mizao Novotel	B.P.205, Maroua	Tel.: 29 13 00 und 29 13 04	16.000 CFA
Relais de la Porte Mayo	B.P.112, Maroua	Tel.: 29 11 98	8.000 CFA
Hotel Le Saré	B.P.11, Maroua	Tel.: 29 12 95	18.000 CFA
Mokolo:			
Hotel Le Flamboyant	B.P.22, Mokolo	Tel.: 29 51 16 und 29 52 43	10.000 CFA
Ngaoundéré:			
Hotel Transcam	B.P.179, Ngaoundéré	Tel.: 25 10 41 und 25 11 72	8.000 CFA
Nkongsamba:			
Hotel Le Mungo	B.P.18, Nkongsamba	Tel.: 49 15 78 und 49 14 57	8.000 CFA
Yaoundé:			
Sofitel - Mont Fébé	B.P.711, Yaoundé	Tel.: 32 40 02, 32 03 63 und 23 05 35	30.000 CFA
Hotel Mansel (neu erbaut)	noch ohne Postadresse	Tel.: 23 00 07	11.500 CFA

Hupen

Hupen ist ganz wichtig, und man sollte nie mit einem Auto ohne Hupe fahren! In kurvenreichen Straßen, die zudem oft eng sind, ist es unerläßlich, seine Ankunft per Hupe anzukündigen, um einen Frontalzusammenstoß mit anderen Fahrzeugen zu vermeiden. Die Hupe dient auch oft zur Ankündigung eines freudigen Ereignisses, der Wiederkehr z.B. eines Sohnes, der lange in der Ferne war. Sie wird ebenso eingesetzt zum Scherz, um jemanden zu erschrecken, aufzuwecken oder auch nur als Gruß, damit man gemeinsam lacht. Gemeinsames Lachen hat eine besondere Bedeutung in Afrika.

Hygiene

Um gesund zu bleiben, sollte man einige Hygienevorschriften befolgen; vgl. Essen und Trinken. Sie können ohne Bedenken fritierte, gebackene oder gekochte Speisen zu sich nehmen. Seien Sie etwas vorsichtiger mit rohem Gemüse und Salat, ebenso mit Sahnetorten u.ä. Aber auch hier ist übertriebene Angst unnötig.

Gehen Sie nicht barfuß. Es gibt Parasiten, die sich durch die Fußhaut in den Körper einschleichen können.
Wenn Sie sich unsicher fühlen, benutzen Sie eine antibakterielle Seife zum Waschen.

I

Impfungen

Lediglich die Gelbfieberimpfung ist vorgeschrieben, und hier sind die kamerunischen Behörden bei der Ein- und Ausreise zu Recht streng. Haben Sie keinen internationalen Impfpaß oder fehlt diese Impfung, werden Sie noch mit demselben Flugzeug, mit dem Sie ankamen, zurückgeschickt. Die Gelbfieberimpfung wird von allen städtischen Gesundheitsämtern in Deutschland zu bestimmten Terminen vorgenommen und kostet ca. 40 DM. Sie ist zehn Jahre lang gültig und verläuft im allgemeinen ohne Nebenwirkungen. Der Impfschutz setzt 10 Tage nach der Impfung ein.

Bei Reisen in besonders gesundheitsgefährdete Gebiete oder bei einer Mitarbeit im Gesundheitswesen sind zusätzliche Maßnahmen sinnvoll. Erkundigen Sie sich bei den Tropeninstituten aller großen Städte. Empfehlenswert sind Tetanus- und Polioimpfung. Wichtig ist anläßliche jeder Reise die Malariaprophylaxe, vgl. Malaria. Sie sollten sich jedoch von ängstlichen Gemütern nicht kopfscheu machen lassen und die gesamte Palette der möglichen Impfungen etc. "ausschöpfen". Das belastet nur unnötig den Körper.

Internationaler Führerschein

vgl. Führerschein

J

Jagd

Informationen erhalten Sie bei der Botschaft der Republik Kamerun, Rheinallee 53, 5300 Bonn 2 (Bad Godesberg), Tel. 0228/35 60 37.

Die Wild- und Großwildjagd in Kamerun ist nicht grundsätzlich verboten, aber streng kontrolliert. Waffen und Munition müssen am Zoll deklariert werden. Sie brauchen für die Jagd in Kamerun nicht nur Ihren Jagd- und Waffenschein, sondern auch eine gebührenpflichtige Jagderlaubnis für Kamerun. Zuständig sind hierfür die kamerunische Botschaft (Adresse s.o.)

oder: Conservation des Eaux et Forêts et des Chasses du Nord, B.P. 50, Garoua, Tel.: 27 12 32 und 27 14 33
Die Kontrollen beginnen bei der Einfuhr von Waffen, gehen über alle Instanzen während der Jagd selbst und enden beim Zoll für die Ausfuhr erlegter Tiere oder deren Trophäen.

Es ist sinnvoll und nötig, sich um die Einzelheiten sehr rechtzeitig zu kümmern! Es kann Ihnen sonst passieren, daß Sie im Flugzeug oder bei der Ankunft die Weisung zum Rückflug erhalten.

Manche Tierarten sind grundsätzlich gesperrt (z.B. Giraffe und Rhinozeros), manche zum Teil (Elefant, Büffel u.a.). Die Jagdsaison ist vom 15. Dezember bis 31. Mai. Bitte überlegen Sie genau, warum und welches Tier Sie jagen wollen! Der Tierbestand in Afrika ist bedroht, und alle sollten mithelfen, ihn zu erhalten, auch wenn offizielle Gesetze die Jagd erlauben.

Jeep

vgl. Autovermietung
Ein Jeep oder ein anderes Auto mit Vierradantrieb ist nur für schlechte Pisten und in der Regenzeit nötig. Überlegen Sie genau, ob sich für Sie diese Ausgabe lohnt (teure Miete, hoher Benzinverbrauch).

K

Kleidung

vgl. Bekleidung

Kleingeld

vgl. Trinkgeld
Bei Ihrer Ankunft haben Sie gewiß keine Münzen in der Tasche, aber versuchen Sie, sich so bald wie möglich welche zu beschaffen. Außerhalb der großen Städte Douala und Yaoundé (und selbst dort!) werden Sie immer wieder auf Wechsel-Schwierigkeiten beim Einkaufen oder im Restaurant stoßen. Auch ein Schein von 1000 CFA (= ca. 6,60 DM) stellt manchmal ein unüberwindliches Hindernis beim Wechseln dar: Sie sind dann gezwungen, eine Stunde lang auf das Wechselgeld für Ihr Getränk zu warten oder auch einen bestimmten Kauf nicht tätigen zu können. Münzen liegen zwar schwer in der Tasche, zahlen sich jedoch im wahrsten Sinne des Wortes aus.

Klima

Kamerun hat aufgrund seiner großen geographischen Ausdehnung mehrere sehr unterschiedliche Klimazonen. An entsprechender Stelle wird im Detail auf die Besonderheiten eingegangen (s. z.B. Kapitel 2.2.1). Grundsätzlich gilt, daß die beste Reisezeit landesweit von November bis März ist, weil dann kaum oder kein Regen fällt und die Hitze noch nicht zu groß ist.

➽ Konsulate

vgl. Botschaften
Die aufgeführten Konsulate befinden sich in **Douala**:
BRD: Boulevard de la Liberté 47, B.P. 509, Tel.: 42 86 00
Österreich: B.P.1323 (Bonabéri), Tel.: 42 11 19

Konsulate der **Republik Kamerun** befinden sich in:
Marienstr. 10, 4000 Düsseldorf, Tel: 0211 / 356916
Mainzer Landstr. 41, 6000 Frankfurt/Main 1, Tel.: 069 / über 25 42 311

➽ Krankheiten

In Deutschland herrscht allgemein das Vorurteil, daß eine Reise nach Afrika ein großes Gesundheitsrisiko in sich birgt. Dies ist sicherlich auf mangelnde Informationen zurückzuführen. Wichtig sind für einen sinnvollen Gesundheitsschutz die vorgeschriebenen Impfungen und die Malariaprophylaxe; vgl. Malaria. Ansonsten gilt es, einige grundlegende Hygienevorschriften zu beachten; vgl. Essen und Trinken, Hygiene, Wasser. Wenn Sie doch einmal krank werden, wenden Sie sich am besten an Ihren Reiseleiter oder den Hoteldirektor. Beide haben in der Regel genügend Erfahrung mit Ärzten und Medikamenten, um Ihnen weiterzuhelfen. Bedenken Sie stets, daß Ihr Körper anderen Lebensbedingungen als in Europa ausgesetzt ist und somit auch auf eine Behandlung anders reagieren kann. Vermeiden Sie auch unnötigen Streß, übertriebenen Leistungssport und alles, was zu einer physischen Überbelastung führen könnte. Beachten Sie - vor allem beim Rückflug - den Klimawechsel. Reisen Sie im deutschen Winter, bedenken Sie, welche Temperaturunterschiede Ihr Körper zu verarbeiten hat.

➽ Krankenschein

vgl. Ärztliche Versorgung

➽ Kreditkarten

vgl. Geld, Währung
Bedenken Sie, daß Kreditkarten nicht unbedingt ein Weg zu Bargeld sind. Sie können in den großen Hotels fast durchweg alle Hotelleistungen mit American Express, Diners, oft auch mit Master Card und Visa zahlen, aber wenn Sie größere Summen zum Einkauf brauchen, werden wenige Hotels bereit sein, Ihnen Bargeld gegen Bezahlung mit einer Kreditkarte zur Verfügung zu stellen.

➽ Kunsthandwerk

Kunsthandwerk (vor allem Holz, Bronze, Leder, Stoffe) gibt es vielerorts in ganz verschiedener Qualität und zu sehr unterschiedlichen Preisen. Bei der

Beschreibung der Reiserouten wird an gegebener Stelle darauf hingewiesen. Behalten Sie stets die Rechnung für die Ausfuhr.

L Landkarten

Sie finden auf dem Rückendeckel dieses Buches eine Landkarte Kameruns in kleinem Maßstab.
Es gibt auch in Kamerun Landkarten zu kaufen, aber die Vorräte und die einzelnen Fabrikate und Auflagen sind unregelmäßig. Verlassen Sie sich nicht unbedingt darauf, vor Ort immer eine Karte zu finden. Die momentan genaueste Karte ist diejenige von Macmillan Publishers, Maßstab 1:1.500.000, die Sie in größeren Buchhandlungen vor allem in den anglophonen Provinzen zum Preis von etwa 3.000 CFA (knapp 20 DM) kaufen können.

Die gleiche Karte gibt es auch in Deutschland beim ILH/GeoCenter, Postfach 800830, 7000 Stuttgart 80. Routen und Kilometerangaben auf anderen Karten sind nicht immer zuverlässig.

Last-Minute-Flüge

Eine Afrikareise sollte sorgfältig vorbereitet werden. Deshalb ist es nicht ratsam, in letzter Minute zu buchen.

Leihwagen

vgl. Autovermietung

Literatur

Leider gibt es kaum deutschsprachige Literatur über Kamerun außer speziellen Beiträgen zu einem wissenschaftlichem Fachgebiet. Am Ende dieses Reise-Handbuchs finden Sie ein Literaturverzeichnis, das jedoch keinen Anspruch auf Vollständigkeit erheben will.

M Malaria

Dies ist eine gefürchtete Tropenkrankheit, gegen die man sich jedoch gut mit einer konsequenten und zeitlich durchgängigen Prophylaxe schützen kann. Bricht die Krankheit aus, ist sie unangenehm (je nach Form, es gibt vier verschiedene), aber bei sofortiger guter medizinischer Versorgung nicht mehr unbedingt lebensgefährlich. Fragen Sie bei Ihrem Hausarzt oder den Tropeninstituten nach, welches Mittel für Sie persönlich (Alter, Größe, Gewicht, Gesundheitszustand, Einnahme anderer Medikamente etc.) passend ist.

Treten nach Ihrer Rückreise unklare Erkrankungen auf, verständigen Sie Ihren Arzt, daß Sie in Afrika gewesen sind.

Markt

Die Märkte gehören in Afrika zu den wichtigen Dingen des Lebens. In ländlichen Gegenden sind sie die einzige Versorgungsquelle, da es kaum Läden gibt. Es ist gut, die Markttage in den Städten und Dörfern, die man besichtigen will, vorher zu wissen.
Am Markttag findet auch das soziale Leben statt: Viele kommen von sehr weit her, und der Informationsaustausch ist sehr lebendig!

Maße und Gewichte

Die Maße sind wie in Deutschland oder Frankreich metrisch. In entlegenen Gegenden findet man noch andere Maße wie Stoffmaße (z.B. 1 "pagne" für eine an das englische Yard angelehnte Maßeinheit für Stoffe), woanders mißt man einfach mit Büchsen oder anderen Behältnissen: eine große oder kleine Büchse voll Reis kostet dann einen ganz bestimmten Betrag. Beim Einkaufen solcher, für den Europäer "ungenau" abgemessener, Mengen gibt es zum Schluß immer ein "cadeau", ein Geschenk.

Mietwagen

vgl. Autovermietung

Moped

Das Moped ist in Kamerun das bevorzugte individuelle Verkehrsmittel schlechthin für die, die mehr als das Nötigste verdienen. Es kostet nicht zu viel Steuern und verbraucht nicht viel Benzin, es ist vor allem erschwinglich im Anschaffungspreis für die, die einen kleinen Mindestlohn haben, um einen eventuellen Kredit abzahlen zu können. Es hat immerhin zwei Sitze und eine ungeheure Transportkapazität.

Moschee

Eine Moschee ist ein heiliger Ort, und ihr Besuch unterliegt gewissen Regeln. Am besten ist es, wenn Sie sich an einen der Männer wenden, die sich um die Moschee kümmern (sie sind immer in der Nähe, Nachfrage genügt), damit Sie nichts falsch machen. Frauen haben nicht immer, aber meist als Besucher Zutritt; dezente, d.h. Schultern und Beine bedeckende Kleidung ist für alle vorgeschrieben. Wenn Sie evtl. die Schuhe ausziehen müssen, wird man es Ihnen sagen. Der Islam in West- und Zentralafrika wird im Gegensatz zu anderen islamischen Ländern sehr liberal gehandhabt.

Motorrad

Man fährt zwar viel Motorrad in Kamerun, jedoch gibt es keinen offiziellen Verleih.

N

Nachtfahrten

Von Nachtfahrten ist grundsätzlich abzuraten. Die Natur tritt in Afrika viel mächtiger in Erscheinung als in Deutschland. So liegen oftmals Bäume oder andere Hindernisse quer über der Straße, die man zu spät erkennt und die einen Unfall provozieren. Ebenso gefährlich sind tiefe Schlaglöcher in den Asphaltstraßen, unbeleuchtete Fahrzeuge, stehend oder fahrend, Menschen und Tiere, die über die Fahrbahn laufen.
Jeder vernünftige Afrikaner ist bei Einbruch der Dunkelheit zuhause - was nicht den Besuch bei Freunden in der Nähe unterbindet. Auch lauern in der Nacht Gefahren, die dem Europäer fremd sind. Afrikaner sind es gewöhnt, im Dunkeln zu sehen, sich untereinander zu erkennen und Freund oder Feind zu unterscheiden.

Naturparks oder Nationalparks

Man unterscheidet offizielle Naturparks und sogenannte "forêts classées", Wälder, die ebenso unter Naturschutz stehen.

!!! Halten Sie sich unbedingt an die gesetzlichen Verhaltensvorschriften in den Nationalparks. Die wichtigsten sind:

- Der Besuch der Parks ist ohne Wildhüter untersagt.
- Machen Sie keinen Lärm, etwa um die Tiere in Unruhe zu bringen.
- Verlassen Sie nicht die vorgeschriebenen Pisten.
- Tragen Sie keine farblich auffällige Kleidung (keine Leuchtfarben).
- Picknicken ist nicht gestattet; werfen Sie auch keine Abfälle weg.
- Gehen Sie nie weiter als der Wildhüter und folgen Sie allen seinen Anweisungen.
- Verlassen Sie spätestens bei Einbruch der Dämmerung den Park; bedenken Sie hierbei die Zeit, die Sie bis zum Parkeingang brauchen.
- Fahren Sie nie schnell, 30 km/h ist die offizielle Geschwindigkeitsbegrenzung.

Jeder Verstoß gegen diese Vorschriften kann strafrechtliche Folgen haben.

Wildhüter stehen beim Betreten des Parks zur Verfügung, nachdem Sie Ihren Eintritt bezahlt haben.

Vergessen Sie ihn am Ende Ihres Besuches nicht: Er benötigt Ihr Trinkgeld, da er im allgemeinen kein festes Gehalt hat, sondern von den Trinkgeldern lebt. Und in den Monaten der Schließung der Parks (Regenzeit, ca. 6 Monate) hat er kein Einkommen.
Zudem ist sein Beruf nicht ungefährlich: Er wagt sich aus dem Auto, um für Sie Tiere aufzuspüren, ohne Garantie, daß ihm nichts passiert. Erst wenn er dessen ganz sicher ist, können auch Sie aussteigen. Zudem hat er große Erfahrung im Auffinden der Tiere: Er kennt ihre Wasserstellen oder ihre Wechsel über die Pisten, er kann Spuren lesen und hat Augen, die so scharf sind wie ein Fernglas.

Es ist üblich, ihm ein Trinkgeld von etwa 1.000-2.000 CFA pro Tag zu geben, je nach der Anzahl der Insassen im Auto und je nach seiner Leistung.

Die offiziellen staatlich verwalteten Nationalparks in Kamerun sind, in der Reihenfolge ihrer Besucherfrequenz:

- **Waza Nationalpark**

(er wird als der tierreichste in West- und Zentralafrika überhaupt bezeichnet)

- **Bénoué Nationalpark**
- **Bouba Ndjida Nationalpark**
- **Korup Nationalpark** (noch nicht offiziell für den Publikumsverkehr geöffnet; der WWF ist momentan dabei, ihn zu erschließen und zugänglich zu machen. An einzelnen Stellen ist jedoch ein Kurzbesuch schon möglich, wenn man die Autoritäten kennt.)

Dem schließen sich einige **Reservate** an, die jedoch einen anderen Status als die Nationalparks haben. Hier sind Sie nicht durch Wildhüter geschützt, d.h. Sie besuchen ein Gebiet, dessen Betreten zwar nicht verboten, jedoch gefährlich ist.

O

Öffnungszeiten

Es gibt kein Ladenschlußgesetz, ebensowenig eine Verpflichtung zum Öffnen des Geschäfts. Wer sich auskennt und öfter an einen Ort kommt, lernt die Gewohnheiten kennen.

- In den **muselmanischen Gegenden** wird man selten ein Geschäft zur Gebetszeit geöffnet finden, dagegen kann man dort auch sonntags einkaufen.
- In den meisten Gegenden trägt man der **französischen Tradition** Rechnung und macht zwischen 12 und 15 Uhr Pause.
- In der **englischen Zone** bevorzugt man einen durchgehenden Vormittag bis 14 oder 16 Uhr und schließt dann ganz.

Allgemein ist zu bemerken, daß das tägliche Geschäftsleben bei Tankstellen und allem, was den öffentlichen Verkehr betrifft, zwischen 6 und 7 Uhr morgens beginnt.

Banken, große Geschäfte, Museen, etc. öffnen meist um 8 Uhr, manche erst um 8.30 Uhr. Dies ist unterschiedlich von Ort zu Ort und kann sich auch innerhalb kurzer Zeit ändern. Auch stimmen etwaige angeschlagene Zeiten nicht immer mit der Realität überein. Es gibt auch den häufigen Fall, daß der Besitzer oder Pächter gerade einmal ausgegangen ist, um etwas für sich zu besorgen. Dies verrät z.B. ein Zettel an der Tür.

Auf dem Markt geht so ein Verfahren reibungslos: Der Nachbar übernimmt das Geschäft, vorausgesetzt, der Besitzer hat Vertrauen zu ihm.

P

Personalausweis

Da Sie den Reisepaß mit sich führen, ist die Mitnahme des Personalausweises nicht nötig.

Polizei

In Kamerun gliedert sich das Ordnungswesen in drei verschiedene Kategorien:

- Da ist die eigentliche **Polizei**, die für die Belange der jeweiligen Stadt zuständig ist.
- Zum anderen sind da die **Gendarmen**, die überregional arbeiten, aber ebenso für Sicherheit, Ordnung und Zollfragen zuständig sind.
- Dann gibt es noch die **Militärs**, die dem Verteidigungsbereich zugeordnet sind, aber auch natürlich im Innern des Landes für Sicherheit sorgen.

Bei Straßenkontrollen sind die Kompetenzen nicht immer klar voneinander geschieden. Im allgemeinen sind die Straßenkontrollen in Kamerun abgeschafft, aber wundern Sie sich nicht, wenn Sie dennoch stattfinden: Es dient auch Ihrer eigenen Sicherheit als Tourist, daß unlautere Elemente eliminiert werden, auch wenn Kontrollen Ihnen ungewohnt erscheinen und von Ihnen als unnützes Aufgehaltenwerden empfunden werden könnten. Bleiben Sie höflich und geduldig: Sie als Urlauber sind willkommen und haben nichts zu befürchten.

Post

Wenn Sie lediglich auf einer kurzen Rundreise durch Kamerun sind, verschwenden Sie nicht Ihre Zeit mit dem Einkauf von Briefmarken bei der Post. Sie werden bei jedem besseren Hotel einen Postkartenverkäufer finden, der, wenn Sie bei ihm einige Karten kaufen, auch Ihre Wünsche nach Sondermarken, wenn vorhanden, erfüllt. Er wird für Sie auf dem Postamt Schlange stehen und kein Geld von Ihnen verlangen. Für ein Trinkgeld ist er dankbar, aber es ist nicht Bedingung.

Frankieren Sie Ihre Ansichtskarten nach Deutschland und in die umgrenzenden Länder mit 100 CFA (für Frankreich gelten andere Tarife, immer noch in Anlehnung an das einstige "Mutterland"), Briefe, die nicht mehr als 100 g wiegen, mit 200 CFA. Die Beförderungsdauer ist zeitlich recht unterschiedlich: Sie variiert trotz Luftpost zwischen vier Tagen und mehreren Wochen. In allen besseren Hotels können Sie Ihre Post an der Rezeption abgeben, sie wird sicher zum Postamt befördert.

Verlassen Sie sich nicht auf die Leerung der Briefkästen. Sie ist äußerst zweifelhaft.

R

Radio

Wollen Sie sich während der Reise über die laufenden Ereignisse in der Welt informieren, nehmen Sie ein kleines Radio mit, einen Weltempfänger, wenn möglich mit gespreizter Kurzwelle. Sie empfangen damit regelmäßig die

Deutsche Welle (18-22 Uhr), BBC, RFI und andere international wichtige Sender. Batterien für solche Geräte sind überall zu haben. Auch die lokalen Sender, es gibt deren mehrere, zudem diejenigen aus den Nachbarstaaten, können Sie damit empfangen. Es ist zollrechtlich erlaubt, ein Radio bei sich zu tragen.

Reifenqualität

Wenn Sie einen Wagen mieten und feststellen, daß die Reifen überhaupt kein Profil mehr haben, vermerken Sie dies als Zusatz auf dem Mietvertrag. Betonen Sie, daß alle Risiken, die sich aus der schlechten Beschaffenheit der Reifen ergeben sollten, zu Lasten des Vermieters gehen (Zeugen).
Sie werden jedoch feststellen, daß auch bei total glattgefahrenen Reifen die einheimischen Chauffeure eine ungeheure Geschicklichkeit entwickeln, nicht zu rutschen oder das Rutschen abzufangen. Selbst mit Löchern und Blasen im Mantel können sie Hunderte von Kilometern fahren. Auch deshalb ist es immer besser, einen einheimischen Chauffeur bei sich zu haben. Die meisten Unfälle ereignen sich aufgrund von Geschwindigkeitsüberschreitungen oder Überladung der Fahrzeuge.

Reiseapotheke

Ihre Reiseapotheke muß in Afrika selbstverständlich etwas umfangreicher ausgestattet sein, als wenn Sie in Deutschland reisen: vergleichen Sie auch die Stichworte Apotheke, Durchfall, Hygiene, Krankheiten.
Versorgen Sie sich reichlich mit den Medikamenten, die Sie gewohnt sind, zu sich zu nehmen. Denken Sie an die Malariaprophylaxe! Desweiteren sollten Sie mitnehmen:

Pflaster, Mullbinden, Elastische Binde, Splitterpinzette, Schere, Desinfizierender Sprühverband, Alkohol, Mittel gegen Insektenstiche, antiallergisches und juckreizstillendes Gel, Salbe gegen Sonnenbrand und Hitzepickel, evtl. Nasensalbe (bei Aufenthalt in trockenen Klimazonen), einfache Vaseline reicht auch, Sonnenschutzmittel, einfaches Aspirin (ist auch in Kamerun überall erhältlich und billiger als in Deutschland), Hals- und Hustentabletten, Kohletabletten, Tabletten gegen Durchfall, Fieberthermometer

Vergessen Sie nicht, daß es in Kamerun auch gute Apotheken gibt. Aber fragen Sie im Zweifelsfall Ihren Hausarzt.

Reisepaß

Er ist Ihr Einreise- und Ausreisedokument; also sollte ihm besondere Sorgfalt gewidmet sein: Wenn Sie mehrere Tage im selben Hotel verbringen, geben Sie ihn an der Rezeption Ihres Hotels ab, jedoch nicht ohne Quittung. Sind Sie unterwegs, achten Sie genau darauf, wo Sie ihn verstauen und wo Sie ihn wiederfinden. Ein Verlust bringt nicht unüberwindliche, aber zeitraubende Probleme mit sich (vgl. Fotokopieren). Bewegen Sie sich allein in einer Stadt, auch wenn nur für kurze Zeit, ist es immer ratsam, ihn bei sich zu tragen, um sich jederzeit ausweisen zu können. Dasselbe gilt, wenn Sie einen Polizisten treffen, der Sie einfach nur fragt, sich auszuweisen. Folgen Sie dieser Aufforderung unverzüglich, um keine Schwierigkeiten zu bekommen!

Ihr Paß muß noch 6 Monate über Ihr Ausreisedatum hinaus gültig sein. Er darf zudem auf keinen Fall ein südafrikanisches Visum tragen, sonst wird Ihnen die Einreise nicht gestattet.

Reiseveranstalter

Deutsche Reiseveranstalter, die Kamerun im Programm haben, sind nicht sehr zahlreich. Auch werden immer mal wieder Reisen herausgenommen oder hinzugefügt. Dies liegt an der komplizierten Reisevorbereitung, die nur von Spezialisten durchgeführt werden kann. Ortsunkundige Veranstalter oder Reiseleiter scheitern nach kurzer Zeit. Die deutschen Reiseveranstalter sind (alphabetisch):

- **Afrika Tours Individuell,**
  Schwanthaler Str. 22, 8000 München 2, Tel.: 089/59 60 81
- **Freunde Weltweiter Studienreisen,**
  Albstr. 17, 7253 Renningen 2, Tel.: 07031/80 30 77 und 07159/8488
- **Ikarus Tours,**
  Fasanenweg 1, 6240 Königstein/Taunus, Tel.: 06174/29 02 0
- **Karawane Studienreisen,**
  Friedrichstr. 167, 7140 Ludwigsburg, Tel.: 07141/87 43 0
- **Minitrek - Expeditionen, Burkhard Schild GmbH,**
  Bergstr. 153, 6900 Heidelberg 1, Tel.: 06221/40 14 43 und 47 12 75
- **Studiosus Studienreisen,**
  Postfach 20 22 04, 8000 München 2, Tel.: 089/50 00 600
- **Windrose Fernreisen,**
  Kurfürstendamm 202, 1000 Berlin 15, Tel.: 030/88 13 059

Reiseschecks

vgl. Geld, Kreditkarten, Währung
Reiseschecks französischer Währung sind in den Städten und besseren Hotels stets willkommen (schlechter steht es inzwischen mit Reiseschecks in DM oder US-Dollar). Bedenken Sie, daß ein Besuch bei einer Bank meist sehr zeitaufwendig ist.

Reisezeiten

Monate	Kennzeichnung	Bedingungen/Temperaturen
Mai - Oktober	Regenzeit	schlechtes Durchkommen nicht nur auf den Pisten; Temperaturen bis zu wenigen Graden über Null; klamme Feuchtigkeit
Oktober - November	Übergangszeit	sehr unterschiedliche Temperaturen, vor allem in den Bergen nachts kühl
Dezember - April	Trockenzeit	heiß bis sehr heiß, im Norden auch nachts keine Abkühlung; gutes Durchkommen

Die Reisezeiten hängen von den Interessen des jeweiligen Besuchers ab: Will er Weite sehen, Landschaft, sucht er menschliche Begegnungen, will er Natur erleben, kommt er aus kulturellem Interesse nach Kamerun ... All dies und noch viel mehr wird die Wahl seiner Reisezeit beeinflussen.

Reservekanister

vgl. Tanken und Tankstellen

Reserverad

Bei der Anmietung eines Wagens sollten Sie darauf achten, daß ein Reserverad vorhanden und entsprechend aufgepumpt ist. Sie können Tausende von Kilometern zurücklegen, ohne einmal das Rad wechseln zu müssen. Aber es kann auch passieren, daß Sie auf einer Strecke von 100 km zweimal eine Panne erleben.

Restaurants

Einheimische Restaurants sind zahlreich, und es gibt sie in allen Preislagen und Varianten. Achten Sie auf das, was bei den anderen Kunden auf dem Teller liegt, auf die äußere Erscheinung der Chefin (meist kocht sie selbst), auf die Speisekarte (nicht immer vorhanden) oder auf die Tafel, an der die Gerichte angeschlagen sind.
Sie können Sonderwünsche äußern, man geht gern darauf ein. Bei kleinen Restaurants, vor allem auf dem Lande, empfiehlt sich eine Vorbestellung

von etwa einem halben Tag, damit die Zutaten für das Essen und die Getränke besorgt werden können. Auf Vorrat ist dort selten etwas zu finden. Gedeckt wird Ihr Tisch erst, wenn Sie sitzen. Es gibt zu essen, was gerade auf dem Markt ist. Sie können für 1.000 CFA ein gutes Gericht bekommen, für 2.500 CFA auch schon ein Menu (d.h. Vorspeise, Hauptgericht, Nachtisch). Meist ist der Empfang in einheimischen Restaurants familiärer, individueller und damit rundum schöner als in den internationalen Hotels.

S

Safaris

vgl. Jagd
Safaris werden im allgemeinen von den örtlichen Reiseveranstaltern organisiert; erkundigen Sie sich in Ihrem Hotel. Kamerun hat reiche Schätze an Wildreservaten, die auch dem Urlauber zugänglich gemacht worden sind.

Sammeltaxis

vgl. Buschtaxis, Taxis

Schecks

vgl. Euroschecks, Geld, Kreditkarten, Reiseschecks, Währung

Schlangen

Unterschätzen Sie nicht die Schlangengefahr. Gehen Sie da, wo Sie gut sehen können. In Kriechgewächsen können sich Schlangen verstecken, ebenso im niedrigen Gras, wo sich gern die grüne Mamba aufhält, die vom Gras kaum zu unterscheiden ist. Müssen Sie doch einmal durch bewachsenes Gebiet, machen Sie Lärm; am besten schlagen Sie mit einem Stock vor sich immer abwechselnd rechts und links auf die Erde. Schlangen haben im allgemeinen Angst und fliehen.

Schulferien

Ferien und Freizeit haben in Afrika einen anderen Wert als in Europa. Es gibt den Begriff der Ruhe nach getaner Arbeit, aber die Trennung von Arbeit und Freizeit existiert so gut wie nicht. Wenn ein Afrikaner eine Reise tut, so bedeutet dies für ihn meist nicht "Ferien", sondern ein Aufwand, der mit einer bestimmten Aufgabe verbunden ist, der Arbeit sein kann wie sein eigentliches berufliches Dasein.

Die Schulferien in Kamerun sind denen in Frankreich ähnlich: es gibt Trimesterferien (im Februar), lange Sommerferien (etwa drei Monate von Juli bis September), zu Weihnachten etwa 14 Tage und zu Ostern etwa eine Woche. Es ist nicht unbedingt empfehlenswert, während dieser Zeiten zu reisen, da es überall voll ist und mit Überbuchungen gerechnet werden muß.

Sonnenschutz

Denken Sie daran, daß auch bei trübem Wetter die Bestrahlung sehr stark ist. Benutzen Sie deshalb eine Sonnenschutzcreme oder ein -öl mit hohem Lichtschutzfaktor und tragen Sie einen Hut, der nach Möglichkeit auch den Nacken bedeckt.

Souvenirs

Kamerun ist reich an Holz-, Elfenbein- sowie Knochenschnitzereien, Schmuck, schmiedeeisernen Produkten und vielfältigen Textilien von Spinnerei über Weberei, Färbung und Batik. Sie können alles ausführen bis auf Elfenbein, für das die Internationale Konvention des WWF gilt (vgl. Elfenbein), und bis auf historische Schätze (Statuen, Masken) etc., für die Sie Papiere benötigen (vgl. Antiquitäten). Bei lebenden oder erjagten Tieren gelten Sonderbestimmungen. Vergessen Sie nicht, daß sich Ihre Freunde in Europa auch über Gewürze, Früchte etc. freuen, die Sie freilich erst im letzten Moment einkaufen sollten.

Sprachen

Offizielle Landessprachen sind Französisch und Englisch. Daneben werden je nach Gegend afrikanische Sprachen wie Haussa, Fulani (Fulbé), Douala, Bamiléké, Bamoum, Bassa u.v.a. gesprochen. Auch auf dem Lande findet man im allgemeinen immer jemanden, der englisch oder französisch spricht und Ihnen als Dolmetscher dienen kann.

Straßen

Das Straßennetz ist recht gut ausgebaut, dennoch empfiehlt es sich, für sehr lange Strecken (vor allem in den Norden) das Flugzeug zu nehmen. Viele der geteerten Straßen sind in gutem bis sehr gutem Zustand, es gibt aber auch Straßen mit tiefen Schlaglöchern im Asphalt, die dann gefährlich und auch zeitraubend sind.
Die Pisten werden regelmäßig nach der Regenzeit gewartet oder wieder hergestellt (Brücken!), in der Regenzeit selbst finden Sie oft Regenbarrieren, so daß Sie nicht durchkommen. Der Straßenbau ist durch die klimatischen Verhältnisse äußerst mühsam und kostenintensiv.

Straßenkarten

vgl. Landkarten

Stromspannung

Die Stromspannung beträgt 220 Volt. Stromschwankungen können empfindlichen Elektrogeräten Schaden zufügen.

Stromversorgung

Durch die staatliche Gesellschaft SONEL, die inzwischen fast das gesamte Gebiet Kameruns abdeckt, ist die Stromversorgung gewährleistet. Eventuelle Stromsperrungen werden in der Regel rechtzeitig angekündigt und auch eingehalten. In entlegenen Gebieten finden Sie noch große oder kleine Generatoren zur Stromversorgung.

Supermärkte

In den großen Städten Douala und Yaoundé gibt es Supermärkte, in den übrigen Städten kleinere Läden mit den gleichen Produkten, wenn auch nicht in der großen Auswahl. Aber es gibt keine Versorgungsengpässe. Handeln ist in den Supermärkten nicht üblich.

T

Tanken und Tankstellen

Kamerun ist ausreichend mit Tankstellen versorgt, Benzin gibt es in den größeren Städten ausreichend, so daß im allgemeinen auch bei Reisen über Land von Ort zu Ort keine Engpässe auftauchen. Die staatlich festgesetzten Preise betragen 284 CFA für Superbenzin (Normalbenzin gibt es nicht) und 167 CFA für Diesel. Die Endziffern werden bei der Abrechnung auf- oder abgerundet, man gibt so gut wie nie einzelne CFA aus, die kleinste gängige Münze ist ein 5-Franc-Stück. In den Grenzgebieten zu Nigeria gibt es billigeres, aber oft nicht ganz sauberes Benzin, von dessen Gebrauch abzuraten ist.
Überall gibt es offizielle Tankstellen. Aber es gibt immer wieder Möglichkeiten, an billigeres Benzin zu kommen, das allerdings dann manchmal schlecht, d.h. verschmutzt ist. Fragen Sie Ihren ortskundigen Führer bzw. Ihren Chauffeur, ob sich der Einkauf lohnt im Verhältnis zum Geld, das gespart wird. Das billige Benzin wird in Flaschen oder Kanistern offen an der Straße verkauft.

Das Tankstellennetz in Kamerun ist im allgemeinen so gut, daß Sie keinen Reservekanister brauchen. Sollten Sie abgelegene Gebiete bereisen, ist es jedoch günstig, 10 - 15 l Reservebenzin mitzuführen. Sollte es Ihnen einmal passieren, daß Sie auf dem Lande - gerade im Norden - knapp mit Benzin werden, fragen Sie im nächsten Dorf nach. Es gibt da immer so etwas wie eine “geheime Reserve”.

Taschenlampe

Sie ist immer von Vorteil. Batterien gibt es überall, auch in kleinen Dörfern (fragen). Afrikaner brauchen sie weit weniger als Europäer, da sie im Dunkeln sehen.
Bedenken Sie, daß in den Tropen die Dämmerung schneller eintritt als in Europa und es Ihnen außerhalb der Städte, wenn der Mond nicht scheint,

dunkler vorkommt: In Europa finden Sie immer noch eine Beleuchtung in der Ferne, die Licht gibt. In Afrika leben Sie in Gegenden, wo es kilometerweit keinen Lichtschein gibt.

➽ Taxis

Taxis haben in den Städten eine jeweils feststehende Farbe: meist gelb oder rot. Sie sind gesetzlich zugelassen und haben entsprechende Papiere. Die Nummern sind nicht immer klar zu erkennen.
Innerhalb einer Stadt gibt es einen Stadttarif, der im allgemeinen bei 125 CFA pro Person liegt. Das heißt, daß der Fahrgast mit anderen zusammen befördert wird, die je nach Ort und Richtung aufgenommen und abgesetzt werden. Dies ist selten von Nachteil, erlaubt es doch dem Fremden, Orte kennenzulernen, an die er sonst möglicherweise nicht hinkommen würde.
Man kann in den großen Städten auch ein eigenes Taxi bestellen, "course" genannt, das den Passagier direkt zum bestellten Ort bringt. Dies kostet viel mehr, auch hier ist der Preis Verhandlungssache, aber es gibt Richtpreise. Es ist günstig, sich bei Nicht-Taxifahrern zu erkundigen: im Hotel oder Restaurant, bei Händlern auf dem Markt, bei einfachen Passanten auf der Straße etc.
Bei längeren Fahrten ist der Preis Verhandlungssache, wenn er nicht offiziell angeschlagen ist.
Relativ teuer sind stets die Fahrten von und zu den Flughäfen, die außerhalb liegen. Am Flughafen selbst gibt es wenige Taxen, und die haben Monopolstellung.

➽ Telefonieren

Von allen größeren Hotels und von der Post aus (lange Wartezeiten in Kauf nehmen!) können Sie telefonieren. Meistens sind die internationalen Verbindungen besser als die nationalen. Haben Sie Geduld, wenn Sie nicht gleich durchkommen, aber meist klappt es nach einigen Versuchen. Sie wählen stets, wenn Sie das Amtszeichen haben, 00, um die internationale Linie zu erhalten, warten hier jedoch, im Gegensatz zu Deutschland, erneut einen Pfeifton ab. Dann erfolgt die Landesvorwahl, die Stadtvorwahl ohne die Null und das Teilnehmerkennzeichen:

BRD:	00-49 - Vorwahl ohne 0 - Rufnummer
Österreich:	00-43 - Vorwahl ohne 0 - Rufnummer
Schweiz:	00-41 - Vorwahl ohne 0 - Rufnummer
Niederlande:	00-31 - Vorwahl ohne 0 - Rufnummer
Schweden:	00-46 - Vorwahl ohne 0 - Rufnummer
Frankreich:	00-33 - Vorwahl - Rufnummer.

Durch starke Regenfälle oder auch schon einmal durch den Harmattan kann das gesamte Telefonnetz für kurze Zeit außer Betrieb gesetzt werden. Es wird aber immer sehr schnell für Abhilfe gesorgt.

Telefonnummern

Telefonbücher und -auskunft sind nicht immer auf dem neuesten Stand, so daß es am besten ist, Sie wissen Ihre gewünschte Nummer vom Teilnehmer selbst.

Telefonzellen

Sie sind sehr spärlich in den Großstädten verbreitet und funktionieren oft nicht. Es ist besser, von einem Hotel aus zu telefonieren, was man Ihnen auch als Nicht-Kunde meist gestattet.

Toiletten

Es ist immer empfehlenswert, die Toilette im eigenen Hotelzimmer zu benutzen. Unterwegs gibt es oft gar keine, oder sie lassen bezüglich der uns gewohnten Sauberkeit zu wünschen übrig.

In freier Natur ist Vorsicht mit Schlangen und anderem Getier geboten! Gehen Sie nur dorthin, wo Sie sehen können, was um Sie herum passiert, niemals in Sträucher oder tiefes Gras!

Touristeninformation

Sie erhalten sie im allgemeinen in Ihrem Hotel. Reisen Sie in der Gruppe, wenden Sie sich an den Reiseleiter. Reisen Sie allein, werden Sie feststellen, daß (nicht in den Großstädten!) vor den Hotels auch oft kleine Jungen herumlaufen, die sich gegen ein Entgelt als Führer anbieten, der Preis ist Verhandlungssache. Die Jungen sind oft sehr gut informiert und können Ihnen vieles zeigen.

Trinkgeld

vgl. Kleingeld

Trinkgelder sind grundsätzlich nicht vorgeschrieben, aber oft sinnvoll. Gerade zu Beginn Ihrer Reise, wenn Sie noch kein Kleingeld haben, macht es nichts, Ihrem Kofferträger im Hotel dies zu erklären und ihn auf später zu vertrösten.
Das Trinkgeld sollte von der wirklichen Leistung abhängen. Sind Sie zu großzügig, wirkt dies als Herausforderung, noch mehr zu verlangen oder die Leistung zu mindern. Erkundigen Sie sich bei Ihrem Reiseleiter oder bei anderen, unbeteiligten Personen.

Am Flughafen haben die Gepäckträger feste Preise: 200 CFA für einen Koffer. Sie können sehr unangenehm werden, wenn Sie nicht zahlen.

Trinkwasser

vgl. Durchfall

Trinken Sie kein Leitungswasser, auch wenn Ihnen versichert wird, es sei ganz sauber. Es gibt Trinkwasser in Flaschen zu kaufen (250-350 CFA). Zudem können Sie - falls Sie eine Reise auch in entlegene Gegenden planen - Tabletten aus Deutschland mitnehmen, die das Leitungs- oder Brunnenwasser innerhalb weniger Stunden in zwar nicht besonders wohlschmeckendes, aber trinkbares Wasser verwandeln. Nehmen Sie zum Filtern des Wassers ein einfaches weißes Tuch (Taschentuch o.ä.), in dem beim Einfüllen des noch ungereinigten Wassers in Ihren Behälter der grobe Schmutz (Erdrückstände etc.) hängenbleibt.

Seien Sie auch vorsichtig beim Zähneputzen: Benutzen Sie im Zweifelsfalle Mineralwasser.

U Unterkünfte

vgl. Hotelliste
Kamerun verfügt über eine gute Hotelstruktur, allerdings sind die guten Hotels nicht ganz billig. Es wird davor gewarnt, im Freien zu übernachten. Als Europäer kennen Sie die Risiken der Natur nicht. Sparen Sie nicht gerade am Hotel, denn Ungeziefer wird man schwer wieder los.

Sollte es Ihnen passieren, in ganz entlegenen Gegenden erst gegen Abend anzukommen, fragen Sie noch vor Sonnenuntergang beim Pfarrer oder in einer Missionsstation, eventuell auch beim Bürgermeister nach Unterkunft. Meist werden Sie gegen einen oft freiwilligen Obolus dort gern aufgenommen.

Sind Sie längere Zeit unterwegs, ist es ratsam, klimatisierte oder wenigstens Zimmer mit Ventilatoren aufzusuchen wegen der Moskitos und um Ihrer Erholung willen. Sie schlafen so besser und sind auch gut gerüstet für einen neuen Tag voller Erlebnisse, anstrengender Fahrten, neuer Eindrücke, etc.

V Verkehr

In Kamerun wird rechts gefahren. Besonderer Wert wird auf die Vorfahrt rechts vor links gelegt. In der Stadt wird abends, wenn nicht anders nötig, nur mit Standlicht gefahren. Vergessen Sie nicht zu blinken, auch bei rechts- oder linksabbiegender Vorfahrtstraße, die Polizei verübelt dies sonst.
In den großen Städten herrschen zu den Stunden des Berufsverkehrs Staus, die sich aber rasch wieder auflösen. Verlieren Sie trotz Hitze nicht die Geduld!

Es ist grundsätzlich besser, da Sie den hiesigen Fahrstil nicht gewöhnt sind, mit einem Chauffeur zu reisen. Er ist meist auch ein guter Automechaniker und kennt sich mit den örtlichen Gegebenheiten besser aus.

Videofilme

Es gibt in den großen Städten Kameruns Videoverleihe ähnlich wie in Deutschland. Allerdings gibt es wenig Filme zu kaufen, auch nicht über das Land selbst. Leere Videokassetten sind fast überall erhältlich, wenn auch die Qualität aufgrund der Hitze nicht immer gut ist. Daher: Nicht an der Straßenecke kaufen, sondern in einem klimatisierten Geschäft.

Visum

Bürger der BRD brauchen für Kamerun z. Zt. noch ein Touristenvisum, das die Botschaft der Republik Kamerun, Rheinallee 76, 5300 Bonn, Tel.: 0228/ 35 60 37/39 gegen eine Gebühr von 72 DM problemlos ausstellt. Das Visum ist je nach Zeitangabe im Antrag - höchstens drei Monate - gültig und berechtigt nicht zur Aufnahme einer Arbeitstätigkeit. Auch müssen Sie angeben, ob Sie während Ihrer Reise durch Abstecher in Nachbarländer eine ein- oder mehrmalige Einreise wünschen. Hier wird freilich streng auf die Daten geachtet.

Es sind Bestrebungen im Gange, die Visumspflicht wieder abzuschaffen, was die Einreise wesentlich erleichtern würde.
Österreicher und Schweizer brauchen ebenfalls ein Visum, was Sie sich bei der zuständigen kamerunischen Botschaft ihres Landes besorgen können.

Vollkaskoversicherung

Wenn Sie ein Auto mieten möchten, ist eine Vollkaskoversicherung unbedingt anzuraten.
Ziehen Sie bei einem eventuellen Unfall unbedingt die Polizei hinzu, und begnügen Sie sich nicht mit Versicherungen, das werde man schon untereinander klären.

W

Währung

vgl. Devisen, Geld

Die Währung Kameruns ist der CFA, mit festem Kurs an den französischen Franc gebunden. Zwischen CFA und FF kann frei hin- und hergetauscht werden. Man ist in Frankreich weniger an den CFA, in Afrika mehr an den FF interessiert.

Folgende Länder gehören der CFA-Zone an: Gabun, Kamerun, Volksrepublik Kongo, Tschad, Zentralafrikanische Republik, im Westen dann (gleiche Währung, aber andere Scheine und anderes Kleingeld; die Scheine werden jedoch wechselseitig genommen) Benin, Burkina Faso, Côte d'Ivoire (Elfenbeinküste), Mali, Niger, Togo, Senegal.
100 CFA entsprechen ca. 0,66 DM (Stand September 1990).

Wasserversorgung

Die Wasserversorgung ist im allgemeinen gut. Es gibt allerdings in Yaoundé regelmäßig auf die einzelnen Viertel verteilte Wassersperrungen, da die Wasserversorgung nicht dem schnellen Bevölkerungszuwachs der Stadt gewachsen war. Ein Ende dieses Dilemmas ist momentan noch nicht abzusehen. Die großen Hotels haben Wasserreserven.

Im Norden gibt es jeweils in den letzten Monaten der Trockenzeit Wassermangel, so daß Sie - selbst wenn Wasser da ist - sehr sparsam damit umgehen müssen. Dies trifft vor allem Orte, in die das Wasser in Lastwagen oder Zisternen transportiert oder von weit her gepumpt werden muß: Waza, Rhumsiki, Mora u.a. Maroua dagegen ist weitgehend von diesem Problem befreit.

Wildhüter

vgl. Naturparks

Z

Zeit

Eine Zeitverschiebung zwischen Kamerun und Europa gibt es praktisch nicht. Kamerun hat MEZ, d.h. ist der deutschen Zeit im Winter gleich und im Sommer eine Stunde "hinterher". Beispiel Sommer: z.B. 12.00 h in Bonn = 11.00 h in Yaoundé.

Zeitungen

Deutsche Zeitungen gibt es nur in den Städten Douala und Yaoundé, treffen aber mit Verspätung dort ein, in den anderen Städten nur auf Bestellung, was bei einem Urlaub wegen des langen Postwegs schwierig ist.

Als Informationsquelle über aktuelle Ereignisse wird daher das Radio empfohlen.

Zelten

vgl. Camping

Zigaretten

Zigaretten gibt es auch im kleinsten Nest. Für starke Raucher empfiehlt es sich, eine Stange (zollrechtlich sind 400 Zigaretten erlaubt) aus dem Flugzeug mitzubringen. Selbst Zigaretten, die denselben Namen tragen wie die in Europa und mit der gleichen Aufmachung, scheinen schwächer zu sein als die europäischen. Wesentlich billiger und auch nicht stark sind die lokalen Zigaretten.

➽ Zoll

Die zollrechtlichen Bestimmungen werden manchmal sehr streng, manchmal sehr locker gehandhabt.

Außer den persönlichen Gebrauchsgegenständen ist bei Ein- und Ausreise pro Person erlaubt:

- 2 Fotoapparate und 20 Filme;
- 1 Filmkamera und 10 Filme;
- 1 tragbarer Fernsehapparat (hierfür wird manchmal eine Rechnung verlangt, die Sie als Eigentümer ausweist und älter sein muß als 6 Monate, um einen evtl. Wiederverkauf im Lande zu vermeiden);
- 1 Kofferradio;
- 1 Kassettenrecorder;
- 1 Schreibmaschine; 1 Fernglas;
- 1 Kinderwagen;
- Sport- und Campingartikel;
- 500 g Schmuck;
- 400 Zigaretten oder 500 g Tabak;
- 125 Zigarren;
- 3 l Wein,
- 1 l hochprozentiger Alkohol.

- Waffen müssen deklariert werden, ebenso die Munition, auf die eine Steuer erhoben wird (vgl. Jagd).

3.2 DAS TÄGLICHE LEBEN

Das tägliche Leben eines Volkes besteht im wesentlichen aus dem Zusammenleben in der Familie und dem weiteren sozialen Umfeld. Dazu kommen dann der Arbeits- und Erziehungsbereich, die rein zeitmäßig einen wesentlichen Raum einnehmen, der jedoch auch entscheidend ist für das Überleben der Menschen und für die Weiterentwicklung einer Nation.

Der Durchschnittstourist hat wohl selten einmal Zutritt zum Wohnbereich einer afrikanischen Familie. Bleibt man in den großen Hotels, wird man auch selten genug bekannt werden mit der nationalen Küche, mit den Möglichkeiten und Schwierigkeiten der Ernährung und der Beschaffung von Nahrung.

Wichtig ist auch die medizinische Versorgung, die ein wesentliches Merkmal in einem Staat moderner Prägung ist. Hier leistet ein so junger Staat wie Kamerun Erstaunliches. Aber die Tradition spielt dennoch mit.

3.2.1 ZUSAMMENLEBEN

In Kamerun leben viele Völker mit unterschiedlicher Geschichte und unterschiedlichen Gewohnheiten. Dennoch kann man allgemeine Züge, die für alle gelten, übrigens auch über die Landesgrenzen hinaus, feststellen (vgl. auch das Kapitel 2.5.4 über das Brauchtum).

Das tägliche Leben ist wesentlich geprägt vom **Überlebenskampf**, der aufgrund der niedrigen Löhne und der Arbeitslosigkeit hart ist. Eine ebenso starke Prägung erfolgt jedoch durch den Zusammenhalt der Familie, d.h. durch das Bewußtsein, daß man zueinander gehört. Das einzelne Individuum zählt nur in dem Maße, wie es in der Familie gefordert wird; die Gruppeninteressen haben stets Vorrang vor den individuellen. Aber andererseits bietet dieses Sozialsystem auch Schutz. In der traditionellen Gesellschaft stirbt niemand vor Hunger, es sei denn, ein ganzes Dorf käme um. Da tritt einer für den anderen ein, jeder wird auch nach außen hin verteidigt, denn ein Angriff ist ein Angriff auf alle, und es wird trotz Armut nicht gegeneinander aufgerechnet.

Dieses System hat weitgehende Folgen für die Erhaltung der Familie überhaupt. Es gibt bestimmte Familien, die nicht untereinander **heiraten** dürfen (oft hat dies rituelle Gründe, die in der Geschichte des Stammes liegen), und die Wahl eines Ehepartners bedarf immer der Zustimmung der Familie. Wenn die Familie nicht schon im Kindesalter den Partner ausgesucht hat und mit der Schwiegerfamilie einig geworden ist (und das passiert heute immer seltener, denn man hat eingesehen, daß die jungen Leute auch mitreden wollen), geht der junge Mann zu seiner Schwiegerfamilie und hält offiziell um die Hand seiner Angebeteten an. Dann wird über den Brautpreis verhandelt - oft nur zum Schein, denn er besteht nicht mehr überall und ist oft nur symbolisch gemeint -, und die Sache nimmt ihren Lauf.

Solch feste Vorschriften sind für den Fremden nicht immer einfach einzusehen, und gerade die moderne Jugend, vor allem die in der Stadt, versucht oft, sich dagegen aufzulehnen. Aber in einem harten Existenzkampf ist nur die Gruppe stark. Das merken die Menschen, die versuchen, ohne ihre Familie zu leben, spätestens dann, wenn sie alleine sind. Und dann ist es oft zu spät.

Trifft man eine wichtige Entscheidung in seinem Leben ohne die Zustimmung der Familie (z.B. Ausbildung, Eheschließung, Lebensform, Auslandsaufenthalte, etc), wird man von ihr ausgeschlosssen und genießt von nun an keinen Schutz mehr. Das kann schnell existenzgefährdend sein, denn auch die Freunde der Familie brechen mit der Person.

Natürlich versucht auch die Familie im Konfliktfall, einen möglichen **Kompromiß** zu finden. Da werden dann alle, besonders die **Alten**, zusammengerufen. Es wird ausführlich verhandelt und das Problem von allen Seiten beleuchtet. Gerade die Meinung der "Alten", was stets eine ehrerbietige Anrede ist und niemals abfällig gemeint sein kann, gilt viel, und man richtet sich nach ihr. Ehrerbietung vor dem Alter beginnt bei der Begrüßung in Worten und Gebärden und drückt sich fortlaufend in Respektsbezeugungen aus. Das Alter hat Weisheit, die Jugend soll auf die Alten hören und sich nach ihnen richten.
Schwierig wird dies, wenn man an die schnelle Entwicklung unserer Welt im technisierten Zeitalter denkt. Aber die Alten haben auch hierfür erstaunliches Verständnis und sind im allgemeinen Neuem sehr aufgeschlossen. Deshalb überlegen die jungen Leute sehr genau, ob ein solcher Schritt unbedingt nötig ist, und es gibt immer wieder "Romeo - und Julia - Verhältnisse", in denen die Verbindung dann scheitern muß.

Die **Polygamie** ist in Kamerun nach wie vor weit verbreitet. Juristisch ist das so festgelegt: Vor der Hochzeit entscheidet sich das Paar, ob es in Polygamie oder Monogamie leben will, dies wird schriftlich festgehalten und gilt dann, auch im Falle einer Scheidung, für ein ganzes Leben. Wird für Monogamie entschieden, hat der Mann niemals das Recht, sich eine weitere Frau zu nehmen. Fällt die Entscheidung zugunsten der Polygamie aus (dies ist vor allem in den moslemischen Gegenden so), kann der Mann weitere Frauen wählen, er kann es selbstverständlich auch bei der ersten belassen.

Bei den **Moslems** sind höchstens vier Frauen erlaubt; Vorbedingung dafür ist jedoch, daß der Mann die Frauen ernähren kann, also reich genug ist, und daß er sie alle gleich behandelt, keine vorzieht oder besonders verwöhnt. Kommt er z.B. von einer Reise, muß er allen das gleiche mitbringen, die Geschenke müssen ausgewogen sein.

Bei den **Animisten** - im Norden Kameruns werden sie durchweg “Kirdi” genannt - ist die Zahl der Frauen nicht festgelegt, jedoch meistens der Ablauf des täglichen Lebens: Der Mann kann sich nicht einfach aussuchen, zu welcher Frau er gehen möchte. Er muß sich an eine einmal festgelegte Regel halten, denn die Frau - oder Frauen - zu denen er geht, besorgen in der Zeit den Haushalt und kochen auch für die gesamte übrige Familie.

In den **Städten** herrscht eine gewisse Tendenz zur Kleinfamilie europäischen Musters, auf dem **Lande** jedoch ist dies schon aus arbeitstechnischen Gründen kaum möglich: Jeder muß mit anpacken, es gibt so viel zu tun, daß alle in der Großfamilie ausgelastet sind. Für die Kinder hat dies einen großen Vorteil: Sie haben alle mehrere Mütter, immer jemanden, der sich um sie kümmern kann, wenn es nicht auch die großen Geschwister tun. Psychologisch gesehen bedeutet das, daß die Fixierung auf eine Mutter aufgehoben ist. Es entsteht auch kaum eine Fixierung auf den Vater, denn dessen Brüder oder auch die Brüder der Mütter sind ebenso verantwortlich für die Kinder wie er selbst. So ensteht ein dichtes Netz von Personen im direkten sozialen Umfeld, das das Kind beschützt.

Die **Versorgung der Frau** ist ein wichtiges Element in der immer wieder entstehenden Diskussion über Polygamie und Monogamie. Es gibt in Afrika einen Frauenüberschuß, und die Versorgung derer, die “übrigbleiben”, wäre nicht gewährleistet. Dennoch sind die meisten Frauen wirtschaftlich teilweise oder ganz unabhängig von ihrem Mann. Was sie selbst produzieren - sei’s auf dem Feld oder im Handwerk - und dann verkaufen, was sie selbst durch eine Anstellung verdienen, das gehört ihnen, sie müssen im allgemeinen nichts abgeben.

Der Europäer stellt sich einen polygamen Haushalt voller Eifersüchteleien und Intrigen vor. Meistens ist jedoch das Gegenteil der Fall. Die Frauen verstehen sich untereinander sehr gut, oft “hilft” die erste Frau beim Aussuchen der zweiten, die Frauen beraten sich untereinander, wenn sie Probleme haben oder wenn es dem Mann schlecht geht; sie kümmern sich gemeinsam um alle ihre Kinder. Sie können sich auch einmal, wenn nötig, gegen den Mann verbünden, dann hat er das Nachsehen. Die Frau - oder die Frauen - haben eine große **Verantwortung für die Familie**. Ihnen obliegt die Pflege, die Sicherheit; der Mann, auch wenn es nach außen hin anders aussieht, hat kaum je zuerst das Sagen.

So leben die meisten afrikanischen Familien - neben den normalen kleinen Streitigkeiten wie überall auf der Welt - in kooperativer Gemeinschaft, und das ist für das Überleben unabdingbar.
Die Autorin hat im Umgang mit den Afrikanern untereinander und auch dem Fremden gegenüber viel größere Toleranz erlebt als in Europa. Gibt es Konflikte, so werden sie offen ausgetragen, scheinbar brutal manchmal, jedoch nicht unter den Teppich gekehrt, wo sie ungelöst weiter existieren und noch mehr Schaden anrichten.

3.2.2 ARBEIT, ERZIEHUNG UND FREIZEIT

Arbeit

In der Familie arbeiten alle mit, außer den **Alten**, die nicht mehr können. Sie werden von den Jungen selbstverständlich unterhalten, kümmern sich dann um Kleinigkeiten im Haus, um die ganz kleinen Kinder, ums Erzählen oder einfach ums Haushüten. Altersheime sind nicht nötig. So wird verständlich, warum es in Afrika wichtig ist, viele Kinder zu haben: Nur sie sind die Altersversorgung, denn es gibt noch nicht überall eine Rente.

Geht jedoch ein Kameruner einer Beschäftigung in offizieller Anstellung nach, kann er fordern, daß man ihn rentenversichert. Die Rente wird zwar auch dann nicht hoch sein, aber er hat ein gewisses Minimum, das seine Grundbedürfnisse zum Leben wenigstens teilweise abdeckt. Es gibt durch die Sozialgesetze für Angestellte Kindergeld, Mutterschaftsurlaub, sogar Vaterschaftsurlaub und diverse andere Vergünstigungen. Dies ist notwendig, betrifft aber nach wie vor nicht die Freiberufler und vor allem nicht die Bauern. Kamerun ist weitgehend Agrarland, der Prozentsatz der selbständigen Bauern also sehr hoch.

Auf dem Lande fängt die Arbeit morgens gegen 6 Uhr an, die **Bauern** gehen bei Sonnenaufgang aufs Feld, die **Handwerker** und **Händler** beginnen zur gleichen Zeit ihre Tätigkeit. In der Stadt beginnt man zwischen 7 und 8 Uhr bis etwa 12 Uhr (je nach Provinz). Nachmittags nimmt man die Arbeit zwischen 14 und 15 Uhr wieder auf, um sie gegen 18 Uhr zu beenden. In der Stadt kommen lange Anfahrtswege dazu, teure Wohnungen und hohe Lebenshaltungskosten. Dies ist auf dem Lande anders. Hier kann für die Familie selbst noch ein wenig Landwirtschaft betrieben werden, so daß man nicht alles kaufen muß.

Um die Mittagszeit, wenn die Sonne brütet, machen die Bauern und Handwerker Pause. So entsteht beim Touristen - der sich ja oft erst gegen 8 oder 9 Uhr auf Tour begibt und die Mittagshitze nicht unbedingt respektiert - der Eindruck, die Menschen seien faul, wenn sie gegen 11 Uhr erschöpft im Schatten sitzen. Die wenigsten denken daran, daß die Leute dann schon mindestens 5 Stunden Arbeit hinter sich haben und etwa genauso viel noch vor sich. Eine 40-Stundenwoche existiert nicht, auch nicht in der Stadt; und auch samstags wird gearbeitet.

Die **Kinder** gehen - nachdem sie in den ersten 2 bis 2 1/2 Jahren ganz eng bei der Mutter geblieben sind - nach der Lösung von der Mutter mit aufs Feld, d.h. sie ordnen sich ein in die übrige Kinderschar der Geschwister, Cousins und Cousinen, der Nachbarskinder, all derer, die in der Nähe herumlaufen. Von da an übernimmt ein älteres Kind die Fürsorge der Kleinen, die früh lernen, überall mitzuhelfen. Wenn sie das schulreife Alter erreicht haben, wird man versuchen, sie in die Schule zu schicken.

Erziehung

In Kamerun besteht **Schulpflicht**, die auch weitgehend befolgt wird. Die Einschulungsquote ist eine der höchsten der schwarzafrikanischen Staaten (über 80%, genaue Zahlen liegen nicht vor). Die Unterrichtssprache ist in den meisten Provinzen französisch, in den anglophonen englisch. Viele Privatschulen lehren, dem Grundsatz des Landes nach Zweisprachigkeit folgend, in beiden Sprachen. Die Lehrpläne sind seit einigen Jahren afrikanisiert, es werden also nicht mehr wie noch kurz nach der Unabhängigkeit, Lehrinhalte der ehemaligen "Mutterländer", sondern kamerunische vermittelt. Dies ist ein wesentlicher Beitrag zur Einheit der Nation.
Die **deutsche Sprache** wird an allen größeren Gymnasien als dritte oder vierte Fremdsprache gelehrt. An der Universität in Yaoundé gibt es einen deutschen Lektor und mehrere kamerunische Dozenten. Einzelne Forschungsprojekte zwischen Universitäten der BRD und Kamerun laufen an verschiedenen Fachbereichen.

Der **Schulbesuch** ist in der Stadt einfacher zu realisieren als auf dem Lande. Die Staatsschulen sind zudem kostenlos. Ein Problem entsteht jedoch beim Beschaffen der Unterrichtsmittel: Die Bücher für einen Grundschüler schlukken leicht ein Drittel bis ein halbes Monatsgehalt eines Hausangestellten. Auf dem Lande kommen erschwerend zwei Faktoren hinzu: Geht das Kind zur Schule, fällt es als Arbeitskraft auf dem Feld aus. Das bedeutet einen effektiven Verdienstausfall. Hinzu kommt oft ein weiter Schulweg.

Ein etwa 9-jähriger Junge erzählt, als sei es selbstverständlich:
"Ich stehe morgens um 4 Uhr auf, gehe dann los, damit ich um 7 Uhr in der Schule bin. Mittags lohnt es sich nicht heimzugehn, weil es zu weit und oft so heiß ist. An den Tagen, wo ich etwas zu essen finde, kann ich mittags etwas essen, ein paar Erdnüsse vielleicht oder eine Mehlsuppe. So warte ich, bis der Unterricht nachmittags wieder anfängt. Zwischen 5 und 6 Uhr ist die Schule dann aus, und ich mache mich auf den Heimweg. Da muß ich mich beeilen, denn es ist nicht gut, lange in der Dunkelheit zu laufen."
Zu Hause muß er dann noch mithelfen, seine Schulkleidung selber waschen und Schularbeiten machen. Die Ernährung ist dürftig, er sieht sehr schmal aus.

Ein anderer Junge, etwa 10 Jahre alt, aus einer Kleinstadt, berichtet:
"Wenn ich samstags mittags aus der Schule komme, esse ich schnell, wasche meine Schuluniform, damit sie bis Sonntagabend wieder trocken ist und gehe dann mit meinem Vater und den großen Brüdern aufs Feld. Wir nehmen alles mit, was wir brauchen: Essen und Trinken, unsere Arbeitsgeräte und, wenn es kalt ist, etwas für die Nacht. Nach etwa 6 Stunden Fußmarsch kommen wir auf dem Feld an. Da können wir nicht mehr viel machen, denn die Sonne geht unter. Wir essen und legen uns schlafen. Am Sonntagmorgen geht die Arbeit bei Sonnenaufgang los, wir arbeiten durch bis zum frühen Nachmittag. Dann kommt der Heimweg. Wenn ich am Sonntagabend nach Hause komme, bin ich müde und hungrig. Eine meiner Mütter hat dann etwas zu essen gemacht, und ich schlafe sofort ein."

Solche Beispiele zeigen, daß ein **Schulbesuch** gerade **auf dem Lande** leicht zum Problem werden kann. So verlassen viele Kinder nach wenigen Jahren wieder die Schule. Da sie dann Lesen, Schreiben und Rechnen kaum noch praktizieren, vergessen sie es schnell wieder.

In der **Stadt** sieht es, wenn auch anders, so oft nicht besser aus: Der **Andrang** auf die Schulen ist so groß, daß ein normales Unterrichtspensum von Staatsschule und Lehrern nicht geleistet werden kann. So teilt man die Kinder in Gruppen ein, und sie bekommen 30 oder 50% des normalen Unterrichts erteilt, was sie nicht gerade weiterkommen läßt. Aber die Not gebietet: Es liegt nicht am fehlenden Willen seitens der Institutionen oder Personen.

Die anderen, die weiter die Schule besuchen wollen, müssen, stammen sie vom Lande, im Alter von etwa 10 Jahren auf eine weiterführende Schule gehen. Diese ist meist in der nächsten Provinzstadt, d.h. die Schüler können nicht mehr bei der eigenen Familie wohnen. Im besten Fall gibt es am Schulort Verwandte, sonst suchen sich die Kinder selbst eine dürftige Unterkunft, schlagen sich mit dem wenigen Geld, das von zu Hause erübrigt werden kann, oder mit kleinen Dienstleistungsarbeiten notdürftig durch bis zu den Ferien, wo sie daheim wieder essen können. Dies setzt sich manchmal bis ins Studium fort, denn der kamerunische Staat kann nicht allen Schülern und Studenten Stipendien geben.

Ich erlebte Studenten an einer afrikanischen Universität, die nach mehrwöchigem Hungern im Unterricht anfingen, wirr zu reden. Zur Rede gestellt, gaben sie ihre Situation schamhaft zu und erklärten, daß sie massenweise Wasser tränken, nur um das Hungergefühl im Magen zu beruhigen.

Die **Schulen** und anderen **Bildungseinrichtungen** (berufsbildende Schulen, Universitäte, etc.) sind stetig im Ausbau begriffen. Die einzige Universität des Landes in Yaoundé hat mit den ihr angeschlossenen Fachhochschulen über 20.000 Studenten.

Leider sieht die berufliche Zukunft auch für Akademiker nicht gut aus. Die Arbeitslosigkeit steigt, und die sozialen Folgen werden mehr und mehr spürbar. Auf dem Lande geht es noch besser, aber auch in Kamerun gibt es Landflucht, weil wie überall die falsche Vorstellung herrscht, in der Stadt gebe es Arbeit und Geld und damit ein besseres Leben.

Es muß allerdings noch ein Wort zum **Analphabetismus**, vor allem der Erwachsenen, gesagt werden. Dieser ist in Afrika generell weiter verbreitet als in Europa (wo die Zahlen übrigens weit höher liegen, als gemeinhin angenommen wird). Er ist jedoch keine Schande, da die afrikanische Tradition eine mündlich überlieferte ist: Die Gedächtnisleistung eines Afrikaners ist überraschend hoch, die Sprachbegabung erstaunlich, Mehrsprachigkeit die Regel.

Freizeit

Die Freizeit nimmt bei Afrikanern einen ganz anderen Stellenwert ein als bei Europäern. Bei der hohen Arbeitsbelastung, durch den Kampf ums Überleben, durch die reichlich anfallenden Arbeiten innerhalb der Großfamilie und auch durch den Wunsch, für das Alter vorzusorgen und sich etwa ein Haus zu bauen, Land zu bewirtschaften oder eine andere einträgliche Nebenbeschäftigung zu betreiben, bleibt wenig Zeit für den Bereich, der in Europa so wichtig geworden ist. Dazu kommen die Unbilden des technisierten Zeitalters, die wenig Zeit lassen für das Zusammensitzen der Familie am Abend ohne technische Unterhalter, fürs Erzählen, für Gespräche überhaupt.

Das Statussymbol **Fernsehapparat** nimmt einen breiten Platz der Zeit ein, die der Familie übrigbleibt. In Kamerun gibt es ein zweisprachiges Fernsehprogramm von mittwochs bis sonntags, beginnend um 18 Uhr bis spät in die Nacht. Sonntags und oft samstags fängt das Programm schon mittags an. Zu besonderen Anlässen vornehmlich sportlicher Art wird auch an den anderen Tagen gesendet. In den Küstenregionen ist es möglich, das spanischsprachige Fernsehen von Äquatorialguinea zu empfangen, das täglich abends sendet; allerdings wiederholt sich das Programm sehr häufig.

Das **Radio** ist als Informationsquelle nicht wegzudenken aus dem Leben der Kameruner, ist jedoch kein wesentlicher Faktor zur Freizeitgestaltung. Es läuft so nebenher, ist immer dabei, meist auch bei der Arbeit, und wichtig für die alle betreffenden Nachrichten über besondere Vorkommnisse im Land, über kurzfristig angesetzte Feiertage oder Ereignisse, als Nachrichtenvermittlung wichtiger familiärer Ereignisse (Aufrufe zur Familienversammlung, Todesfälle, Geburten, Hochzeiten etc.). Zudem bringt es Musik zu jeder Stunde. Und da die Musik im Leben der Menschen eine wichtige Rolle spielt, hat fast jeder ein Radio. Und Batterien gibt es immer und überall.

In Verbindung mit **Musik** darf eines nicht vergessen werden: Die Kameruner wie alle Afrikaner **tanzen** für ihr Leben gern, sei's als Folklore, in der Disko, aber ebenso, und dann sehr ernsthaft, im rituellen Bereich. Der Drang zur Bewegung nach der Musik steckt in den Menschen. Kaum können die Kinder laufen, beginnen sie zu tanzen.
Tanz ist gerade auch bei traditionellen Festen eine Aufforderung zur **Kommunikation** untereinander. Ein Fremder wird, tanzt er mit, doppelt so schnell integriert in das rituelle Geschehen. Es ist zudem erstaunlich zu sehen, wie körperlich frei sich die Menschen beim Tanz bewegen. Sind die moralischen Vorschriften einerseits noch so streng - im Tanz leben sich die Menschen aus. (Dieses Phänomen ist übrigens in der Sozialpsychologie schon vielfach untersucht worden). Und geht es einmal sehr handfest und sichtbar sexuell ausgerichtet zu, bekommen die Tänzer besonderen Beifall!

Ansonsten spielt noch der **Sport** eine Rolle, vor allem der Fußball. Und jeder europäische Fußballfreund weiß, daß die kamerunische Nationalmannschaft

Tanzende Kinder

auch weltweit mitreden kann, erst recht seit ihren jüngsten Erfolgen während der Weltmeisterschaft in Italien 1990!

Alles andere, was gemeinhin als "**Hobby**" bezeichnet wird, ist Nebensache; d.h. wird eine Aktivität (basteln, nähen, sticken, schreinern etc.) betrieben, dient sie zugleich als Nebenerwerb, wird also vermarktet, um zusätzlich wenigstens etwas einzubringen. Bleibt dann noch ein Rest an Zeit, obsiegt meist die Erschöpfung. Man bedenke bei allem auch die körperliche Belastung durch die Hitze, die jeden Arbeitsaufwand einiges mehr an Energie kosten läßt als in Europa.

Beispiel: Eine Gruppe von Touristen wird in einem nicht klimatisierten Bus über eine längere Strecke hin gefahren. Wir gehen von insgesamt 7 Fahrstunden aus, die Leute dösen teilweise vor sich hin, trinken mal einen Schluck aus ihrer Wasserflasche und wollen verständlicherweise schnell am Zielort ankommen. Nach guten drei Stunden legen wir eine Pause ein: An den Chauffeur hatte niemand gedacht. Er muß ununterbrochen wachsam sein, trotz Hitze, Gegenlicht, Gegenverkehr. Und er schwitzt wie die anderen.

3.2.3 WOHNEN

Die Wohnbedingungen sind nicht nur nach dem Sozialstatus, sondern auch je nach dem Leben auf dem Lande oder in der Stadt unterschiedlich.

Wohnungen und Häuser im städtischen Bereich sind nach modernem Muster gebaut: Nicht eigentlich schön, so sind sie doch zweckmäßig angelegt und meist vom Erbauer mit nur einem Minimum an Aufwand hergestellt. Das heißt, daß bei mehrstöckigen Häusern in der Stadt oft schon nach kurzer Zeit Reparaturen nötig sind, um die sich dann nicht immer jemand kümmert. Der Unterhalt für Gebäude - dasselbe gilt für Hotels - ist nicht unbedingt dauerhaft gewährleistet, ein Phänomen, das allgemein bekannt ist und auch Angaben über Hotels und andere Gebäude schnell überholungsbedürftig macht.

In der **Stadt** wohnen die meisten Menschen in kleinen **Mietwohnungen**, oft mit zu vielen Leuten, so daß Wohnstatt, sanitäre Einrichtungen sowie Elektroinstallationen dies nicht dauerhaft aushalten können. Die Folgen sind unschön, jedenfalls nicht ansehnlich. Eine Verbesserung würde sehr viel Geld - staatlicherseits und auch auf dem privaten Sektor - erfordern.

Einige wenige sind privilegiert und können in Villen europäischen Standards wohnen. Aber selbst hier gibt es genügend technische Pannen. Nur sind diese Häuser meist so schön gebaut und haben oft einen so zauberhaften Garten, daß man manches hinnimmt, um dort zu wohnen.

Die Mehrzahl der Stadtbewohner jedoch wohnt am Rande der Städte, in sogenannten "Eingeborenensiedlungen", wo die Menschen sich auf nicht vermessenem Gelände angesiedelt haben. Dies geschieht dann in Form von Bretter- und Blechhäusern, die in keiner Weise legalisiert sind und so auch von heute auf morgen durch Sanierungsmaßnahmen zerstört werden können.

Verstehen muß man jedoch auch die staatlichen Behörden, die durch zu massive Ansammlungen solcher Siedlungen hygienische und politische Probleme fürchten. Jedoch fragt man sich auch, wo die Menschenmengen, die eine große Stadt an Dienstleistungsberufen nötig hat, unterkommen sollen.

In Yaoundé, der Hauptstadt des Landes, ergibt sich durch die ungeheure bauliche Ausweitung der Stadt - sogar ohne die oben genannten Stadtrandsiedlungen - ein handfestes Wasserproblem: 24 bis 48 Stunden in der Woche, je nach Stadtteil (benachrichtigt oder auch nicht), fällt das Wasser aus. Ganze Viertel sitzen im wahrsten Sinne "auf dem Trockenen", was die Stimmung in der Stadt nicht gerade hebt.

Große Gebäude modernster architektonischer Konzeption ragen als Wolkenkratzer in den Himmel - das Terrain, d.h. die Quadratmeter im Stadtinneren fehlen - und haben nicht zu öffnende Fenster: Wehe, wenn die Elektrizität einmal länger ausfällt, d.h. die Klimaanlagen und Aufzüge funktionsunfähig werden. Da fallen die Angestellten wie Fliegen um, die Modernität gerät an ihre Grenzen.

Verläßlicher ist da die **Architektur auf dem Lande** oder in kleinen Städten. Hier gibt es kleine Villen bescheidenen Ausmaßes, die - meist in Bungalowform - auf Durchlüftung ausgerichtet sind und vom Baumaterial weniger aufwendig gestaltet wurden. Auch Mietwohnungen sind vorhanden, allerdings in überschaubarer Form, d.h. mit wenig Etagen und ebenfalls eingerichtet auf die natürlichen Umweltbedingungen. Hier findet sich auch schon einmal ein versteckter Brunnen, wo man bei Wassermangel das notwendige Naß finden kann.

Im Westen und Nordwesten des Landes, da wo der Regenwald wuchert und die Höhe noch nicht das Wachstum der tropischen Pflanzen beeinträchtigt, sieht die architektonische Struktur anders aus. Der Regenwald mit seiner Feuchtigkeit, die zwar Pflanzen schnell und leicht wachsen, aber ebenso Schädlingen wie Termiten und anderen Zutritt läßt, bringt offensichtlich die Menschen dazu, auf ihre Wohnungen recht wenig Wert zu legen. Und dies ist verständlich: Warum sollen sie sich um ihre Wohnungen sorgen, wenn die Feuchtigkeit, wenn Sturm und Gewitter, wenn Termiten sie doch in wenigen Jahren wieder zerstören werden? So manifestiert sich hier eine gewisse Nachlässigkeit in der Bauweise. Hütten und Häuser werden aus Holz errichtet, wichtiger aber ist - verständlicherweise - z.B. der vor dem Haus zementierte Platz zum Trocknen des Kaffees, die Anschaffung eines Vehikels, das den Kaffee zum nächsten Transportplatz, sei's Hafen, sei's Eisenbahn, bringt.

Der Reisende ist oft verblüfft gegenüber solcher "Nachlässigkeit" im Wohnbereich und fragt sich, wie aus solch heruntergekommener Hütte ein sorgsam gekleideter Mann oder eine elegante Dame kommen kann. Die Kleider zum Ausgehen werden überall wie ein Schatz gehütet, vor Ungeziefer bewahrt, oft gewaschen und gebügelt, und der Gegensatz zwischen solch "primitiver" Wohnweise und dem Auftreten der dort lebenden Menschen scheint unbegreiflich.

Bedenkt man jedoch die klimatischen Verhältnisse ebenso wie die Tatsache, daß man ja eigentlich nur zum Schlafen (und in der allerheißesten Jahreszeit schlafen die Menschen oft im Freien, um Luft zu bekommen) die Wohnung betritt - zudem haben die Menschen meist keine wertvollen Gegenstände, die das Verschließen rechtfertigen oder gar notwendig machen würden - wird eher einsichtig, warum auf Wohnkomfort im europäischen Sinne weniger Wert gelegt wird.

Entsprechendes gilt übrigens für **Kleidung**: Warum soll man die Kinder in teure Kleider hüllen, wenn sie doch nur vor dem Haus oder auf dem Marktplatz mit den anderen im Staub spielen? Auch waschen muß einmal am Tag genügen, denn es herrscht oft genug Wassermangel. Gehen sie eines Tages allerdings aus, werden sie fein herausgeputzt, und man meint, die kleinen Dreckspatzen von vorher nicht mehr wiederzuerkennen.

Gepflegte **Architektur im Westen und Nordwesten** des Landes findet man bei den Königshäusern, den Palästen der Fon, die es verstanden haben, traditionelle Materialien wie Bambus, Raffia, Stroh, Gras, Holz und auch Steine zu benutzen, um ihre Paläste und die heiligen Stätten zu erbauen und

Gehöft der Podoko bei Oudjila

auf Dauer zu pflegen. Hier waltet Sorgfalt - und auch immer wieder das Rituelle -, und das merkt man den Gebäuden und natürlich erst recht den Menschen an.

Eingang zum Waza-Nationalpark im Stil der Mousgoum

Architektonisch außerordentlich eindrucksvoll ist **der Extreme Norden des Landes**. Hier wird offenbar, wie mühsam jedes Haus aus Materialien der Natur errichtet worden ist. Betrachtet man die steinigen Hütten in den Mandarabergen, wo die Menschen die Steine von weit her auf die Berge hinaufschleppen, um damit Häuser zum Wohnen und für den Terrassenbau zum mageren Hirseanbau zu errichten, vergleicht man diese mit den Lehmbauten der Mousgoum, die wie Bienenwaben aussehen (eine Bauart, die sehr gut die Hitze abhält, aber endgültig vom Verschwinden bedroht ist), wird verständlich, wieviel Mühe traditionelle Architektur kosten kann.

Kornspeicher der Mafa

Geht man jedoch in einen "**Saré**" im Norden des Landes (in ein **Gehöft**, könnte man sagen), so kommt man aus dem Staunen nicht heraus:

Hier vereint sich **Lehmarchitektur** mit dem Gebrauch von **Bruchsteinen**: Das gesamte Anwesen ist eingemauert mit diesen oft von weit hergeholten großen Steinen, die in der heißen Jahreszeit Wärme speichern, in der kalten jedoch die gespeicherte Wärme abgeben und vor Kälte schützen.

Dazu schützen die Steine gegen die Blicke Neugieriger von außen, lassen jedoch genügend Luft von außen hinein, damit es den Bewohnern nicht zu stickig wird.

Die Häuser sind aus selbst gebrannten, d.h. geformten und dann getrockneten Steinen aus Lehm gebaut. Dies kann nur in der Trockenzeit geschehen und ist eine mühselige Arbeit. Aber die Steine, einmal lang genug in der Sonne getrocknet, halten viele Jahre.

Die Einteilung eines Saré ist schon von der Luftaufnahme her einsehbar: Jede Frau verfügt über einen Schlafraum, eine Küche, zwei Speicher, manchmal über mehr. Der gesamte Komplex ist so konzipiert, daß die Küchentüren oder -öffnungen nach außen hin liegen, damit der Rauch abzieht, im Gegensatz dazu jedoch die Öffnungen der Schlafräume nach innen zeigen, damit für niemanden der Intimbereich der Frauen sichtbar wird.

Architektonisch ist dies raffiniert, vor allem aber zweckmäßig und den Gebräuchen des Landes angemessen. Die Kinder und die anderen Angehörigen leben in einer Art äußerem Gürtel, der den Zugang vor allem von innen nach außen - für die Kinder - nicht behindert.

Vereinzelt gibt es auch noch "Siedlungen" der **Peulh**, Fulbé oder Fulani genannt. Sie sind nach wie vor Nomaden, nicht immer und überall beliebt, obwohl sie in Kamerun im Gegensatz zu westafrikanischen Staaten wie Togo, Côte d'Ivoire, Burkina Faso, Niger, u.a. oft seßhaft geworden sind. Hier in Kamerun haben sie sich niedergelassen und auch manch kriegerische Auseinandersetzung geführt (Man denke an die Kriege gegen die Bamoum, u.a.). Sie haben Königreiche gegründet und sind islamisiert worden, ihr Chef wird **Lamido** genannt.

Aber ursprünglich waren es **Rinder- und Schafhirten**, die den Zorn der Bauern auf sich zogen, weil die Tiere in die Äcker gingen und dort die Frucht fraßen. Aus dieser Zeit stammt eine Bauweise, die den Fulbé geblieben ist: Sie bauen ein einfaches Strohdach, und als "Rundummauer" installieren sie eine oder mehrere ihrer stets bereiten Strohmatten, die sie auch bei großen Streifzügen begleiten. Sie legen sie einfach um einige Pfähle herum, und das Haus ist fertig. So sind sie stets aufbruchbereit, auch wenn sie lange vor Ort bleiben.

All diese Formen - und gewiß noch manche hier nicht erwähnten Varianten - zeichnen den Norden aus.

Aber es gibt auch eine "einfache" **Lehmarchitektur** (traditionelle, d.h. scheinbar "ursprüngliche" Lehmarchitektur ist inzwischen in europäischen Ethnologenkreisen zur Mode geworden), oft kombiniert mit moderner Bauweise in den Städten.

Durchquert man eine Stadt wie Maroua, wird man ganze Viertel dieser Bauart finden: Straßen sind da festgelegt und gezeichnet, Häuser stehen am Rand, Wasser- und Elektroleitungen sind bis vor das Haus gelegt, Seitenstraßen zweigen ab, alle haben einen Mischcharakter von Zement- oder Lehmbauweise.

Hotel am Waza-Nationalpark

Schön sind die traditionellen **Rundhütten**, wie sie im Norden bei den Mafa, Kapsiki, Fulbé, Arab-Chouat und anderen Völkern zu finden sind. Man hat glücklicherweise versucht, diese Rundbauweise bei manchen Hotels anzuwenden (Rhumsiki, Waza, Mokolo, u.a.), was Kunden und Hoteliers stets nur zum Vorteil gereicht.

3.2.3.1 DEUTSCHE ARCHITEKTUR

Ein spezielles Kapitel im Bereich Wohnen oder Architektur sollte dem gelten, was aus der deutschen Kolonialzeit übrig geblieben ist. Dabei geht es hier nicht darum, deutsche Spuren der Vergangenheit aufzustöbern (vgl. Kap. 2.1.4), doch sollte man denken, daß ein gewisses historisches Interesse besteht, traditionelle Denkmäler aus deutscher Zeit nicht verfallen zu lassen, sondern sie zu erhalten.

Haus aus deutscher Zeit in Buéa

Der Friedhof von Buéa, das Puttkamer-Schlößchen, die Schule, der Bismarckbrunnen, das alte Sekretariat mit noch funktionierender Turmuhr (vgl. Kap. 4.1.2); alte Häuser aus deutscher Zeit von Buéa über Limbé bis hin nach Tiko; die deutsche Kapelle, die 1894 auf dem Engelsberg gebaut wurde; der Friedhof in Douala; die Kirche von Kribi aus deutscher Zeit; die deutschen Reste in Bamenda (deutsche Festung, Krankenhaus, Friedhof etc.); all diese Bauten sind eine Besichtigung wert, manche bedürfen allerdings dringend der Renovierung.

Buchtip:

Wolfgang Lauber: Deutsche Architektur in Kamerun 1884 - 1914. Stuttgart 1988.

3.2.4 ESSEN UND TRINKEN

Es gibt in Kamerun genug zu essen und trinken. Es gibt Musik, Tanz und zufriedene Menschen. Und so banal dieser Satz auch klingen mag, so ist er doch keineswegs selbstverständlich in der heutigen Zeit: Eine ausbrechende Wirtschaftskrise könnte diesem Land weniger als anderen anhaben, denn die Kameruner könnten essen und trinken.

Ihre **Politik der Selbstversorgung** klappt bis auf wenige Dinge, auf die sie verzichten können (frz. Wein, frz. Butter).

Über die vorhandenen Nahrungsmittel wurde schon gesprochen, allerdings sieht der Speiseplan bei den Menschen auf dem Lande oft nicht gerade üppig aus. Morgens wird meist eine Mehlsuppe aus Hirse o.ä. getrunken, nur manche können sich Brot (Weißbrot nach französischem Muster, jedoch in Kamerun hergestellt) und Kaffee leisten. Zwischendurch gibt es Erdnüsse, "galettes" (das sind kleine, in Fett ausgebackene Maiskuchen, auch einmal Hirsefladen), ausgebackene Kugeln aus zerriebenen Bohnenblättern, in Honig kandierte Hirsekörner, ein wenig Obst, ein hartes Ei, kurz Kleinigkeiten, die eine Zeitlang den Magen füllen.

Im allgemeinen wird nur einmal am Tag richtig gegessen. Die Zubereitung einer afrikanischen Mahlzeit nimmt viel Zeit in Anspruch, die Zutaten werden lange gekocht, denn die afrikanische Küche ist keine Blitzküche. Meist gibt es - je nach Gegend - eines der Grundnahrungsmittel (Reis, Hirse, Maniok, Taro, Makabo, Kochbananen, Yamwurzeln u.a.), das dann mit einer Gemüsesoße gegessen wird.
Häufig gibt es auch Erdnußsoße. Die meisten Gemüsesoßen sind in Europa nicht nachkochbar, denn die Zutaten fehlen. Es gibt auch so viele Sorten von Blättern, so daß man als Fremder die Ein- und Übersicht verliert.

Kochende Frau

Die kamerunische Küche, wenn man es sich finanziell leisten kann, ist reich an gebratenem Fisch, Meeresfrüchten oder Fleisch, oft auf dem Holzkohlengrill zubereitet, was bekanntlich ein besonders schmackhaftes Aroma gibt.

Auch einige Gemüse oder Kochbananen werden so zubereitet, selbst Kochstellen für Topfgerichte werden auf dem Lande oft mit Holzfeuer betrieben. Dazu kommen dann die schmackhaften Soßen, die ihr Geheimnis stets in den Gewürzen haben, und eine gute Hausfrau verrät nicht unbedingt die Raffinessen ihrer Küche. Selbst beim Reiskochen werden Gewürze zugesetzt, so daß man den Reis dann auch ohne Beilagen essen kann und ihn als äußerst schmackhaft empfindet.

Eier gibt es sozusagen immer und in jedem Landstrich. Eine nahrhafte Besonderheit des Nordens sind die kleinen Perlhuhneier, die besonders aromatisch im Geschmack sind.

Grundsätzlich gibt es an Fisch beide Sorten: Meeres- oder Flußfische. Der berühmteste ist der "Capitaine", der in beiden Gewässerarten vorkommt, aber auch kleinere Fische mit mehr oder weniger Gräten - im Norden freilich vornehmlich getrocknet wegen der Haltbarkeit in der großen Hitze. Hier gibt es frische Flußfische nur in der Regenzeit. Aber die Fische aus dem Tschadsee und aus dem Logone sind berühmt und das ganze Jahr über zu haben.

Hummer und Krabben gibt es in Meeresnähe. Dafür findet man am Meer oft kaum Fleisch - kein Wunder!

An Fleisch gibt es im Inland natürlich Steaks vom Zebu, vom Rind, meistens außerordentlich schmackhaft, manchmal etwas härter als der europäische Gaumen es gewöhnt ist. Zudem hervorragendes Schaffleisch. Mancher, der vor Hammelfleich zurückschreckte, begann in Kamerun, dies als Delikatesse zu empfinden, da es nicht riecht und im allgemeinen sehr zart und nicht fettig ist.

Auch Hasen und Karnickel sind zart, Ziege dagegen ist ein wenig härter, aber auch hier kommt es auf die Zubereitungsart an. Huhn und Perlhuhn haben ihren festen Platz im Speiseplan, sie sind fast überall zu haben. Das Fleisch ist wesentlich aromatischer als in Europa, da die Hühner alle frei herumlaufen, wenn sie auch manchmal etwas härter im Fleisch sind: "Fahrradhühner" nennt man sie dann, sie haben so viel gestrampelt und dementsprechend stramme Keulen ...

Eine besondere Delikatesse - und deshalb und wegen der strengen Jagdgesetze auch nicht immer und überall zu haben - ist Antilopen- und Gazellenfleisch, auf vielfältige Art zubereitet, manchmal eine Buschratte, die aber keine echte Ratte ist, sondern eher nach Wildschwein schmeckt, selten auch Affe, Schlange, Krokodil oder Büffel.

Das Hauptgericht im Süden des Landes und im Westen ist das **N'Dolé**, das oft als das kamerunische Nationalgericht schlechthin bezeichnet wird, im Norden das **Folléré**, dem N'Dolé ähnlich, jedoch mit anderen Blättern, weiterhin im Westen das **N'Domba**.

Jede Köchin hat kleine Varianten bezüglich der Zubereitungsart dieser Gerichte auf Lager, so daß ein N'Dolé kaum einem anderen gleicht. Die hier gemachten Angaben sind somit lediglich als Grundrezepte zu verstehen.

Man kann versuchen, das N'Dolé, das seinen Namen nach den Gemüseblättern hat, die die Hauptzutat bilden, in Europa jedoch nicht erhältlich sind, mit Spinatblättern nachzukochen.
Das Besondere an den Blättern des N'Dolé ist ihre Bitterkeit, die man erst nach mehrfachem Aufkochen in jeweils frischem Wasser beseitigen muß. Jede Hausfrau hat ihre speziellen Kniffe und Gewürze zum Zubereiten dieses Gerichts.

N'Dolé

Zutaten *(ohne Mengenangaben, da die Kombination je nach Haushalt und dem, was verfügbar ist, variiert):*
N'Dolé (ersatzweise frischer Spinat)
etwas Ingwer, Salz, Brühwürfel, Pfeffer (am besten Cayennepfeffer)
Öl
Zwiebeln
Erdnußpaste (ersatzweise Erdnußbutter, dann weniger Öl)
Krabben oder Krebsfleisch
Fisch, am besten getrocknet
oder statt Fisch und Krabben: Rindfleisch in Würfeln.

Zu Festessen werden auch Fisch und Fleisch in derselben Soße serviert.

Zubereitung:
Die Blätter fein schneiden und etwa 30 Min. kochen, abtropfen lassen, noch mehrmals mit Wasser abspülen. Durch ein grobes Sieb streichen, bis eine pastenähnliche Konsistenz entsteht. Beiseite stellen.
Die fein geschnittenen Zwiebeln in Öl anrösten. Die in Wasser aufgelöste Erdnußpaste und die Krabben, den Fisch und die Gewürze hinzugeben. Das Ganze etwa 20-30 Min. köcheln lassen. Kommt Fleisch hinzu, muß es so lange gekocht werden, bis es weich ist (etwa 1-2 Std.). Erst etwa 20-30 Min. vor Beendigung der Kochzeit die Blätter wieder hinzugeben.

Heiß servieren. Als Beilage Kochbananen, Makabo, ersatzweise Salzkartoffeln reichen.

Folléré wird ähnlich zubereitet, allerdings sind die Blätter, also die Grundkonsistenz an Gemüse, von einer anderen Sorte.

N'Domba bezeichnet eigentlich eher eine Zubereitungsart als ein vollständiges Gericht: Es gilt, Fisch oder Fleisch mit entsprechenden Gewürzen (die leider in Europa auch nicht zu haben sind) fest in große Blätter (Bananen- oder andere Blätter nicht-giftiger Pflanzen) einzuwickeln und im Dampf zu garen. Das entspricht etwa dem europäischen Garvorgang in Alufolie, nur daß beim N'Domba das Aroma der Blätter hinzukommt und die Zutaten in den Blättern nicht luftdicht abgeschlossen sind.

Ein weiteres Gericht, das man jedoch nicht nur in Kamerun, sondern in ganz Westafrika findet, ist das "poulet aux arachides", das **Huhn in Erdnußsoße.** Auch hier wird wieder nur das Grundrezept beschrieben.

Huhn in Erdnußsoße

Zutaten:
1 Hähnchen oder Hähnchenstücke
mehrere Zwiebeln
mehrere Tomaten
Saft einer halben Zitrone,
Öl
Erdnußpaste (ersatzweise Erdnußbutter)
nach Geschmack etwas Ingwer, Cayennepfeffer, Salz und Brühwürfel

Zubereitung:
In einem Topf Wasser, den Zitronensaft, eine im Mörser zerstampfte Zwiebel (oder sehr fein gehackt) und die Hüherstücke aufkochen lassen, etwa 45 Min. weiterköcheln lassen. Während dieser Zeit die geschälten Tomaten pürieren, Cayennepfeffer, wenn erwünscht, hinzugeben. Nach der Kochzeit der Hühnerstücke diese herausnehmen, und in heißem Öl und Zwiebeln rundum kräftig anbraten. Tomaten, Erdnußpaste und Wasser hinzufügen und zugedeckt etwa 20 Min. köcheln lassen; dabei aufpassen, daß das Fleisch nicht am Topfboden ansetzt

Heiß servieren, als Beilage Reis oder Kochbananen.

Geht man in ein afrikanisches Restaurant zum Essen, werden in den großen Restaurants Gerichte der internationalen, oft auch der afrikanischen Küche angeboten. In kleinen Restaurants findet man (außer dem ewigen Steak) vor allem afrikanische Gerichte, je nach Vorräten und Jahreszeit.
Deshalb gibt es oft keine Speisekarte, sondern meist eine Tafel, auf der man das oder die Tagesgerichte lesen kann, oder man fragt einfach den Koch oder die Köchin. Selbst in den internationalen Hotels legt man auf eine künstlerische Gestaltung der Speisekarte keinen großen Wert, da die vorhandenen Zutaten und somit auch die Gerichte oft der momentanen Versorgungslage angepaßt werden müssen.
Trinken kann man Mineralwasser, Coca, Fanta, Tonic, Fruchtsäfte, Weine aus Frankreich und jede Menge Biersorten, die in Kamerun gebraut werden.

Ein Beispiel für Werbung und die metaphorische Ausdrucksweise der Afrikaner:
Es gibt ein Bier namens Beaufort, das bisher nur in großen Flaschen abgefüllt und verkauft wurde. Da kleine Flaschen bei anderen Fabrikaten große Verkaufserfolge erzielten, füllt Beaufort seit März 1990 auch kleine Flaschen ab. Die Werbung geschah in Form einer Anzeige, als Plakat oder als Stoffbanderole quer über viele Straßen gespannt:
Beaufort ist glücklich, Ihnen die Geburt des kleinen Beaufort anzuzeigen!

3.2.5 MEDIZINISCHE VERSORGUNG

Es gibt in Kamerun eine staatliche medizinische Versorgung für Angestellte, die von der gleichen Stelle wie die Rentenversorgung organisiert und finanziert wird. In diesem Bereich sind auch die selbständigen Bauern nicht benachteiligt: Die Behandlung in den staatlichen Krankenhäusern einschließlich aller Medikamente ist kostenlos, bezahlt werden muß nur in den Privatkliniken. Freilich sind die Hospitäler oft überfüllt. Es fehlt an Medikamenten und Ärzten. Aber der Staat versucht, diesem Mißstand beizukommen.

Ein dunkles Kapitel ist allerdings der "freie" Verkauf von Medikamenten, vor allem von Antibiotika, auf den Märkten. Da gibt es große Plastiktüten, in denen Kapseln verschiedener Farben abgepackt sind. Plagt die Menschen ein Übel, gehen sie leider zu oft an solche Verkaufsstellen - denn es handelt sich hier keineswegs um die traditionellen Ärzte oder Apotheker! - und suchen sich je nach Zahlungsfähigkeit die Anzahl der Kapseln nach Größe und Farbe aus. So wird viel Mißbrauch getrieben, dem der Staat nur schwer Einhalt gebieten kann. Die gesundheitlichen Schäden sind kaum übersehbar.

Ernst zu nehmen sind jedoch die **traditionellen Ärzte und Apotheker**, die oft hervorragende Homöopathen und Pflanzenkundler sind. An sie kann man

Traditionelle Apotheke in Kamerun

sich immer wenden. Fehlen auf dem Lande die Diagnosemöglichkeiten für schwierige Fälle (z.B. Krankheiten der inneren Medizin und im Bauch- und Darmbereich), ist man bei ihnen bestens aufgehoben.

Sie gehen oft selbst in die Natur hinaus, zu bestimmten Zeiten und an bestimmte Orte, die nur ihnen allein bekannt sind, und suchen sich ihre Produkte, die sie dann eigenhändig bis zum fertigen Medikament weiterverarbeiten.

Sie sind zudem gute **Psychologen** und wissen auch **psychosomatische Störungen** geschickt zu behandeln. Hinzu kommt ihre Fähigkeit, aus bestimmten Essenzen, eingewickelt in einen winzigen Lederbeutel o.ä., eine Art Medikament zu bereiten, das dem Betroffenen Schutz gibt, indem er es einfach bei sich trägt - Schutz gegen Verleumdung, Betrug, Giftmischerei, üble Nachrede, eine verschmähte Liebe etc.. Die meisten Europäer belächeln solches Verfahren, es ist jedoch erstaunlich, welche Erfolge damit erzielt werden.

Grundsätzlich wird der Nervenkranke im traditionellen Bereich nicht in eine "Irrenanstalt" gebracht, denn die gibt es nicht, weil man sie nicht braucht (in manchen Großstädten jedoch werden auch solche Kliniken aufgrund der Vereinzelung der Menschen und der daraus folgenden Störungen nötig). Der Kranke bleibt vielmehr in seinem familiären Umkreis, dem der Großfamilie, und wird hier versorgt und traditionell behandelt. Es ist dabei erstaunlich zu sehen, mit welcher Geschicklichkeit die Familienmitglieder mit dem Kranken umgehen: Er wird vorsichtig beiseite geführt oder beruhigt, er wird nicht abgeschoben oder verlacht. Der Mensch wird hier also ganzheitlich behandelt, was fast immer zum Erfolg führt.

Natürlich gibt es hier wie überall auch "Scharlatane", Betrüger, die sich Kenntnisse anmaßen, die sie nicht haben. Aber so etwas spricht sich schnell herum, und sie bleiben dann ohne Kunden.

In Wirklichkeit ist die Palette der Heiler jedoch noch viel breiter. Da gibt es welche, die der ursprünglich senegalesischen Tradition zufolge "**Marabout**" (das Wort hat nichts mit dem gleichnamigen Vogel zu tun!) genannt werden. Sie sind zwar oft auch Homöopathen, erreichen jedoch das Behandlungsziel für ihre Patienten einzig durch das moslemische Gebet. Hier handelt es sich dann auch nicht nur um physisch Kranke, sondern um Menschen mit Problemen, die eine Lösung suchen. Sie können sie bei einem ernst zu nehmenden Marabout finden. Er hat seherische Kräfte, ähnlich wie etwa ein "**Krabbenzauberer**" in Nordkamerun (vgl. Rhumsiki), und er teilt dem Kunden mit, was möglich oder unmöglich ist.

Ein ernst zu nehmender Seher oder Heiler arbeitet - wie ein afrikanischer Schriftsteller einmal sagte - "tagsüber und vor dem Haus", d.h. sichtbar für alle. Die mit den dunklen Mächten Verbundenen arbeiten "nachts und hinter dem Haus."

Es ist zu unterscheiden zwischen den Sehern und Heilern, den "Fétischeuren", den "Zauberern" und "Hexern". Hier herrscht reichlich Begriffsverwirrung, auch durch die Übersetzungen von den afrikanischen Sprachen ins Französische, Englische oder Deutsche. Einen ernsthaften Menschen erkennt man daran, daß er nicht von vornherein Geld haben will, sondern erst einmal den Erfolg seiner Arbeit abwartet; und es mag unwahrscheinlich klingen, aber die Erfahrung gibt diesen Menschen und ihren Therapien oft recht. Und bemerkenswerterweise hat dies nichts mit Aberglauben zu tun.

Daneben gibt es freilich auch die Giftmischer, die ihren Kunden "helfen", indem sie ein bestimmtes Gift produzieren, das einer feindlichen Person, an der man sich rächen will, ins Essen gemischt wird. So ergeben sich scheinbar gesundheitliche Probleme für diese, die unmerklich auftreten und deren Ursprung medizinisch nicht diagnostizierbar ist, auch wenn die "Krankheitssymptome" eindeutig zu sein scheinen. Die "Kranken" sprechen auf Medikamente der modernen Medizin nicht an. Nur der Giftmischer selbst kennt das Gegengift, das den Betroffenen letztlich vor dem Tode bewahren kann.

Dieser Komplex ist vielschichtig und nicht immer erfreulich, dennoch spielt er in der schwarzafrikanischen Wirklichkeit eine Rolle und soll deshalb nicht unerwähnt bleiben, zumal der Segen der traditionellen Medizin überwiegt. Man beginnt in Europa ganz langsam, sich mit diesen Dingen zu beschäftigen und sie nicht nur als Zauberei von "unzivilisierten" Menschen abzutun.

Lufthansa

FLUGINFORMATION

KAMERUN

Spätestens mit diesem Reisehandbuch ist Kamerun nicht fast ausschließlich ein Land, in das Geschäftsleute sowie einige Afrika - Verliebte reisen. Und Sie sollten wissen, daß Sie mit Lufthansa als der einzigen Airline non-stop in dieses so farbig - abwechslungsreiche Land reisen können. Was Sie in Kamerun erwartet, sagt Ihnen dieses Buch. Was Sie von Lufthansa erwarten können, wenn Sie nach Kamerun reisen, verraten Ihnen die folgenden Informationen. Doch vorweg die Meinung des Verlags: Nichts ist besser als eine nonstop - Verbindung. Der weltweit anerkannte technische Standard der Lufthansa sowie der Einsatz modernsten Fluggeräts garantieren eine sichere Anreise.

Lufthansa - Flüge nach und von Kamerun

Vom 28.10.90 bis 30.03.91 fliegt Lufthansa dienstags und samstags (jeweils vormittags) von Frankfurt nach Douala, in umgekehrter Richtung fliegt sie mittwochs und sonntags frühmorgens, kurz nach Mitternacht. Die Flugzeit beträgt etwa 6 ½ Stunden.

Lufthansa - Vertretung in Kamerun

Lufthansa läßt Sie auch nach Ihrer Landung nicht allein. Gerne ist Ihnen unser Stadtbüro in Douala behilflich:
Lufthansa, Douala, Boulevard de la Liberté 82, Résidence Kassap B. P. 5781, Telefon 426262, 427020 und 420945.
Flughafenbüro: Tel. 420945

Flugpreise:

1. Holiday - Tarife in der Tourist - Klasse (Hin- und Rückflug)			
Flug ab	**Frankfurt**	**Düsseldorf Friedrichshafen Köln/Bonn München Nürnberg Saarbrücken Stuttgart**	**Bayreuth Berlin Bremen Dresden Hamburg Hannover Hof Leipzig Münster/Osna-brück Paderborn**
01.11.90 - 30.11.90 01.02.91 - 31.05.91	2 344 DM	2 474 DM	2 504 DM
01.12.90 - 31.01.91	2 665 DM	2 795 DM	2 825 DM

Tarife in der Business Class (Hin- und Rückflug)
Flug ab **Frankfurt:** 4 943 DM

Tarife in der First Class (Hin- und Rückflug)
Flug ab **Frankfurt:** 6 745 DM

Taxi
Vom Flughafen Douala bis zur Stadtmitte sind es nur 10 km. Eine Taxifahrt nimmt etwa 20 Minuten in Anspruch. Fahrtkosten: CFA 1500, nach 22 Uhr CFA 2000.

Zollvorschriften
Es dürfen 200 Zigaretten oder 50 Zigarren bzw. eine entsprechende Menge Tabak zollfrei eingeführt werden. Ebenso ist eine Flasche Alkoholika sowie Parfüm zum persönlichen Gebrauch gestattet.

Währung und Devisenbestimmungen
Die kamerunische Nationalwährung ist der CFA Franc. Ein- und Ausfuhr der einheimischen Währung ist bis zu 20000 CFA Franc gestattet. Fremdwährung darf unbeschränkt eingeführt werden, sollte aber bei der Einreise deklariert werden, damit es bei der Ausfuhr keine Probleme gibt.

Auskünfte und Hotelreservierungen
Délégation Provinciale du Tourisme pour le Littoral, B. P. 1310 Douala, Tel. 421422.

Mit dem Airbus nach Kamerun

Lufthansa fliegt mit dem Airbus A 310 nonstop nach Kamerun. In den Monaten mit erhöhter Nachfrage wird der Airbus A 300 - 600 eingesetzt. Dem Passagier stehen alle drei Flugklassen zur Verfügung: First, Business und Tourist Class. Vor Ihrem Flug können Sie sich - je nach Verfügbarkeit - Ihren Lieblingssitz reservieren lassen. Wählen Sie:

Technische Daten Airbus A 310 - 300		
Spannweite: 43,90 m **Länge:** 46,67 m **Höhe:** 15,81 m	**Geschwindigkeit:** 860 km/h **Reichweite:** 5 500 km - 7 500 km	**Sitze:** **First:** 16 **Business:** 52 **Tourist:** 96

Technische Daten Airbus A 300 - 600 (wird nur in Monaten mit erhöhter Nachfrage eingesetzt)		
Spannweite: 44,84 m **Länge:** 54,08 m **Höhe:** 16,53 m	**Geschwindigkeit:** 860 km/h **Reichweite:** 3 900 km - 6 300 km	**Sitze:** **First:** 18 **Business:** 63 **Tourist:** 126

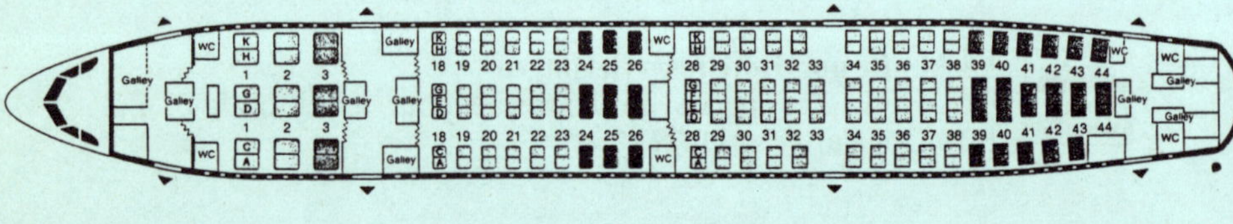

4 REISEN IN KAMERUN

Anreise

Die Anreise nach Kamerun von Europa aus erfolgt in den meisten Fällen über die Hafenstadt Douala. Man kann inzwischen auch schon in Garoua aussteigen, und in einiger Zeit werden auch die Flughäfen der Hauptstadt Yaoundé und Maroua im Norden (auch wegen der Nähe zu den nördlich angrenzenden Ländern Nigeria und Tschad) so erweitert sein, daß große Maschinen dort landen können. Dann wird sich der internationale Flugverkehr dezentralisieren.

Der Flugverkehr von und nach Europa wird fast ausschließlich mit "Jumbos", der Boeing 747, versorgt, die ab Frankfurt (Lufthansa) oder ab Paris bis Douala gute 6 Stunden brauchen (bis Garoua 1 Stunde kürzer). Die Flughöhe liegt bei etwa 10.000 m, die Fluggeschwindigkeit etwas über 900 km/h. Manche der Maschinen werden als "Combi" benutzt, so daß nicht alle Sitzplätze zur Verfügung stehen, sondern Fracht zugeladen werden kann.

Haben Sie das Flugzeug verlassen, können Sie per Eisenbahn, Auto, Buschtaxi, Linienbus oder mit dem Flugzeug weiterreisen.

Leider ist die Vorstellung, innerafrikanische Flüge oder Inlandflüge in den einzelnen afrikanischen Ländern seien so billig, inzwischen ein Märchen. Billiger als in Europa sind sie jedoch immer noch, und man kann sich auch von der technischen Wartung her auf Cameroon Airlines verlassen.

Die verschiedenen Ausgangspunkte, von denen in diesem Buch gesprochen wird, schließen den Osten und vor allem den Südosten des Landes fast ganz aus: Diese Gebiete sind straßenmäßig und auch von der wirtschaftlichen Infrastruktur her so wenig erschlossen, daß ein Besuch dort technisch kaum möglich ist. Auch bietet - abgesehen vom Zoologischen und Botanischen - diese Gegend touristisch nicht viel. Für Naturkundler müßte man eine Reise mit Expeditionscharakter unter sehr harten Bedingungen organisieren, aber es ist fraglich, wie und ob man überhaupt durch den dichten Regenwald kommt.

Fragt man einen Kameruner nach dem Weg, so richtet er sich selten nach Straßen, sondern orientiert sich nach Gebäuden oder Versammlungspunkten. Will man z.B. zu einem bestimmten Privathaus, gibt man dem Taxifahrer das nächstgelegene Hotel oder ähnliches an und leitet ihn von dort aus weiter.
So werden Ihnen auch Kameruner ihre Wohnung beschreiben, wenn Sie dort einmal eingeladen werden. Geben Sie stattdessen einen Straßennamen und eine Hausnummer an, wird man Sie nicht verstehen. Die meisten Häuser haben keine Nummern, viele Straßen keine Namen, auch wenn sie theoretisch auf dem Papier vorhanden sind. Das hat mit der Entstehung der Ortschaften und dem schnellen Wachstum der Städte zu tun, zudem mit der Tatsache, daß viele Afrikaner früher nicht des Lesens kundig waren.

Da es auch keine Postzustellung nach Hause gibt, sondern nur Postschließfächer, ist kein Grund gegeben, Namen und Nummern zu verteilen, was nicht zuletzt ja auch ein enormer Kostenfaktor ist. Elektrizität und Wasser werden nach den Zählernummern abgerechnet, die auf Plänen eingezeichnet sind. Auch deshalb gibt es da immer wieder Irrtümer.
Sie werden außerdem feststellen, daß die großen Städte (ausgenommen Foumban und Maroua) im Vergleich zu kleineren Ortschaften, Dörfern oder Landstrichen touristisch wenig zu bieten haben. Dies hat mit der städtischen Entwicklung zu tun, die einerseits geprägt ist durch die Landflucht, zum anderen durch die rasche, anonyme, industrielle und technische Entwicklung. Die Landflucht bewirkt, daß die autochthonen Traditionen verloren gehen. Die Menschen sind nicht mehr eingebettet in Familie und in ihre angestammte Ethik. Sie verlieren die Orientierung, das, was man Lebensmitte nennt. Die Industrialisierung führt zur Anonymität und hat dann den gleichen Effekt.

In Orten wie Douala oder Yaoundé können Sie Leben europäischen Standards "genießen", nicht jedoch Afrika oder Kamerun im eigentlichen Sinne: Sie werden das gleiche essen wie in Europa, Sie schlafen in Hotels internationaler Klasse, Sie gehen ins Kino, in die Disko vielleicht, aber alles ist geprägt von europäischem oder amerikanisiertem Charakter. So liegt der Akzent der Beschreibungen nicht auf dem städtischen Aspekt dieses Landes. Wichtig ist vor allem die Begegnung mit den Menschen und ihrer Kultur, das heißt in Afrika auch zugleich mit der sie umgebenden Natur. Denn der Mensch lebt nach wie vor mit ihr und nicht gegen sie. Er achtet auf sie und ihre Erscheinungsformen und mißachtet sie keinesfalls.

Einzel- oder Gruppenreisen

Reisen Sie allein, müssen Sie schon mehr als ausreichende Ortskenntnis haben, um sich zurechtzufinden. Sie sind als Alleinreisende/r nicht "rabattfähig", d.h. die Reise wird wesentlich teurer (Hotelunterbringung, Fortbewegungsmöglichkeiten gerade in etwas abgelegene Gebiete). Sie sollten sich unbedingt vorher Gedanken machen, mit welchem Verkehrsmittel Sie welche Strecke bereisen. Es sind nicht immer genügend Mietautos vorhanden. Auch die Übernachtungsfrage muß geklärt werden: Wollen Sie täglich ein Hotel? Wollen Sie unbedingt campen? Welche Art von Herberge akzeptieren Sie, wenn Sie nicht in großen Hotels absteigen möchten? Der Idealzustand sind Minigruppen, die vor der Reise schon miteinander Kontakt aufnehmen. Hier kann man gemeinsam vieles unternehmen, sich auch einmal individuell absetzen, und kann trotzdem - hat man einen erfahrenen Reiseleiter - von dessen Wissen profitieren.

Reiserouten

Sie werden bei der Beschreibung der Reiserouten oder Sternfahrten von einem Ort aus sogenannte "klassische" Fahrten finden. Es sollen neben der

Beschreibung dieser Strecken und Orte jedoch auch Besonderheiten aufgeführt werden, die dem Durchschnittstouristen meist nicht zugänglich sind. Hier werden jeweils Hinweise gegeben, auf die Sie besonders achten müssen, oder wie Sie die Vorbereitung im speziellen Fall vornehmen müssen.

Es gibt in Kamerun vielfache Möglichkeiten, Rundreisen kürzerer oder längerer Dauer zu machen, aber es ist empfehlenswert, "Sternfahrten" zu unternehmen, d.h. von einem Ort aus die nähere und weitere Umgebung zu erkunden. Das hängt mit der Planung des Straßennetzes zusammen. Die Straßen führen jeweils auf einen Ort hin bzw. von ihm weg. Zwischendurch - legt man es auf Rundreisen im eigentlichen Sinn an - gibt es oft schlechte Straßen oder gar unpassierbare Pisten, so daß Sie umkehren müssen und viel Zeit verlieren.

Die Hauptausgangspunkte für die Besichtigung im Landesinneren sind vor allem **Douala, Bafoussam** und **Maroua**, weniger zentral und günstig gelegen auch noch **Garoua** und **Ngaoundéré**.

Es werden zwei Rundreise-Routen für Kamerun beschrieben, deren Teile als "Bausteine" zu verstehen sind: Sie können ausgetauscht und die Reihenfolge geändert werden. Wenn nicht anders vermerkt, wird der Landweg benutzt. Planen Sie großzügig, da aufgrund von Straßenzustand, Fahrzeugpannen, Wetter etc. eine Programmänderung sehr gut möglich werden kann.

Vorschlag: 14 Tage Kamerun-Rundreise

1.Tag: Ankunft in Douala. Da die meisten Maschinen abends landen, ist ein Weiterkommen am selben Tag kaum möglich. Selbst wenn Sie mit einer Morgenmaschine ankommen, sollten Sie sich aus klimatischen Gründen diesen ersten Tag über in Douala aufhalten.

2. Tag: Douala - Nkongsamba - Bandjoun - Bana - Bafoussam
3. Tag: Bafoussam - Bamenda - Bafut - Bafoussam
4. Tag: Bafoussam - Foumban - Bafoussam
5. Tag: Bafoussam - Yaoundé
6. Tag: Yaoundé - Maroua (Flugzeug)

Vom 7. Tag an sollten die Reisen im Norden nach den Markttagen ausgerichtet werden (vgl. Kap. 4.5.4). Es ist bei einer 14tägigen Tour nicht möglich, alle großen und wichtigen Märkte im Norden zu sehen; eine Auswahl muß getroffen werden.

7. Tag: Maroua - Oudjila - Waza
8. Tag: Waza Nationalpark
9. Tag: Waza - Maroua (evtl. über Maga - Pouss)
10. Tag: Maroua
11. Tag: Maroua - Mokolo - Rhumsiki

12. Tag: Rhumsiki
13. Tag: Rhumsiki - Maroua - Douala (Flugzeug)
14. Tag: Rückflug von Douala aus nach Europa
(evtl. 15. Tag, je nach Flugplan: Ausflug nach Limbé/Buéa)

Anmerkungen:

5. - 6. Tag: Der "Sprung" in den Norden kann auch über Douala gemacht werden, da ein so kurzer Besuch in Yaoundé nur für speziell an der Hauptstadt interessierte Reisende lohnt. Die Wegstrecke Bafoussam - Douala per Auto ist vielseitiger als Bafoussam - Yaoundé.

10. Tag: Besichtigung von Maroua, wenn möglich, auf einen Montag legen.

Vorschlag: 3 Wochen Kamerun-Rundreise

1. Tag: Ankunft in Douala, Weiterfahrt nach Limbé zum Akklimatisieren
2. Tag: Limbé und Umgebung
3. Tag: Limbé und Umgebung
4. Tag: Limbé - Nkongsamba - Bandjoun - Bana - Bafoussam
5. Tag: Bafoussam - Foumban - Bafoussam
6. Tag: Bafoussam - Bamenda - Bafut - Bafoussam
7. Tag: Bafoussam - Yaoundé
8. Tag: Yaoundé
9. Tag: Yaoundé - Garoua (Flugzeug)
10. Tag: Nationalpark Bénoué
11. Tag: Garoua - Maroua
12. Tag: Maroua - Mokolo - Rhumsiki
13. Tag: Rhumsiki - Tourou - Rhumsiki
14. Tag: Rhumsiki - Mokolo - Koza - Oudjila - Mora - Waza (ist die Piste nicht passierbar, müssen Sie den Umweg über die Teerstraße, d.h. über Maroua fahren).
15. Tag: Waza Nationalpark
16. Tag: Waza - Maroua (evtl. über Maga - Pouss)
17. Tag: Maroua
18. Tag: Maroua (evtl. Mindif o.ä.)
19. Tag: Maroua - Douala (Flugzeug)
20. Tag: Douala
21. Tag: Rückflug von Douala aus nach Europa

Als Verlängerungsmöglichkeiten bieten sich ein Badeaufenthalt in Limbé oder Kribi sowie eine Ersteigung des Kamerunberges an.
Es ist empfehlenswert, die Reisen im Westen zu beginnen. Möglicherweise treffen Sie dort auf ein Fest, an dem Sie teilnehmen können. Im Norden sollten Sie sich an den Markttagen orientieren.

Entfernungen in Kilometer	Bafang	Bafia	Bafoussam	Bamenda	Bertoua	Buéa	Douala	Ebolowa	Edéa	Foumban	Garoua	Kousséri	Kribi	Kumba	Limbé (Victoria)	Maroua	Mbalmayo	Ngaoundéré	Nkongsamba	Yaoundé
Bafang	-	184	60	132	586	221	205	473	234	132	1035	1507	349	146	236	353	90	739	63	305
Bafia	184	-	192	272	399	381	312	289	224	229	1030	1502	334	330	420	1242	169	734	247	121
Bafoussam	60	192	-	80	591	281	266	481	294	72	975	1447	419	206	296	1187	361	697	123	313
Bamenda	132	272	80	-	671	353	338	561	366	152	1055	1527	501	281	382	1267	441	759	195	393
Bertoua	586	399	591	671	-	684	615	516	527	663	826	1298	642	759	689	1038	396	529	714	348
Buéa	221	381	281	353	684	-	69	443	157	353	1256	1728	272	75	26	1468	384	960	173	336
Douala	206	312	266	338	615	69	-	374	88	338	1241	1713	203	142	74	1453	315	945	143	267
Ebolowa	473	289	481	561	516	443	374	-	286	518	1210	1682	171	518	448	1422	120	914	410	168
Edéa	234	224	294	366	527	157	88	286	-	366	1269	1741	115	232	162	1481	227	1056	200	179
Foumban	132	229	72	152	663	353	338	518	366	-	903	1375	491	278	368	1115	433	607	51	385
Garoua	1035	1030	975	1055	826	1256	1241	1210	1269	903	-	472	1394	1181	1271	212	1090	296	1098	1042
Kousséri	1507	1502	1447	1527	1298	1728	1713	1682	1741	1375	472	-	1856	1653	1743	260	1562	768	1570	1514
Kribi	349	334	419	501	642	272	203	171	115	491	1394	1856	-	347	277	1596	291	1085	286	339
Kumba	146	330	206	281	759	75	142	518	232	278	1181	1653	347	-	101	1393	426	885	83	378
Limbé (Victoria)	236	420	296	382	689	26	74	448	162	368	1271	1743	277	101	-	1483	415	975	173	341
Mamfé	1247	508	226	146	950	256	323	699	413	298	1201	1673	528	181	282	1503	1028	905	264	539
Maroua	353	1242	1187	1267	1038	1468	1453	1422	1481	1115	212	260	1596	1393	1483	-	1302	508	1310	1254
Mbalmayo	90	169	361	441	396	384	315	120	227	433	1090	1562	291	426	415	1302	-	794	416	48
Meiganga	286	773	677	757	374	958	943	890	901	605	452	925	1016	1110	1017	664	770	156	800	722
Ngaoundéré	739	734	679	759	529	960	945	914	1056	607	296	768	1085	885	975	508	794	-	802	746
Nkongsamba	63	247	123	195	714	173	143	410	200	51	1098	1570	286	83	173	1310	416	802	-	368
Tchollíré	972	967	912	992	763	1193	1178	1413	1111	840	203	675	1584	1118	1208	415	1019	233	1035	971
Tibati	458	453	398	478	621	679	206	625	636	326	577	1049	796	604	694	789	505	281	521	457
Yagoua	1332	1327	1272	1352	1123	1553	1538	1639	1650	1200	297	369	1810	1478	1568	109	1387	593	1395	1339
Yaoundé	305	121	313	393	348	336	257	168	179	385	1042	1514	339	378	341	1254	48	746	368	-

Zeiteinteilung und touristische Interessen

Sehr wesentlich für die Vorbereitung und Durchführung Ihrer Reise ist die Zeit, die Ihnen zur Verfügung steht. Planen Sie nicht zu knapp, es kann immer wieder passieren, daß Sie irgendwo "hängenbleiben", dann ist ein sehr dicht geplantes Programm gefährdet.

Es ist kaum anzuraten, weniger als zwei Wochen einzuplanen. Wollen Sie Land und Leute erleben, brauchen Sie mindestens zwei, besser drei Wochen oder mehr. Bedenken Sie, daß Kamerun schon von der geographischen Ausdehnung, aber auch von der Vielfalt seiner Völker und Zivilisationen ungeheure Reichtümer in sich birgt.

Für die Zeiteinteilung spielt allerdings auch die Jahreszeit eine Rolle:

- Reisen Sie **in der Trockenzeit** (Dezember - April), haben Sie zwar keinen Regen, aber möglicherweise mit großer Hitze zu rechnen, die Ihr Aufnahmevermögen reduzieren kann. Auch der Harmattan (vgl. Kapitel 2.2.2) kann Ihnen stark zusetzen.

- Reisen Sie **in der Regenzeit** (Mai - Oktober), kann es passieren, daß Sie aufgrund starker Regenfälle irgendwohin nicht durchkommen und abwarten, bis der Regen aufhört - oder aber manche Programmpunkte ganz streichen müssen. Alternativen in solchem Falle finden sich allenthalben. Und nicht zu vergessen: Das Licht in der Regenzeit und die Sicht sind ganz besonders schön.

Gönnen Sie sich ab und zu einige Stunden Muße, um die vielen Eindrücke, die Sie in kürzester Zeit sammeln, auch verarbeiten zu können.

All diese Faktoren - Jahreszeit, Klimaumstellung, Gesundheitszustand, Berufsstreß - spielen bei der Zeiteinteilung Ihrer Reise eine entscheidende Rolle.

Wie auch immer Sie Ihre Zeit einteilen, ob Sie allein reisen oder in einer Gruppe, bemühen Sie sich, bezüglich der zeitlichen Gestaltung flexibel zu bleiben. Nicht im starren Erfüllen eines vorgegebenen Programms, sondern in der Einstellung auf die momentane Situation und auch mit viel Spontaneität werden Sie mehr und interessantere Dinge erleben.

Da Kamerun kein billiges Reiseland ist, sollten Sie sich vor einer Kamerunreise genau überlegen, was Sie von dieser Reise erwarten und wo Ihre speziellen Interessen liegen. Die nachfolgende tabellarische Übersicht kann Ihnen bei der Planung Hilfestellung geben.

Zeiteinteilung und touristische Interessen

Gebiet	Kapitel	Unternehmungen/Ausflugsziele	Tage	ca. km	touristische Interessen
Douala	4.1	Douala-Stadtbesichtigung	1	---	*Kultur, Architektur, Stadtbummel, Kunsthandwerk, Museen*
Kribi und Umgebung	4.1.1	Kribi - Lobé / Kribi - Bipindi	2	7/70	*Strandleben, deutsche Spuren, Pygmäen, Natur*
Atlantikküste: Limbé und Umgebung Kamerunberg	4.1.2	Tiko; Limbé: Stadt; Buéa: Stadt u. Umgebung (Kamerunberg)	2 - 7	25	*Strandleben, Geschichte, Sport, Natur*
Kameruner Grasland	4.1.3 4.1.4 4.1.5 4.1.6	Nkongsamba und Umgebung Bandjoun - Bana - Bafoussam (Ausflüge) Foumbot - Lac de Mfou - Foumban (Ausfl.) Bamenda - Bali - Bafut - Ring Road	3 - 7	70 - 270	*Ethnologie, Geschichte, Natur, Kunst*
Yaoundé	4.2	Stadtbummel und -besichtigung	1	---	*Museen, Architektur*
Ngaoudéré	4.3	Stadbummel, Bénoué und Bouba Njida Nationalparks, Abstecher Atlantika-Berge	1 - 4	130 - 150	*Ethnologie, Natur*
Garoua	4.4	Fahrt zum Bénoué Nationalpark Pitoa, Abstecher Gorges de Kola, Maroua	2	135	*Natur*
Maroua	4.5	Stadtbummel; Waza - Tschadsee; Mokolo - Rhumsiki - Tourou; Maga - Pouss; Mindif	3 - 9	20 - 380	*Natur, Architektur, Ethnologie, Kunst*

4.1 DIE STADT DOUALA

Touristische Informationen

Flugverbindungen
Die Lufthansa-Vertretung befindet sich in Douala am Boulevard de la Liberté 82, Résidence Kassap B.P. 5781, Tel.: 42 62 62 und 42 70 20
(Flughafen-Büro: Tel.: 42 09 45)
Für nationale Flugverbindungen steht Ihnen Cameroon Airlines zur Verfügung: Cameroon Airlines, 3, av. du Général de Gaulle, B.P. 4092 Douala, Tel.: 42 25 25 oder das Büro im Flughafen, das bis abends spät geöffnet ist (je nach Flugplänen).
Reservierung in der Agentur, ebenfalls 3, av. du Général de Gaulle, B.P. 4092 Douala, Tel.: 42 32 22 oder am Flughafen unter Tel.: 42 49 99 (wird oft nicht abgenommen).
Es gibt offiziell Flugverbindungen **von Douala nach:**

Bafoussam	3 x wöchentlich
Bamenda	3 x wöchentlich
Yaoundé	mehrmals täglich

Von Yaoundé gibt es Flugverbindungen nach Bertoua - Batouri, Ngaoundéré - Garoua- Maroua (nähere Angaben s. Kapitel 4.2)

Bitte die aktuelle Flugfrequenz unbedingt bei Cameroon Airlines erfragen. Es gibt häufigen Flugplanwechsel!

Informationen
Es gibt ein allgemeines Tourismusbüro (dessen Hauptstelle in Yaoundé liegt), **Socatour**, das jedoch nur sehr klein ist und momentan weder über Telefon, Telex oder andere Kommunikationsmöglichkeiten verfügt. Ein wenig informativer ist die Agentur **Transcap**, neben dem **Hotel Arcade** gelegen im Viertel **Bonanjo.**
Besser jedoch sind die Informationen, die Ihnen Ihr jeweiliges Hotel vermitteln wird. Sind Sie privat eingeladen, haben Sie die allerbesten Informationen.

Wichtige Telefonnummern
Polizei Hauptkommissariat: 42 55 25
Feuerwehr: 42 52 52

Hinweis
Leider können Sie nicht damit rechnen, im dringenden Fall ein funktionierendes öffentliches Telefon zu erreichen. Es ist am besten, Sie bitten persönlich etwa in einem der Hotels, Restaurants oder Geschäfte um Hilfe, wenn Sie Polizei, Arzt, Feuerwehr o.a. anrufen wollen. Dies funktioniert dann meist schnell und zuverlässig.

Busverbindungen
Die **Linienbusse** vor allem **nach Yaoundé** fahren regelmäßig mehrmals am Tage (offiziell alle zwei Stunden) und sind voll klimatisiert, teilweise mit Videofilmen ausgestattet. Die Preise sind trotz des Komforts niedrig (knapp 3.000 CFA für eine Fahrt, die Eisenbahn ist nicht nur teurer, sondern auch unbequemer).
Die **Busse zu den anderen großen Städten** fahren weniger häufig, mindestens jedoch zweimal am Tag (morgens und abends). Allerdings ist der Komfort nicht vergleichbar, der Fahrpreis ist günstiger.

Die genauen Abfahrtszeiten erfahren Sie am jeweiligen Busbahnhof. Sie sind jedoch nicht sehr verbindlich; es ist immer besser, sich etwa eine gute Stunde vor der offiziell genannten Abfahrtszeit am Busbahnhof einzufinden.
Die Busbahnhöfe befinden sich in allen Stadtteilen, der größte ist in Akwa (in der Nähe vom Supermarkt Monoprix). Am besten, Sie fragen Ihren Taxichauffeur nach der günstigsten Haltestelle. Es ist oft ratsam, nicht unbedingt die nächstliegende, sondern die erste oder zweite Abfahrtsstation aufzusuchen, damit Sie einen guten Platz bekommen. Ihr Taxifahrer wird Ihnen gegen ein kleines Trinkgeld auch gern beim Einsteigen helfen und dafür sorgen, daß Sie nicht durch "Nebenausgaben" übers Ohr gehauen werden.

Taxi

Taxis haben in Douala wie in fast allen Städten Kameruns gelbe Farbe und eine oft nicht mehr erkennbare Nummer. Sie fahren innerhalb der Stadt für 125 CFA, zu den Außenbezirken hin muß ein Preis ausgehandelt werden. Zum Flughafen ist es besonders teuer: 1.500 - 2.500 CFA, je nach Gegend und nach Taxi.

Wenn Sie in einem größeren Hotel wohnen, ist es besser, nicht eines der vor dem Hotel wartenden Taxen zu nehmen, sondern sich an der nächsten Ecke ein eigenes zu suchen. Die Hoteltaxen sind besonders teuer. Sie können auch einen der Hotelangestellten bitten, für Sie zu handeln. Geben Sie ihm ein Trinkgeld von ca. 100 CFA (je nach Fahrtziel). Dann kommen Sie billiger ans Ziel.
Wünschen Sie, allein (d.h. ohne weitere Mitfahrer und auf dem kürzesten Wege) im Taxi an Ihr Ziel zu kommen, (man nennt dies **"une course"**, das müssen Sie beim Einsteigen dann hinzufügen!) ist dies selbstverständlich teurer als in einem Taxi, wo noch andere (inkl. Ziegen, etc.) zusteigen. Freilich ist der folkloristische Aspekt bei einer Alleinfahrt hin, bei einer gemeinsamen Fahrt können Sie afrikanisches Leben nicht nur "hautnah", sondern auch oft in seinem äußerst heiteren Charakter erleben.

Tankstellen

Tankstellen finden Sie in Douala überall in der Innenstadt und auch in den Vororten. Der Benzinpreis ist überall der gleiche. Allerdings werden die Tankstellen rar, sobald Sie die Stadt verlassen haben: Auf den Ausfallstraßen nach Yaoundé oder Edéa sollten Sie vollgetankt haben, ebenfalls nach Westen hin.

Hauptpostamt

Das Hauptpostamt befindet sich an einem der zentralen Plätze der Stadt, dem **Place du Gouvernement**. Es ist allerdings sicherer, Sie fragen gleich nach der **Poste centrale** oder nach der **Pagode**, die auf demselben Platz steht; das Büro der **Cameroon Airlines** befindet sich nur wenige Schritte davon entfernt.

Krankenhäuser

Es gibt mehrere staatliche und viele private Kliniken über die Stadt verteilt. Es ist empfehlenswert, im Notfall in eine private Klinik zu gehen, auch wenn Sie dort erst einmal Vorkasse leisten müssen. Die staatlichen Krankenhäuser sind meist überfüllt; es gibt nicht genug Betten und Personal, ein Mißstand, der freilich auch nicht in allen privaten Kliniken behoben werden kann.

Mietwagen

Es gibt zahllose Mietwagenverleiher, die jedoch nicht alle die von Europäern gewünschte und nötige Sicherheit im Vertrag und in der Ausstattung ihrer Wagen bieten. Es wird deshalb empfohlen, daß Sie sich vor Ort an die großen Hotels wenden oder von Deutschland aus über die großen Verleihfirmen buchen (vgl. Kapitel 3.1, Autovermietung).

Hotels

Die Hotels in Douala sind so zahlreich, daß hier nicht alle aufgeführt werden können. Die Auswahl der Hotels beschränkt sich auf diejenigen, wo gute oder sehr gute Erfahrungen gemacht wurden.

- **Hotel Akwa Palace,** B.P. 407, Douala, Tel.: 42 26 01 und 42 90 47. Dieses Hotel ist das erste und das älteste der Stadt mit dem Ruf des vornehmsten. Zentral gelegen im Viertel Akwa, am Boulevard de la Liberté. Es ist ein Hotel der Luxusklasse, die Zimmerpreise bewegen sich von 26.000 CFA an aufwärts.
- **Hotel Arcade,** B.P.12 120 Douala, Tel.: 42 31 12 und 42 20 15. In diesem Hotel der gehobenen Mittelklasse - Preis-Leistungsverhältnis ist gut (Zimmer ab 16.000 CFA) - werden Sie besonders freundlich empfangen. Die Zimmer sind sehr sauber und gut ausgestattet, die Küche vorzüglich. Es liegt verkehrsgünstig, beim **Place du Gouvernement** und Cameroon Airlines um die Ecke im Viertel **Bonanjo.**
- **Hotel Deido Plage,** B.P.840, Douala, Tel.: 42 51 35. Dieses Hotel ist preisgünstig (ab 8.000 CFA). Es liegt am Wouri im Zentrum des Viertels Deido.

Es ist möglich, daß es in absehbarer Zeit geschlossen wird, da man momentan keine geeignete Person findet, die es übernehmen möchte. Es wird hier jedoch wegen seiner wunderschönen Lage aufgeführt: Die große Terrasse geht zum **Wouri** hinaus, man hat einen weiten Blick bis zur Brücke, die über den Wouri nach **Bonabéri** und zur Ausfallstraße nach Westen und Nordwesten führt. Bei klarem Wetter kann man bis zum **Kamerunberg** sehen (etwa 70 km weit!), empfehlenswert ist ein Besuch vor allem bei Sonnenuntergang.

- **Hotel Ibis,** B.P. 12086, Douala, Tel.: 42 58 00 und 42 57 47. Relativ verkehrsgünstig an der Grenze des Stadtviertel **Bonanjo** gelegen. Etwas teurer als das Hotel Arcade (ab 18.000 CFA).
- **Hotel Le Méridien,** B.P. 32 32, Douala, Tel.: 42 90 44 und 42 91 35. Es liegt im Viertel **Joss** etwas außerhalb des Stadtinnern. Dieses Hotel gehört schon zur obersten Preisklasse (ab 24.000 CFA).
- **Hotel Parfait Garden,** B.P. 5350, Douala, Tel.: 42 63 57 und 42 83 98. Dieses Hotel ist empfehlenswert, auch vom Preis- und Leistungsverhältnis (Zimmer ab 16.000 CFA). Der Empfang ist freundlich, und das Personal geht gern auf Sonderwünsche ein. Die Küche ist gut, die Zimmer sind geräumig und gut ausgestattet. Es liegt zudem günstig im Stadtinnern, im Viertel **Akwa, am Boulevard de la Liberté.**
- **Hotel Sawa Novotel,** B.P. 2345, Douala, Tel.: 42 08 66 und 42 08 75. Dieses Hotel gehört ebenfalls der höheren Preisklasse an (ab 18.000 CFA). Hier geht es wenig persönlich zu, aber die Zimmer sind groß, und die Küche ist gut. Leider liegt es etwas außerhalb des Stadtinnern (im Viertel **Joss**), allerdings ist man von dort aus schnell am Flughafen.

Außer dem **Deido Plage** haben alle hier aufgeführten Hotels ein Schwimmbad und einen Nachtclub.

Restaurants

Die Restaurants in Douala sind zahllos und ganz unterschiedlich in Leistung und Preis.

Im allgemeinen ißt man in den oben erwähnten Hotels sehr gut. Viele Restaurants ohne Hotelbetrieb sind großen Schwankungen ausgesetzt, was Leistung und Preis anbetrifft, so daß diese nicht extra aufgeführt werden. Sie wechseln auch zu häufig die Besitzer. Verführerisch sehen die asiatischen Restaurants aus, sind aber meist zu teuer für das, was sie bieten.

Denken Sie daran, daß Sie noch nicht direkt am Meer sind: Meeresfrüchte haben hier noch ihren (zu hohen) Preis.

Einkaufen
Die wichtigsten Einkaufszentren sind um den **Place du Gouvernement** im Viertel **Bonanjo** zu suchen, ferner am **Boulevard de la Liberté** und auf den Märkten der verschiedenen Stadtviertel, besonders in **Lagos.**

Schräg gegenüber der **Kathedrale** befindet sich ein größeres **Kunsthandwerkszentrum**, wo der Souvenir- oder Kunstsammler nach Herzenslust stöbern, handeln und dann auch kaufen kann. Bitte bedenken Sie die evtl. notwendigen Papiere. (vgl. Kap. 3.1, Antiquitäten).

Wollen Sie Goldschmuck einkaufen, gehen Sie besser in eines der offiziellen Geschäfte in einer der Ladenstraßen (beim Hotel Akwa Palace oder Parfait Garden), um sicher zu sein, daß es sich auch wirklich um Gold handelt, was Sie erstehen.

Die Stadt Douala

Douala, am Fluß Wouri gelegen, der in einem flachen Delta ins Meer fließt (das Flußbett muß jährlich gegen Versandung ausgebaggert werden, damit die großen Schiffe ankern können), ist heute nach wie vor die wirtschaftliche Hauptstadt Kameruns. Sie ist zudem die einwohnerreichste des Landes und hat einen natürlichen Hafen, den fünftgrößten im frankophonen Afrika. Der Hafen wird auch intensiv von den Nachbarstaaten Kameruns genutzt, die keinen direkten Zugang zu Meer haben. Douala ist zudem Hauptstadt der Küstenprovinz.

Douala wächst ständig, die genaue Einwohnerzahl ist nicht feststellbar (es gibt keine Meldepflicht, die letzte Volksszählung war Ende 1988, aber die Resultate sind noch nicht offiziell). Man schätzt etwa 1,3 Mio Einwohner.

Ihren Namen trägt die Stadt seit Beginn des 18. Jahrhunderts nach dem Bantu-Volksstamm der **Douala** (oder Duala in der deutschen Geschichtsschreibung). Hier war seit dieser Zeit bis zur Mitte des 19. Jahrhunderts der Hauptumschlagplatz für den Sklavenhandel. 1884 landete Gustav Nachtigal hier, nannte die Stadt 1885 **Kamerunstadt** und erhob sie zur Hauptstadt der Kolonie, was sie bis 1901 blieb. Erst 1907 wurde sie wieder in Douala umgetauft.

Heute werden über 90% des Außenhandels Kameruns hier umgeschlagen. Exportiert werden vor allem Tropenhölzer, Baumwolle, Bananen, Kaffee, Gummi, Bauxit und Erdöl. Importiert werden Textilien, Baumaterialien, Autos, Maschinen und elektrotechnische Geräte.

Zur ca. 280 km entfernten Hauptstadt Yaoundé führt eine sehr gut ausgebaute Straße, einer Autobahn gleich, die N 3. Der Flugverkehr zwischen beiden Städten erfolgt zwei- bis viermal täglich. Man kann jedoch ebenso die Eisenbahn oder den Bus (ca. 3 Stunden) benutzen.

Douala ist Hauptverkehrsknotenpunkt zwischen Europa und Kamerun und bietet auch gute Verkehrsmöglichkeiten zu den Nachbarländern.
Seit 1955 verbindet eine Brücke die beiden Ufer des Wouri miteinander, von Deido nach Bonabéri und zu den ebenfalls dort liegenden Industrievierteln, was beträchtlich zur Entwicklung der Stadt, vor allem nach Westen hin, beigetragen hat. Früher mußte der gesamte Verkehr mit Fähren abgewickelt werden. Die Brücke ist zwei Kilometer lang und zu Zeiten des Berufsverkehrs immer verstopft. Man hat von ihr aus eine wunderschöne Sicht auf den Hafen (den man sonst leider nicht besichtigen kann!) und auf der anderen Seite auf den Wouri-Fluß.

!!! Es ist verboten, auf der Brücke anzuhalten oder zu fotografieren!

Stadtbesichtigung

!!! In Douala ist die Kriminalitätsrate relativ hoch. Passen Sie auf sich, Ihre Handtasche und den Fotoapparat besonders gut auf!

Douala bietet dem Besucher auf den ersten Blick ein unübersichtliches Stadtbild, das sich erst nach und nach klärt: Die Stadt ist aus so vielen Stadtteilen zusammengewachsen, daß dies verwirrt; zudem scheinen sich für den Europäer die Stadtteilnamen zu ähneln, fast gleich zu lauten! Sie sind teilweise nach traditionellen Chefs im vorigen Jahrhundert benannt (Akwa und Bell), teilweise nach den vornehmlich in ihnen wohnenden Volksstämmen (Bassa, Congo, Lagos, etc.). Hinzu kommt architektonisch gesehen eine ebenso verwirrende Vielfalt: Gebaut wird an allen Ecken und Enden, es entstehen gigantische Hochhäuser ganz moderner Prägung und Ausstattung.

Daneben existieren Villenviertel mit schönen Einfamilienhäusern von oft großem Luxus (z.B. Bonapriso), scheinbar ungeordnet aufgebaute Geschäfts- und Wohnviertel wie Bonabéri oder aber Viertel mit einfachen, kleineren Häusern, ab und zu unterbrochen von wenigen hohen Mietshäusern, alles jedoch dicht gedrängt und voller Lärm wie Bassa. Daneben gibt es Blech- und Holzhüttenviertel wie Bali, New-Bell u.a.

Auffallend ist die häufige Verwendung des Namens **Bona**... plus Name. Bona bedeutet: "das Dorf von...". Bonabéri bedeutet also: das Dorf von Béri, Bonapriso ist das Dorf von Priso, etc.

Douala selbst verfügt nicht über viele spektakuläre Sehenswürdigkeiten. Da ist jedoch der **Place du Gouvernement** im Viertel **Bonanjo**, wo die **Pagode** steht, ein Gebäude im asiatischen Stil, im vorigen Jahrhundert errichtet. Es ist der ehemalige Palast des Führers **Rudolf Manga Bell**, der von den

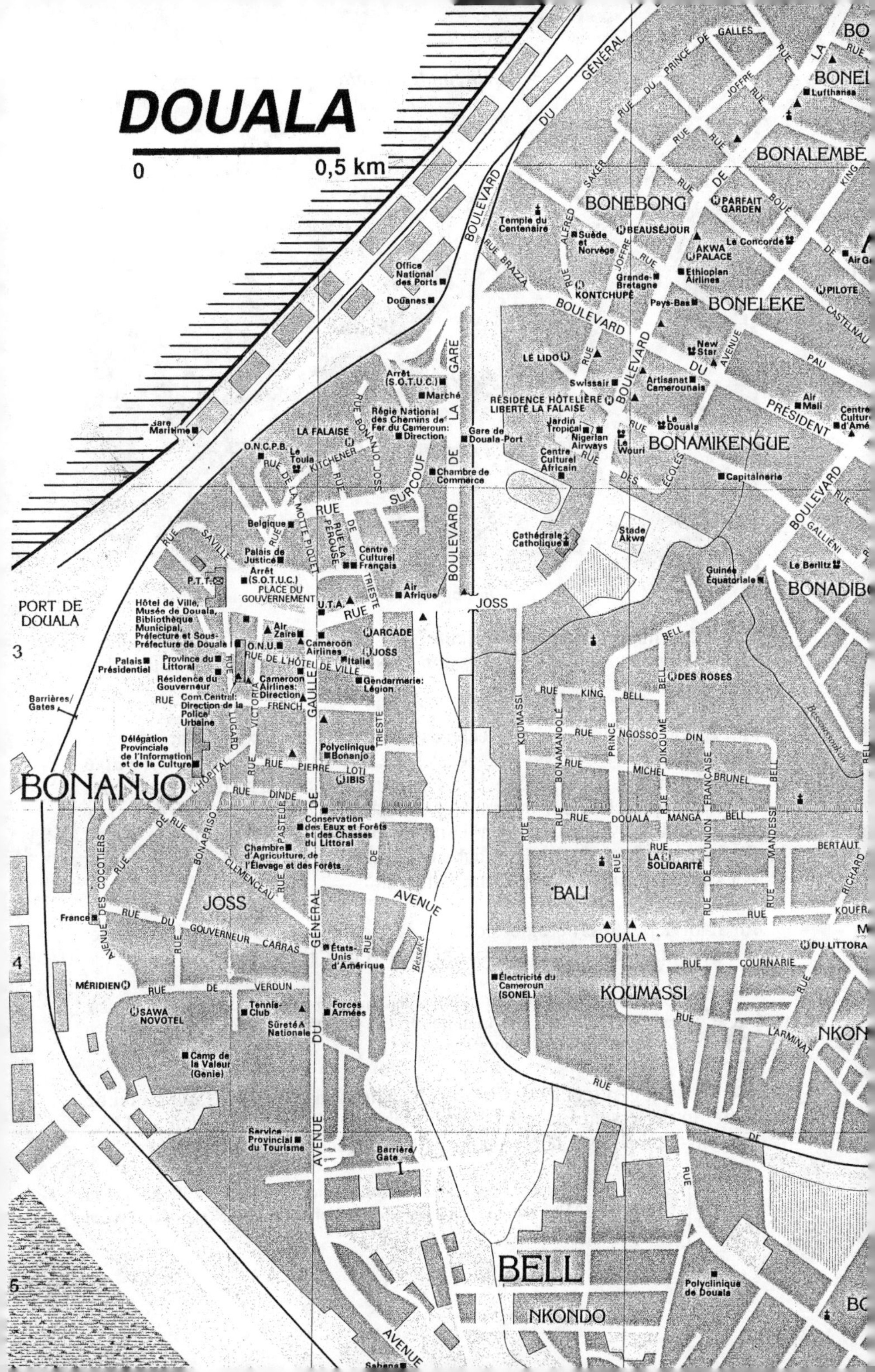
DOUALA
0
0,5 km
BOULEVARD DU GÉNÉRAL
RUE DU PRINCE DE GALLES
RUE JOFFRE
LA
BONEL
Lufthansa
BONALEMBE
KING
RUE SAKER
RUE DE BOUÉ
BONEBONG
PARFAIT GARDEN
Temple du Centenaire
RUE ALFRED
Suède et Norvège
BEAUSÉJOUR
AKWA PALACE
Le Concorde
Air Gabon
RUE BRAZZA
Grande-Bretagne
Ethiopian Airlines
PILOTE
KONTCHUPÉ
Pays-Bas
BONELEKE
RUE CASTELNAU
Office National des Ports
Douanes
BOULEVARD DU PRÉSIDENT
AVENUE
New Star
PAU
LE LIDO
Arrêt (S.O.T.U.C.)
Marché
Swissair
Artisanat Camerounais
RÉSIDENCE HÔTELIÈRE LIBERTÉ LA FALAISE
Air Mali
Centre Culturel d'Amérique
Régie National des Chemins de Fer du Cameroun: Direction
Gare Maritime
LA FALAISE
Gare de Douala-Port
Jardin Tropical
Nigerian Airways
Le Douala
Le Wouri
BONAMIKENGUE
O.N.C.P.B.
Le Toula
RUE KITCHENER
RUE BONANJO SOSS
Chambre de Commerce
Centre Culturel Africain
RUE DES ÉCOLES
Capitainerie
RUE SURCOUF
BOULEVARD DE LA GARE
RUE DE LA MOTTE PIQUET
RUE DE PÉROUSE
RUE LA PÉROUSE
Belgique
Cathédrale Catholique
Stade Akwa
RUE GALLIÉNI
RUE SAVILLE
Palais de Justice
Centre Culturel Français
Arrêt (S.O.T.U.C.)
Le Berlitz
Guinée Équatoriale
P.T.T.
PLACE DU GOUVERNEMENT
BONADIBO
PORT DE DOUALA
Hôtel de Ville, Musée de Douala, Bibliothèque Municipal, Préfecture et Sous-Préfecture de Douala
U.T.A.
Air Afrique
RUE JOSS
Air Zaïre
ARCADE
3
O.N.U.
Cameroon Airlines
JOSS
Palais Présidentiel
Province du Littoral
RUE DE L'HÔTEL DE VILLE
Italie
Résidence du Gouverneur
Cameroon Airlines: Direction
Gendarmerie: Légion
RUE BELL
DES ROSES
Barrières/Gates
RUE
Com.Central: Direction de la Police Urbaine
FRENCH
RUE KING BELL
RUE LUGARD
RUE VICTORIA
RUE DE TRIESTE
RUE NGOSSO DIN
Délégation Provinciale de l'Information et de la Culture
Polyclinique Bonanjo
RUE KOUMASSI
RUE BONAMANDOLÉ
RUE PRINCE
RUE DIKOUMÉ
RUE PIERRE LOTI
IBIS
RUE MICHEL BRUNEL
RUE DE L'UNION FRANÇAISE
BONANJO
RUE DE L'HÔPITAL
RUE DINDÉ
Conservation des Eaux et Forêts et des Chasses du Littoral
RUE DOUALA MANGA BELL
RUE MANDESSI BELL
RUE DES COCOTIERS
RUE PASTEUR
RUE BONAPRISO
RUE CLÉMENCEAU
Chambre d'Agriculture, de l'Élevage et des Forêts
RUE DE LA SOLIDARITÉ
BERTAUT
RUE RICHARD
BALI
JOSS
AVENUE DE GAULLE
France
RUE DU GOUVERNEUR CARRAS
AVENUE
KOUFRA
DOUALA
DU LITTORAL
États-Unis d'Amérique
4
Bessekè
RUE COURNARIE
MÉRIDIEN
RUE DE VERDUN
Électricité du Cameroun (SONEL)
KOUMASSI
SAWA NOVOTEL
Tennis-Club
Forces Armées
Sûreté Nationale
RUE
LARMINAT
NKON
Camp de la Valeur (Genie)
AVENUE DU GÉNÉRAL DE GAULLE
RUE
Service Provincial du Tourisme
Barrière/Gate
BELL
Polyclinique de Douala
5
NKONDO
AVENUE
Sabana
BO

Die Pagode in Douala

Deutschen hingerichtet wurde. Heute ist historisch hier nichts mehr zu sehen. Unten befindet sich ein Frisiersalon, das Gebäude wirkt ansonsten eher vernachlässigt.

Am **Boulevard du Général Leclerc** (besser mit dem Taxi hinfahren wegen Taschendieben unterwegs) befindet sich die Hundert-Jahr Kirche, der **Temple du Centenaire**. Sie wurde 1945 erbaut zur Erinnerung an die Ankunft des ersten europäischen Geistlichen, des baptistischen Missionars **Alfred Saker** im Jahre 1845. Wenn Sie den Turm offen finden, können Sie die vielen Stufen hinaufsteigen, und Sie haben eine schöne Rundsicht über die Stadt, bei klarem Wetter bis zum Kamerunberg.

Im Stadtviertel **Joss** befindet sich das Marinemuseum, **Musée de la Marine**, das zwar nicht sehr groß, aber wohl sortiert und gut gepflegt ist.

Die neuen Öffnungszeiten nach der letzten Renovierung waren bei Drucklegung noch nicht bekannt. Man kann jedoch etwa von Öffnungszeiten an Werktagen von 9 - 12 und 15 - 17 Uhr ausgehen.

Weniger gut gepflegt ist das **städtische Museum** im Rathaus, **im Hôtel de Ville**, in der ersten Etage im linken Gebäudeteil. Dort befinden sich Gebrauchs- und Kunstschätze aus fast allen Gegenden Kameruns.

Es ist normalerweise zu den Öffnungszeiten der Büros geöffnet, von 8.30 - 12 Uhr und von 15 - 17.30 Uhr, aber es kann Ihnen auch passieren, daß es für Tage oder Wochen geschlossen ist.

Kathedrale in Douala

Erfreulicher Abschluß einer Stadtbesichtigung ist die **Kathedrale**, auf dem **Boulevard de la Liberté** gelegen und weithin sichtbar.

Sie ist zwar erst in den dreißiger Jahren, also nach der deutschen Herrschaft, errichtet worden, erinnert jedoch im Stil noch sehr an die deutsche Zeit.

Ihr gegenüber liegt der **Friedhof**, auf dem sich noch zahlreiche deutsche Gräber befinden. Gleich vorn links liegt eines, geziert mit einem Halbrelief, dessen Gesichtsausdruck eher an Bismarck als an einen deutschen Lehrer erinnert. Die Inschrift lautet:

1886
Theodor Christaller
Dem ersten deutschen Lehrer der Reichsschule
gewidmet
von seinen Freunden und Amtsgenossen in
Deutschland

Grabstein des Theodor Christaller in Douala

Informationen zu Dr. Theodor Christaller

Dr. Theodor Christaller kam als erster Lehrer im Offiziersrang 1887 nach Douala. Schon 1888 wurde die erste Schule eröffnet, eine zweite zugleich auch in Victoria 1890.

Christaller studierte die Sprache der Douala und schrieb ein Buch mit Geschichten, um die Leute in ihrer eigenen Sprache zu unterrichten. Außerdem schrieb er eine deutsche Grammatik in Douala. Er starb 1896 am Schwarzwasserfieber infolge einer schweren Malaria.

!!! Gehen Sie nie allein oder in der Dämmerung auf diesen Friedhof: Er ist bekannt für Überfälle. Wenn Sie zu mehreren sind und zusammen bleiben, passiert Ihnen nichts.

Direkt hinter dem Friedhof in Richtung zum Stadtinneren, schräg gegenüber der Kathedrale, finden Sie das schon erwähnte **Kunsthandwerkszentrum**: Da steht eine Bude neben der anderen, und es herrscht reges Treiben.

Ausflüge von Douala aus

Douala ist ein idealer Ausgangspunkt für Reisen ins Landesinnere. Das Straßennetz um Douala herum ist sehr gut. Sie werden, wenn Sie sich auf eine mehrwöchige Reise durch Kamerun begeben, wahrscheinlich mehrfach dort Station machen.

Man startet von Douala aus
- nach Süden Richtung Kribi (in die Gegend, wo noch einige Pygmäen leben) bis zur Grenze nach Äquatorialguinea;
- nach Westen an die Atlantikküste und zum Kamerunberg;
- nach Nordwesten ins Kameruner Grasland;
- nach Osten Richtung Yaoundé.

4.1.1 VON DOUALA RICHTUNG SÜDEN: KRIBI UND UMGEBUNG

Streckenbeschreibung
Von Douala nach Kribi sind es 203 km. Verläßt man Douala Richtung Süden, so kommt man am Flughafen vorbei auf die Ausfallstraße Richtung **Edéa**. Sie ist in gutem Zustand, und man erreicht **Edéa** nach 88 km.

Edéa

Hotel
Hostellerie de la Sanaga, B.P. 54, Edéa, Tel.: 46 43 33. Dies ist der einzige Ort, wo Sie übernachten und essen können (Zimmer ab 10.000 CFA).

Edéa liegt am Fluß **Sanaga**, ist Zugstation auf dem Wege zwischen Douala und Yaoundé und ansonsten kein sehr attraktives Industriestädtchen. Man sieht von weitem die Aluminiumfabrik und die künstlich angestaute Sanaga zur Energiegewinnung.
Edéa ist eine deutsche Gründung. 1885 landeten Schiffe der Handelsgesellschaft Woermann an der Mündung der Sanaga und gründeten 1890, unweit den Fluß hinauf, eine Missionsschule. Die deutschen Spuren sind allerdings heute nicht mehr zu sehen.
Edéa ist vielmehr vor allem Durchgangsstation auf dem Wege nach Kribi (Edéa - Kribi 115 km): Hier beginnt die Piste. Sie wird jedoch momentan zu einer breiten, geteerten Straße ausgebaut. Die Arbeiten gehen sehr zügig voran, so daß man Kribi sehr bald in kürzester Zeit erreichen kann. Dann wird sich die touristische Struktur in Kribi mit allen Vor- und Nachteilen sehr verändern.

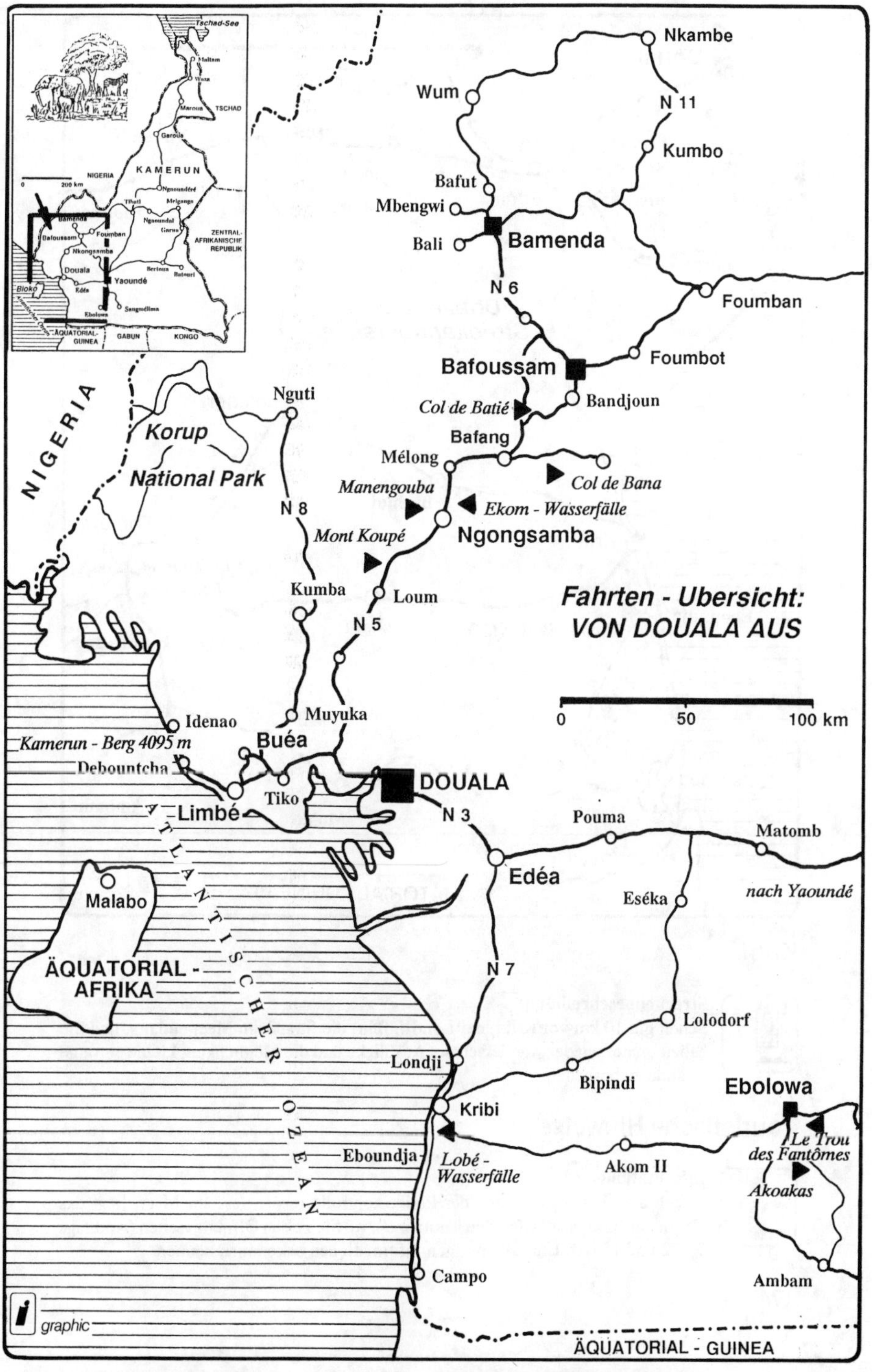
Fahrten - Ubersicht:
VON DOUALA AUS
Nkambe
Wum
N 11
Kumbo
Bafut
Mbengwi
Bamenda
Bali
N 6
Foumban
Foumbot
Bafoussam
Bandjoun
Col de Batié
Bafang
Mélong
Col de Bana
Manengouba
Ekom - Wasserfälle
Ngongsamba
Mont Koupé
Nguti
Korup
National Park
NIGERIA
N 8
Kumba
Loum
N 5
Muyuka
Idenao
Kamerun - Berg 4095 m
Buéa
Debountcha
Limbé
Tiko
DOUALA
N 3
Pouma
Matomb
Edéa
nach Yaoundé
Eséka
Malabo
ÄQUATORIAL -
AFRIKA
ATLANTISCHER OZEAN
N 7
Lolodorf
Londji
Bipindi
Ebolowa
Kribi
Le Trou des Fantômes
Eboundja
Lobé - Wasserfälle
Akom II
Akoakas
Campo
Ambam
ÄQUATORIAL - GUINEA
0
50
100 km
graphic
Tschad-See
TSCHAD
KAMERUN
NIGERIA
200 km
ZENTRAL-AFRIKANISCHE REPUBLIK
Yaoundé
GABUN
KONGO

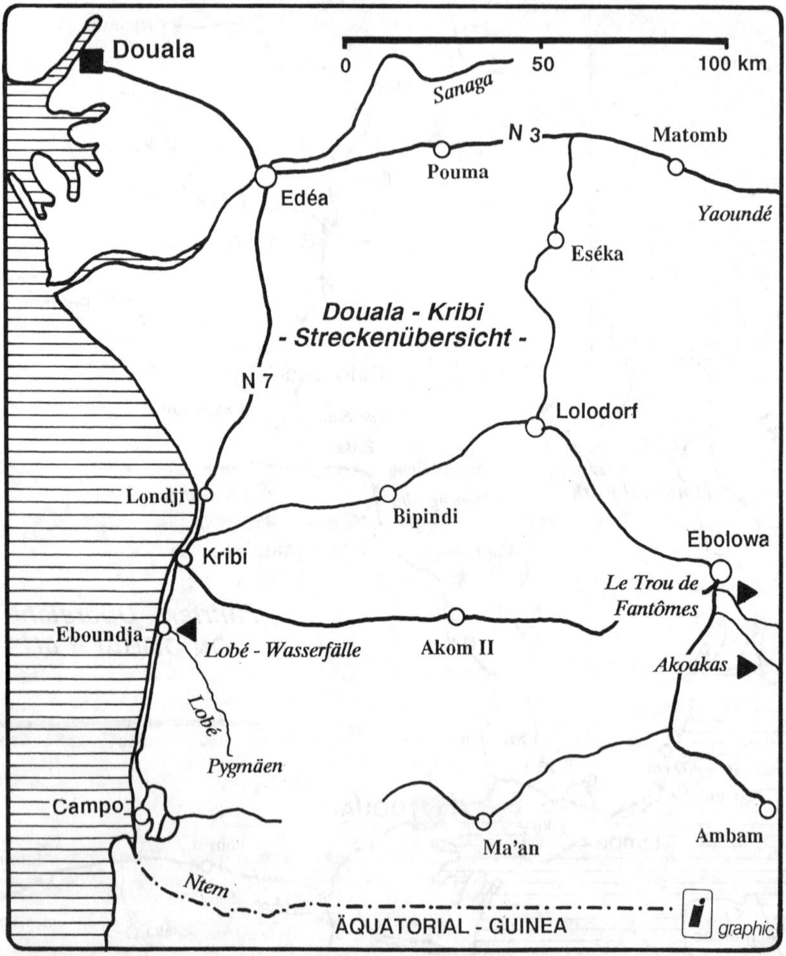

Kribi

Streckenbeschreibung
Schon gut 10 km vor Kribi, bei **Londji**, führt die Straße am Meer entlang, und Sie haben immer wieder wunderschöne Ausblicke und die Möglichkeit, kleine einsame Strände zu besuchen.

Touristische Hinweise

Informationen
Gleich am Ortseingang nach der Polizeikontrolle rechts, fast am Meer, liegt das Tourismusbüro, das "Office du Tourisme", wo Sie zu den Öffnungszeiten (werktags 9 - 12 und 15 - 18 Uhr) alle nötigen Informationen bekommen können.

Hotels

- **Centre d'Acceuil,** Kribi, Tel.: 46 16 35. Dieses Hotel ist offiziell das erste am Platze, sehr schön direkt am Strand gelegen. Die Zimmer sind sehr einfach ausgestattet (Jugendherbergstil) und rechtfertigen keineswegs den relativ hohen Preis (12.000 CFA). Allerdings ist die Hotelanlage als solche großzügig angelegt, vor allem der Strand ist schön und die Terrasse, wo Sie essen und sich aufhalten können. Die Küche verdient eine besondere Bemerkung: Lieben Sie Fisch und Meeresfrüchte, sind Sie hier bestens aufgehoben (es ist gut, wenn Sie Ihre Wünsche rechtzeitig anmelden, damit die Zutaten beschafft werden können Preis: knapp 5.000 CFA für ein Menu).

Besonders schön ist der Sonnenuntergang über dem Meer von der Terrasse des Hotels aus mit der Brandung als akustischem Hintergrund.

- **Framotel,** B.P. 25, Kribi, Tel.: 46 16 40 u. 46 18 40. Dieses Hotel ist neu erbaut worden und sehr sauber und großzügig angelegt (Bungalowanlage). Leider liegt es nicht direkt am Strand, so daß man zwar nicht weit laufen muß (ca. 200 m), jedoch keinen Blick aufs Meer hat. Preise akzeptabel (10.000 CFA)
- **Marina Hotel,** B.P. 312, Kribi, Tel.: 46 17 18. Dieses Hotel ist noch voll im Aufbau begriffen; und bleibt die Leitung so, wie sie der Direktor (ein junger Arzt aus Yaoundé) geplant hat, hat dieses Hotel sehr viel Zukunft. Es liegt fast direkt am Strand (Weg nur über die schmale Strandstraße), die Zimmer sind zwar nicht groß, aber im Landesstil mit viel Geschmack und allem nötigen Komfort ausgestattet, Balkon mit Blick aufs Meer. Preise akzeptabel (ab 8.000 CFA).

Strand bei Kribi

Restaurants

Sie sprießen zur Zeit überall aus der Erde, haben allerdings sehr unterschiedliches Niveau, was Preis und Qualität betrifft. Problematisch ist bei einem Restaurantbesuch abends, daß Kribi so langgestreckt am Meer liegt, so daß Sie möglicherweise einen langen Rückweg haben, den Sie nicht unbedingt zu Fuß zurücklegen sollten.

Vereinbaren Sie mit einem Taxifahrer eine Zeit und einen Preis, damit er sie abholt. Es ist grundsätzlich nicht gut, als Fremder in der Nacht unterwegs zu sein. Am besten essen Sie im o.g. Centre d'Acceuil.

Transportmittel
Als Transportmittel von und nach Kribi gibt es nur Autos: Buschtaxis, Privatwagen oder Kleinbusse. Sie alle fahren ab und kommen an am zentralen Buschtaxibahnhof (an der ersten Kreuzung links in die Stadt, vor der Hauptpost links). Von dort aus bringt Sie jedes Taxi zum Ortstarif (125 CFA) zu Ihrem Quartier.

Tankstellen
Tankstellen gibt es in Kribi genug, nicht jedoch auf der Straße dorthin oder weiter Richtung Campo oder Bipindi/Lolodorf. Sie müssen dann jedenfalls in Kribi tanken!

Mietwagen
Vermietstationen gibt es offiziell in Kribi nicht. Brauchen Sie einen Wagen, handeln Sie mit einem Taxifahrer, vergewissern Sie sich, daß er alle Papiere hat und legen Sie genau die Strecke fest, die er Sie zum ausgemachten Preis fahren soll.

Hauptpost
Sie liegt im Stadtinneren und ist die einzige in Kribi. Es können Engpässe in der Versorgung mit Briefmarken auftreten.

Öffnungszeiten
8 - 12 und 15 - 18 Uhr

Einkaufen
Einkaufen können Sie am besten auf dem Markt (im Stadtinneren, nicht weit von der Kirche aus deutscher Zeit). Das Warenangebot ist allerdings dürftig. Kribi ist nicht gerade für Großeinkäufe ausgerüstet.

Kribi liegt langgestreckt am Meer, seine touristische Infrastruktur ist im Moment noch recht ungenügend, jedoch dabei, sich schnell zu entwickeln. Alle hoffen auf den Zustrom von Touristen durch die neue Straße.

Kirche in Kribi aus deutscher Zeit

Kribi ist eine deutsche Gründung an der Mündung des Flusses Kienké. Die Kirche aus deutscher Zeit erinnert noch daran.

Wichtiger als der Fluß Kienké ist der etwa 7 km südlich ins Meer fließende Lobé-Fluß. Kribi lebt vom Fischfang, von wenig Holzexport und von dem Kakaoexport aus Ebolowa. Da die Kakaopreise in den letzten Jahren sehr gefallen sind, hat auch dieser Industriezweig in Kribi an Wichtigkeit verloren. Der Hafen in Kribi ist einer der schönsten im Süden Kameruns, vielleicht auch wegen seiner Verträumtheit (noch!).

Kribi ist ein geruhsames kleines Städtchen, das einlädt zu einem Besuch, wenn man Kontakt zu den Menschen dieser Bantustämme (Bakoko, Batan-

Fischereihafen von Kribi

ga, teils auch noch Bassa oder schon Pygmäen) sucht. Ein Besuch im Ort hat immer noch seinen dörflichen Charme, die Einkehr in eine kleine Bar oder eines der kleinen Restaurants bedeutet eine persönliche Begegnung.

Kribi und Umgebung haben die schönsten weißen Sandstrände Kameruns. Das Meer ist nicht so gefährlich wie in Westafrika, und man kann an vielen Stellen ziemlich flach weit hineingehen - ein Badeparadies für Kinder!

Kribi ist zudem Ausgangspunkt für Ausflüge in die Umgebung:
- zu den Lobé-Wasserfällen und den Pygmäen
- Richtung Süden bis nach Campo
- Richtung Osten nach Bipindi, Lolodorf und zu den Pygmäen
- Richtung Osten nach Ebolowa

Ausflüge in die Umgebung

● Zu den Lobé-Wasserfällen und zu den Pygmäen

Etwa 7 km südlich der Stadt Kribi liegen die Wasserfälle des Lobé. Wer gut zu Fuß ist, kann sie vom Strand aus erwandern und dann von unten bewundern. Sie stürzen sich in einer ziemlichen Breite etwa 30 m in die Tiefe. Kommt man von oben (Anfahrt am besten mit einem Auto), kann man sie von einer Piroge aus betrachten.

Preis vorher aushandeln, ca 2.000 - 3.000 CFA für eine ca. zweistündige Pirogenfahrt den Fluß hinauf und wieder hinunter bis zu den Wasserfällen. Seien Sie nicht ängstlich, wenn etwas Wasser in die Piroge läuft: Die Fischer schöpfen regelmäßig aus und werden sich hüten, daß ihre Kunden ernsthaft nasse Füße bekommen. Tip: Erst am Ende bezahlen!

Den Lobé hinauf, kann man in etwa zwei- bis dreistündiger Fahrt ein Pygmäendorf erreichen, wo die Pygmäen nach Ablieferung einer relativ aufwendigen Geschenkladung für die Touristen tanzen. Das kann - wenn sie in Stimmung sind - ganz hübsch aussehen, ist jedoch keineswegs mehr ursprünglich, sondern halt Folklore.

Wichtig für Pygmäen als Geschenke sind Zucker, Tabak, Wein, Reis, Streichhölzer und das alles in ausreichender Menge. Dies gilt für alle Besuche bei den Pygmäen in der näheren oder weiteren Umgebung von Kribi.

Die Pygmäen, die man an einem Tag von Kribi aus erreichen kann, finden Sie unter Umständen am nächsten Tag auf dem Markt in Kribi wieder. Auch haben sie sich oft mit den Bantu vermischt, so daß man nicht mehr immer von ursprünglichen Pygmäen sprechen kann.

Sie können auch - haben Sie einen wirklich zuverlässigen Führer und das notwendige Material für Übernachtung sowie Verpflegung bei sich - eine Piroge für mehrere Tage mieten und dann den Lobé-Fluß hinauffahren bis zu Pygmäendörfern, die noch selten von Weißen besucht werden. Hier haben Sie möglicherweise Gelegenheit, Pygmäen noch in einer ursprünglicheren Form zu erleben als in der Nähe von Kribi. Da die Pygmäen aber nomadisierende Jäger und Sammler sind, ist ein Besuch schwer vorprogrammierbar.

• Kribi Richtung Süden bis nach Campo

Etwa 90 km lang führt die Piste an der Küste entlang bis nach Campo, nahe der Grenze nach Äquatorialguinea. Diese Route - keine gute Piste! - ist noch wenig von Touristen befahren.
Campo, ein Fischerdorf, liegt hübsch auf einer kleinen Anhöhe, ein wenig versteckt, an der Strecke. Steigen Sie hinab bis zum Meer, können Sie mit etwas Glück im Fluß Ntem Krokodile beobachten.

• Kribi Richtung Osten nach Bipindi und Lolodorf
(ca. 70 plus 40 km)

Die Piste nach Osten - heute gut unterhalten und ständig gepflegt - ist die ursprünglich von Deutschen gebaute Straße Kribi - Yaoundé. Sie führt noch heute bis zur Hauptstadt des Landes, ist jedoch hinter Lolodorf nicht mehr empfehlenswert, da in schlechtem Zustand.

Unterwegs nach Bipindi werden Sie mehrfach nach einem größeren oder kleineren Fußmarsch durch den Regenwald (Achtung: Schlangen!) auf

Pygmäen zu stoßen, die zwar für Sie tanzen, Ihnen aber sicher wenig von ihrer Lebensweise erzählen werden. Je näher sie der Straße wohnen, desto weniger zeigen sie das, was ihre Urtümlichkeit ausmachte, wollen aber dennoch Geschenke oder Geld.

Unternehmen Sie einen solchen Ausflug niemals ohne Führer, wenn Sie die Pygmäen überhaupt sehen wollen. Sie sind nach wie vor sehr scheu gegenüber den Fremden.

Auf halber Strecke nach Bipindi sehen Sie rechts oben auf dem Berg ein von Schweizer Missionaren errichtetes Kreuz. Ein Pilgerpfad führt hinauf, der Weg ist jedoch lang und beschwerlich.

Kurz vor der Einfahrt nach Bipindi können Sie nach links abbiegen und kommen nach ca. 50 zu einer **Missionsstation**, wo ursprünglich italienische Schwestern eine Missionsstation für Pygmäenkinder gegründet haben. Inzwischen arbeiten hier auch Weiße anderer Länder. Die kleinen Kinder im Kindergartenalter werden betreut und haben auch Unterricht in Ackerbau und Kleinviehzucht.
Besucher werden stets freundlich empfangen, man erzählt Ihnen die Sorgen und Nöte der Station. Kleidung, die Sie nicht mehr benötigen, oder eine Spende werden gerne angenommen. Die kleinen Pygmäenkinder laufen neugierig um Sie herum, manche wagen ein französisches Wort oder einen Händedruck.

Diese Missionsstation kommt mit sehr wenig Geld aus, beherbergt und ernährt die Kinder, unterrichtet sie zudem für insgesamt etwa 4.000 CFA pro Trimester! Aber schon diese Summe ist für viele Familien nicht aufzubringen, oder die Kinder werden eben doch zu Hause gebraucht und kommen nach den Ferien nicht wieder in die Station zurück.

Wieder zurück auf der Hauptstraße fahren Sie vor dem eigentlichen Ortseingang über eine von Deutschen zu Beginn des Jahrhunderts errichtete Brükke. Ein großer Stein rechts trägt eine deutsche Inschrift.

Das Haus des deutschen Botanikers Zenker in Bipindi

Wollen Sie auf weitere deutsche Spuren stoßen, fahren Sie kurz vor dieser Brücke rechts in einen Bambuswald (kurz hinter einer Kreuzung - nicht die große Piste nehmen!) und gelangen nach etwa 100 m zu einem großen, einst schönen Haus aus deutscher

Grabstein von Zenker im Garten seines Hauses

Zeit. Hier wohnt noch heute der Sohn des deutschen Botanikers Zenker, auch er Pflanzer, alt inzwischen. Er kann noch recht gut deutsch, seine Kinder sind teilweise wieder in Europa verheiratet. Er lebt hier mehr oder weniger allein und wird Ihnen gern den Grabstein seines Vaters zeigen, der laut Inschrift "als letzter Deutscher in Bipindihof" verstarb. Neben ihm liegt seine Frau aus dem Benin. Das Haus war einst ein rechtes Herrenhaus, und Herr Zenker ist nicht zufrieden, daß es in Deutschland niemanden zu geben scheint, der bereit ist, dieses Denkmal zu erhalten.

Bipindi selbst ist kein besonders sehenswerter Ort. Die Hauptstraße ist kaum einen Kilometer lang, einige wenige Geschäfte, eine kleine Kneipe, das ist schon alles.

Man findet hier nur selten Benzin! In Kribi entsprechend vorsorgen!

Wer mutig ist, nimmt weitere 40 km schlechte Piste auf sich, um nach **Lolodorf** zu gelangen. Dort steht noch das alte Haus des Gouverneurs, allerdings halb zerfallen inzwischen. Und auch in Lolodorf ist nichts weiter "los"; deutsche Spuren führen dorthin, ansonsten ist es ein Nest.

Der Weg führt zurück nach Kribi.

Wollen Sie nur nach Bipindi, können Sie den Ausflug in einem guten halben Tag schaffen (Wasser mitnehmen), fahren Sie nach Lolodorf, müssen Sie den ganzen Tag rechnen (Essen und Wasser mitnehmen!).

• Kribi Richtung Osten nach Ebolowa

Von Kribi aus fährt man etwa 170 km Piste (nicht gut!) bis zur Hauptstadt der Südprovinz Ebolowa.
Man kann diese kleine Stadt ebenso nach etwa der gleichen Kilometerzahl von Yaoundé über Mbalmayo aus erreichen. Weg und Zustand der Pisten sind grundsätzlich ähnlich schlecht, es sei denn, man habe gerade irgendwo auf dieser Strecke größere Reparaturarbeiten ausgeführt.
Ebolowa ist ebenso eine deutsche Gründung vom Beginn des Jahrhunderts, die Reste sind jedoch nicht mehr sichtbar. Eine schöne Landschaft durchquert man, aber es ist nicht unbedingt ratsam, in Ebolowa die Nacht zu verbringen, da es keine touristische Infrastruktur gibt. Es sei denn, man ist bereit, im Auto zu übernachten (Campen ist grundsätzlich nicht empfehlenswert), um die beiden in der Nähe liegenden Naturphänomene zu besichtigen, für die allerdings ein guter Führer und ein Wagen mit Allradantrieb unumgänglich sind.

Abstecher Mbilibekon, Abgrund der Geister

Etwa 20 km östlich von Ebolowa sehen Sie in einen tiefen Abgrund, **Le Trou des Fantômes**, der keinen Zugang zu haben scheint und in dem, der Überlieferung nach, ein böser Geist, einem Monster gleich, wohnen soll. Heute ist freilich fast alles zugewachsen, so daß man selbst von oben nicht mehr viel sieht.

Wagen Sie niemals, ohne einen kundigen Führer diesen Abgrund zu erforschen. Sie stoßen hier möglicherweise auf rituelle Tabus, die Sie in Gefahr bringen können (z.B. Orte, die Sie nicht betreten dürfen, weil dort die Geister der Ahnen wohnen o.ä.). Versichern Sie sich vorher!

Abstecher Felsen von Akoakas

Etwa 30 km südlich von Ebolowa finden Sie den **Rocher** oder **Picon d'Akoakas**, der sich ca. 100 m in die Höhe reckt.

4.1.2 VON DOUALA RICHTUNG WESTEN: ZUR ATLANTIKKÜSTE

Streckenbeschreibung
Überqueren Sie die Brücke über den Wouri, kommen Sie nach Bonabéri und dann in die Vororte von Douala. Bis Limbé, wo Sie dann erst wieder tanken können, sind es etwa 74 km, so daß Sie ausreichend vorsorgen sollten. Sie fahren weiter auf der mit Hinweisschildern "Nkongsamba" ausgezeichneten Straße, bis Sie nach etwa 20 km (Sie meinen, kaum die Vororte Doualas verlassen zu haben) an eine große, neu gebaute Straßenkreuzung kommen: Hier teilt sich die Straße in den Nordwesten und ins Kameruner Grasland einerseits und andererseits nach Westen zur Atlantikküste. Sie bleiben nicht auf der Hauptstraße, sondern biegen ab (es gibt nur eine Abbiegung) und gelangen auf die Straße Richtung Limbé, die

Sie nun weiter verfolgen bis zum Zielort. Unterwegs überqueren Sie den Mungo, fahren vorbei an Gummibaumplantagen (oft lassen Jungen "echte" Gummibälle hüpfen, die sie verkaufen wollen), an neu angelegten Bananenpflanzungen (die Gummibäume sind wirtschaftlich nicht mehr ertragreich genug), an Ölbaumplantagen und haben immer wieder weite Rundblicke zurück Richtung Douala.

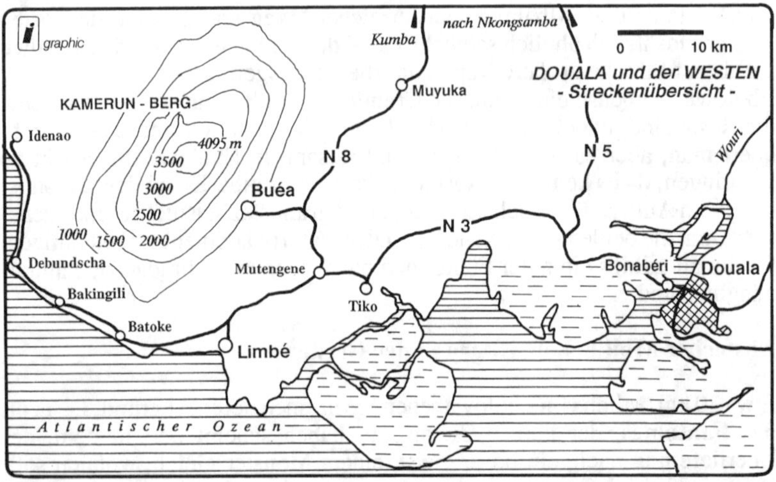

Wenn Sie Glück haben, können Sie bei klarem Wetter den Kamerunberg vor sich sehen.

Etwa 18 km vor Limbé kommen Sie an eine größere Kreuzung, wo Sie links nach Tiko abbiegen können.

Tiko

Tiko ist ein kleines Fischerdörfchen, nicht einmal direkt am Meer gelegen, mit einem sehr lebendigen Markt. Sie können noch die Reste einer aus der Kolonialzeit stammenden Industriebahn sehen (Waggons und eine Lokomotive), die aber mehr und mehr zusammenfallen.

Hafen bei Tiko

Der Zerfall gilt leider auch für die aus der deutschen Zeit stammenden Häuser. Es sind ihrer nicht mehr viele, aber die Menschen sind meist sehr freundlich und lassen Sie sie besichtigen.

Industriegelände aus deutscher Zeit bei Tiko

Viele der Häuser stehen auf steinernen Pfählen erhöht, wie man zu deutscher Zeit baute.

Mutengene

Fahren Sie weiter Richtung Limbé, kommen Sie etwa 6 km nach der oben genannten Kreuzung durch ein größeres Dorf, Mutengene, das ein sehr lebendiges Dorfleben, auch noch bei Nacht, hat. Sie können hier einige moderne Maler finden. Fragen Sie einfach nach einem der Malerateliers, und man wird Sie dorthin führen.

Kurz vor Limbé haben Sie von einer Anhöhe aus, über die die Straße führt, einen schönen Blick über die ganze Bucht von Limbé einschließlich der vorgelagerten Inseln.

Limbé

Touristische Informationen

Informationen
Die besten touristischen Informationen erhalten Sie in einem der beiden großen Hotels. Im Hotel Tabai Park wird man Sie besonders freundlich beraten.

Tankstellen
Tankstellen gibt es überall in der Stadt verstreut, am besten nehmen Sie eine der zentral gelegenen an einer der großen Kreuzungen.

Hotels
- **Hotel Atlantic Beach,** B.P. 63. Limbé, Tel.: 33 23 32. Dieses Hotel war das frühere deutsche Hospital und ist später zum Hotel umgebaut worden. Es hat eine schöne Terrasse mit Blick zum Meer, aber man kann nicht direkt im Meer baden. Der Swimmingpool ist oft zu sehr gechlort. Die gehobenen Preise scheinen oft nicht gerechtfertigt (ab 16.000 CFA). Die Zimmer sind schön und groß, aber die Klimaanlagen reichen meist nicht aus, so daß die Größe des Zimmers eher zum Nachteil gereicht. Die nach hinten gelegenen Zimmer haben Blick auf einen Müllplatz oder auf die Garagen. Es gibt nur wenige Zimmer zum Meer hinaus mit Balkon, die entsprechend teuer, allerdings dann auch wirklich schön sind. Haben Sie Sonderwünsche, ist es sehr schwierig, den richtigen Ansprechpartner zu finden.
Zum Hotel Altantic Beach gehört die etwas weiter entfernte Bungalowanlage Miramar (unterhalb des Hotels Tabai Park gelegen.)
- **Tabai Park Hotel,** B.P. 10, Limbé, Tel.: 33 21 54. Dieses Hotel liegt mitten im Botanischen Garten, ganz ruhig. Es ist ein altes Hotel, die Zimmer sind nicht alle geräumig, aber sauber (ab 9.000 CFA). Die, die keinen Meeresblick haben, schauen in den Botanischen Garten. Um den Swimmingpool herum sitzt man sehr angenehm, abends kann man auf Wunsch dort auch essen,

oder es finden folkloristische Darbietungen statt (sehr gutes Niveau!). Was dieses Hotel auszeichnet, ist nicht nur die hervorragende Küche, sondern der freundliche Service, da einer der Direktoren immer da ist und Sie sich an ihn (oder sie) wenden können. Sonderwünsche werden gern erfüllt, auch wenn sie kompliziert erscheinen.
Das Hotel hat einen kleinen Zoo, dessen Krönung ein Zwergschimpansenpärchen ist, Jacquot und Chloë, beide zahm, Jacquot etwas frech, Chloë verschmust und mit guten Manieren.
Das Hotel hat zudem einen privaten Strand, etwa 20 Autominuten von Limbé entfernt in Bakingili (Busdienst nach Wunsch vom Hotel aus!), der ein wahres Paradies ist: Da geht der Urwald bis ans Wasser, der Sand ist schwarz, aber sehr fein, das Meer ruhig und sehr flach.

Restaurants
Die besten Restaurants sind in den beiden Hotels, wobei dasjenige im Tabai Park Hotel vorzuziehen ist (Menu ab 3.500 CFA, im Atlantic Beach ab 5.000 CFA). Ansonsten können Sie wie überall in kleinen einheimischen Restaurants essen.

Diskothek
In beiden Hotels befindet sich eine Diskothek, zudem gibt es den **Tuborg** Nachtclub am Ende der Küstenstraße nach Osten.

Mietwagen
In den Hotels kann man Ihnen da weiterhelfen, dies ist auf jeden Fall einem örtlichen Mietwagenverleih vorzuziehen.

Die Stadt Limbé wurde im vorigen Jahrhundert unter dem Namen Victoria gegründet und noch bis zu Beginn der Achtzigerjahre unter diesem Namen geführt. Auf alten Hinweisschildern ist auch noch Victoria zu lesen. Limbé ist **der** Wochenendausflug für die Städter (Douala, oft selbst für Yaoundé), die die Meeresluft und den Lavasand genießen wollen.

In der Stadt ist der englische Einfluß noch besonders stark zu spüren (sprachlich, Öffnungszeiten der Geschäfte, Schulen, etc.). Man merkt zudem, daß Nigeria nicht weit ist. Viele Nigerianer haben sich aus wirtschaftlichen Gründen hier niedergelassen.

Die Stadt als solche hat keinen besonderen Reiz, weder architektonisch, noch kulturell. Man kommt her, um sich zu erholen, zu baden und um in die Umgebung zu fahren.

Ein Besuch im **Zoo** ist eher deprimierend als erfreulich: Eine große Auswahl an Tieren gibt es nicht, sie sind auch nicht besonders gut untergebracht.

Schön jedoch ist ein Spaziergang im **Botanischen Garten**, durch den der Fluß Limbé fließt, der der Stadt ihren Namen gegeben hat. Im Botanischen Garten finden Sie auch ein aus deutscher Zeit stammendes Amphitheater. Der Garten ist erst kürzlich wieder hergerichtet worden und gut unterhalten.

Der Eintritt ist frei, lassen Sie sich nicht von umhergehenden "Wächtern" etwas anderes einreden!

Interessant ist auch ein Besuch des **Fischereihafens**, wo die Fischer landen und die Frauen die Fische zum Weiterverkaufen erstehen.

Allerdings lassen sich die Frauen nicht fotografieren und können recht aggressiv werden, wenn man es trotzdem versucht.

Der ins Wasser hineinragende Eisensteg, der als Brücke zu den vorgelagerten Inseln gedacht war, ist verfallen, stammt aber aus deutscher Zeit.

Schön ist die Aussicht auf die Limbé vorgelagerten Inseln, zu denen Sie auch einen Ausflug machen können. Selten, bei klarem Wetter, können Sie bis nach Malabo sehen.

Ausflüge von Limbé aus

- Zur deutschen Kapelle
- Nach Idenau über Debountcha
- Zu den vorgelagerten Inseln
- Zum Nationalpark Korup (Kumba)

• Zur deutschen Kapelle

Sie verlassen Limbé auf der Ausfallstraße Richtung Nigeria, biegen am Ortsausgang bei den letzten Häusern nach rechts ab und kommen bald auf eine sich hochwindende Piste, die von Plantagen gesäumt ist und ziemlich steil in die Höhe steigt.

Kommen Sie nicht auf die Idee, unterwegs auszusteigen, um in die Felder zu gehen: Sie sind - nicht immer sichtbar - mit Fetischen geschützt, die eindeutig Gift tragen, so daß Sie sich in Gefahr begeben würden. Bleiben Sie auf der Piste, dann kann nichts passieren.

Fragen Sie nach Bonjongo, wenn Sie der Straße nicht sicher sind, dies ist der Name des unterhalb der Kapelle liegenden Ortes. Von dort aus ist der Weg ausgeschildert und als Kreuzweg bezeichnet.

Auf der Höhe sehen Sie die 1894 errichtete Kirche, die man Ihnen auch gern von innen zeigen wird. Die dort lebenden Geistlichen sind dabei, ein Zentrum für Pilger einzurichten, wo diese essen und schlafen können.

Von hier aus haben Sie bei klarem Wetter eine weite Sicht nach unten ins Land (manchmal bis Douala) oder hinauf zum Kamerunberg.

Es ist wegen des Wetters empfehlenswert, morgens, möglichst früh, hinaufzufahren. Fahrtzeit von Limbé aus ca. 30-40 min.

Die 1894 erbaute deutsche Kirche auf dem Engelsberg am Fuß des Kamerunbergs

• Debountcha und Idenau

Sind Sie wieder auf der Küstenstraße, können Sie Richtung Nigeria weiterfahren. Sie treffen alsbald auf der linken Straßenseite, direkt am Meer gelegen, auf eine staatliche Ölraffinerie. Direkt dahinter biegt ein Weg ab zu dem Strand, der gemeinhin von Touristen benutzt wird: **Miles 6**. Er ist meistens bewacht, kostet Eintritt und ist nicht besonders reizvoll, da er direkt neben der Raffinerie liegt.

An den etwas weiter entfernt liegenden Privatstrand in Bakingili (von Limbé ca. 15 km) können Sie natürlich nur mit Genehmigung des Hotels Tabai Park. Es wird dort momentan eine eigene Strandanlage, der später ein Hotel folgen soll, gebaut.

Fahren Sie weiter nach **Debountcha** (auch **Deboundscha** geschrieben), sind Sie an der Stelle der Welt, wo es am zweithäufigsten regnet. Merkwürdigerweise fällt nur in diesem schmalen Streifen so viel Niederschlag. Das hängt möglicherweise mit dem Kamerunberg, d.h. mit einem seiner Vulkanausbrüche zusammen (der letzte war 1982), der eine Lavastraße hinterlassen hat, die noch heute wegen fehlender Vegetation zu erkennen ist.
Das Dorf an sich ist unscheinbar.

Fahren Sie noch einmal 13 km auf guter Teerstraße weiter, kommen Sie nach **Idenau**, einer deutschen Gründung (auch **Idenao** geschrieben), die straßenmäßig die Grenzstation nach Nigeria darstellt, aber noch nicht die Grenze selbst ist. Auf dem Landweg ist ein Übergang nach Nigeria nicht möglich

Turm der Gehenkten in Idenau

(Lagunen, Sumpfgebiet, Regenwald), aber man kann offiziell in eine Piroge steigen und in 2 - 3 Stunden im Nachbarstaat sein. In Idenau herrscht reges Treiben, denn es werden viele Waren von und nach Nigeria hier umgeschlagen.

Am Ortseingang befindet sich der Turm der Gehenkten, der auch aus deutscher Zeit sein soll. Irgend jemand hat eine Puppe hineingehängt, die wie ein baumelnder Toter wirken soll, aber eher zum Lachen reizt.

• Die vorgelagerten Inseln

Die Limbé vorgelagerten Inseln - klein, felsig, nur teilweise bewachsen - sind vulkanischen Ursprungs wie auch die große, zu Äquatorialguinea gehörende Insel Bioko mit der Hauptstadt Malabo.

Das Tabai Park Hotel veranstaltet auf Anfrage einen Tagesausflug auf die Limbé vorgelagerten Inseln, der interessant ist.

Fischerboote bei Limbé mit Sicht auf die vorgelagerten Vulkaninseln

Sie schiffen sich auf einer Piroge im nahe gelegenen Fischerdorf Batoke ein und fahren zuerst auf die nächstliegende Insel, die noch vor wenigen Jahren von Fischern besiedelt war. Klettern Sie die Stufen hinauf, können Sie die verlassenen Häuser sehen und vor allem eine alte Glocke, gefertigt in London im Jahre 1905. Die Insel diente nicht nur den Fischern zum Fischen und zur Orientierung bei diesigem Wetter (Glocke), sondern auch als Vorposten zur Warnung gegen Piraten, die die Küste immer wieder heimsuchten. Man hat von oben einen sehr schönen Rundblick.

Dann fahren Sie weiter auf eine größere Insel, die dem Hotel gehört, die einen kleinen steinigen Strand hat und dicht mit Bäumen bewachsen ist. Hier können Sie noch Leguane von fast 1 m Länge beobachten, es ist jedoch wegen der Schlangen nicht empfehlenswert, in den Wald zu gehen. Sie können hier in Ruhe baden, das Hotelpersonal bereitet Ihnen ein sehr schmackhaftes Barbecue, oder Sie können Cashew-Nüsse aufklopfen, die vom Baum fallen. Schnorcheln Sie ein wenig weiter hinaus, sehen Sie Fische, Muscheln und andere Seetiere. Oft ist von hier aus gegen Abend der Kamerunberg zu sehen oder zumindest sein "kleiner Bruder", wie die Afrikaner sagen, der Kleine Kamerunberg (Höhe 1.713 m ü.M.).

• Von Limbé nach Kumba und zum Nationalpark von Korup

Dies ist kilometermäßig der weiteste Ausflug von Limbé aus (ca. 101 km eine Strecke bis Kumba), jedoch sehr lohnend, da noch wenig erforscht. Die Übernachtungsmöglichkeiten in Kumba sind noch nicht genügend ausgebaut, so daß es ratsam ist, früh morgens von Limbé aus zu starten und abends dorthin zurückzukehren.

Der **Nationalpark von Korup** wird gerade erforscht und für das Publikum zugänglich gemacht. Der Zugang zum Park ist bisher nur durch persönliche Verbindung möglich! Der WWF hat die Forschungen in die Hand genommen, und man verspricht sich Aufschlüsse botanischer Art von großem Ausmaß: Es soll dort z.B. Baumarten geben, die sonst auf der Erde vor 4.000 Jahren ausgestorben sind. Der Zugang zum Park ist noch mühsam über eine Leiter oder durch einen Bach (nur in der Trockenzeit), aber es werden andere Möglichkeiten geschaffen werden.

3 km von Kumba nur entfernt liegt der **Kratersee von Barombi**, einer der vielen Kraterseen in der Gegend, die immer wieder mysteriösen Geschichten Vorschub leisten.

!!! Hier sollten nur schwindelfreie Personen mit sicherem Tritt hinuntersteigen.

Auch in Kumba war zur Jahrhundertwende ein deutscher Militärposten stationiert.

Buéa und der Kamerunberg

Streckenbeschreibung:
Man kann nach Buéa entweder von der großen Straße Douala-Limbé aus in Mutengene abbiegen (ab Kreuzung 16 km, Teerstraße) oder von Limbé aus über die sogenannte "Teestraße" (24 km, Piste) dorthin gelangen.

Nehmen Sie letztere, führt sie Sie den Berg hinauf durch die weit ausgedehnten Teefelder, den - fast - einzigen in Kamerun (es gibt noch einige wenige kleine Anpflanzungen auf der Ring Road), wo der Tee Dole wächst. Die Teepflückerinnen lassen sich nicht gern fotografieren, aber mit viel Humor und ein paar Geschenken erreicht man es meist doch.

Informationen zu den Teepflückerinnen

Die Frauen (auch einige Männer) pflücken die Teeblätter in einen Korb hinein, den sie auf dem Rücken tragen. Sie gehen durch die kniehohen Teesträucher, nur geschützt mit einer Gummischürze gegen die Kratzer der harten Pflanzen. Es werden nur die frischen Blättchen oben am Strauch gepflückt, und alte Sträucher sind nach einigen Jahren nicht mehr brauchbar.
Die Arbeit ist mühsam, denn die Frauen ernten stets in gebückter Haltung, und müssen sich immer wieder aufrichten, um die Teeblätter in den Korb zu legen. Ist der Korb voll, gehen sie zu einer der Wiegestellen, denen Sie unterwegs überall begegnen. Die Ernte wird kontrolliert, die Bezahlung erfolgt nach Gewicht.

Man kommt auch an der teeverarbeitenden Fabrik vorbei, die man jedoch im allgemeinen nicht besichtigen kann. Ab und zu sieht man auf der Strecke Ansiedlungen, die für die Teepflücker und ihre Familien gebaut worden sind. Der Anweg wäre sonst viel zu lang.

Nimmt man die Teerstraße, sollte man nicht vergessen, kurz nach der Abbiegung in Mutengene rechts, einem Schild folgend, in das kleine Gartenlokal **Plakkinen** zu gehen. Hier sind die Möbel aus massivem Holz gefertigt, eine große Baumscheibe ist ein Tisch, nicht mehr von einer oder zwei Personen aufzuheben. Die Stühle sind schwer zu verrücken. Der ganze kleine Garten ist wundervoll bepflanzt, man sitzt und erholt sich bei bester Luft.

Buéa

Buéa ist nicht ein touristischer Ort zum Verweilen, deshalb ist die touristische Infrastruktur klein.

Hotel
Mountain Hotel, B.P. 71, Buéa, Tel.: 32 22 51 u. 32 21 74. Das Hotel ist das einzige mit Niveau (Zimmer ab 10.000 CFA) und zugleich auch Restaurant.

Hinweis
Vergessen Sie nicht, am Ortseingang Tomaten oder Bananen zu kaufen: Obst und Gemüse von Buéa sind berühmt und ganz besonders aromatisch.

Achtung!
Buéa ist militärisches Sperrgebiet, und da es in ganz Kamerun offiziell verboten ist, militärische Stützpunkte oder Einrichtungen zu fotografieren, ist in Buéa größte Vorsicht geboten! Sie landen sonst schnell auf der Polizeiwache, Fotoapparat, Filme und Ihren Paß wird man Ihnen abnehmen, und Sie werden Mühe haben, ohne Strafe und mit allen Papieren davonzukommen.

Buéa ist die Hauptstadt der Süd-West-Provinz und liegt etwa 1.000 m ü.M. am Fuß des Kamerunbergs und daher oft im Nebel. Das Klima freilich ist angenehm. Deshalb hatte der deutsche Gouverneur von Puttkamer die Hauptstadt 1901 von Douala nach Buéa verlegt, was bis 1909 so blieb.
Er begann sogleich mit dem Bau eines **Schlosses** im wilhelminischen Stil, das die Stadt dominiert, sehr schön am Berghang gelegen ist und dem kamerunischen Präsidenten heute als Residenz dient. Deshalb ist leider eine Besichtigung nicht möglich. Im Inneren sollen noch viele Gegenstände aus deutscher Zeit einschließlich des Autos des Gouverneurs erhalten sein.

Fotografieren Sie in der Nähe auf gar keinen Fall!

Fahren Sie dann die Straße vom Schloß wieder herunter, kommen Sie an den **anderen Sehenswürdigkeiten aus deutscher Zeit** vorbei:

- Der **Bismarckbrunnen**, 1899 errichtet, kaum noch als Brunnen zu erkennen, doch das Portrait Bismarcks ist deutlich. Bismarck hatte vor und nach der Berliner Konferenz 1884/85 bei der Aufteilung des afrikanischen Kontinents aktiv mitgewirkt und schon 1847 eine Verwandte des oben genannten von Puttkamer geheiratet.
- Das **alte Sekretariat** war damals Teil des Schloßbaus. Auch heute noch gemahnt das Türmchen mit der noch immer (meist richtig!) gehenden Turmuhr an deutsche Zeiten.
- Andere Gebäude sind mehr oder weniger verfallen. Die **deutschen Häuser** erkennt man meist daran, daß sie auf Pfählen gebaut sind.
- Der **deutsche Friedhof** (hinter der Mobil Tankstelle, die inzwischen geschlossen ist) ist noch erhalten. Hier finden Sie hinten rechts drei Gräber, die von einer traurigen Geschichte zeugen:

Am 17.2.1911 ergriff der Beamte des Sekretariats, Josef Kerner, gerade 26 Jahre alt, in einem Anfall geistiger Umnachtung ein Gewehr und schoß auf seinen Vorgesetzten Biernatzky. Einen anderen Sekretär, der letzterem zu Hilfe eilen wollte, traf ebenso eine Kugel. Dann richtete Kerner das Gewehr auf sich selbst. So starben alle drei am selben Tag. Merkwürdigerweise findet man etwas weiter vorn ein zweites Grab Kerners. Niemand kennt genau dessen Ursprung und den Ort, wo der unruhige Geist nun wirklich begraben ist.

Besteigung des Kamerunbergs

Für die Besteigung ist Buéa der Ausgangspunkt. Sie müssen hierfür eine kostenpflichtige Genehmigung vom **Tourism Office, Provincial Service** in Buéa haben. Über dieses Büro können Sie Ihre Wanderung organisieren: Führer, ohne die Sie keinesfalls gehen dürfen, sowie Träger werden hier vermittelt. Der Preis (Bezahlung erst nach Abschluß der Wanderung!) richtet sich nach der Anzahl der Tage, die Sie für die Besteigung benötigen, nach der Anzahl der teilnehmenden Personen sowie nach der Anzahl der Übernachtungen in den Hütten. Für den Auf- und Abstieg sollten Sie 2 - 6 Tage, je nach Ihrer Kondition, veranschlagen.

!!! Kostenpflichtige Genehmigung und Führer sind absolut zwingend! Beachten Sie eine dieser Vorschriften nicht, drohen Ihnen eine hohe Geldstrafe oder gar Gefängnis.

Der Weg hinauf beginnt oberhalb von Buéa in **Upper Farms**. Die Anstrengung liegt weniger in der Überwindung der Steigungen (relativ gute Wegqualität, flach ansteigend) als in der Überwindung der Höhenunterschiede (3.000 m). Sie müssen mit Temperaturen um Null rechnen. Nehmen Sie also warme Kleidung, Nahrung und einen Schlafsack mit. Es gibt unterwegs drei Schutzhütten, die Sie bei Müdigkeit oder schlechtem Wetter aufsuchen können:

- Die erste liegt etwa 9 km von Buéa entfernt in 1.830 m ü.M.;
- die zweite 16 km weiter in 2.780 m ü.M.;
- die dritte nahe am Krater in 3.950 m ü.M.

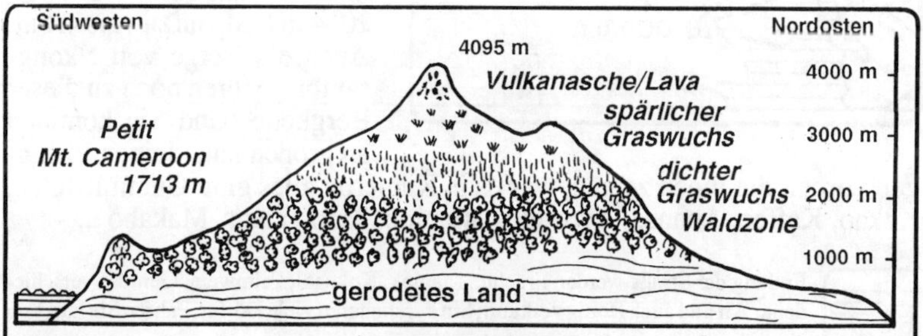

KAMERUNBERG
- Höhenstufen -

Die beste Zeit für eine Besteigung ist die Trockenzeit (November/Dezember bis Februar/März). Dann finden auch nationale und internationale Bergsteigerwettbewerbe statt.
Allerdings kann zu diesem Zeitpunkt der Harmattan Ihnen die Sicht nehmen. (vgl. Information über den Harmattan in Kap. 2.2.2). Lassen Sie sich vor Ort über die jeweiligen Bedingungen beraten!

4.1.3 VON DOUALA RICHTUNG NORDWESTEN: INS KAMERUNER GRASLAND ÜBER NKONGSAMBA UND SEINE BERGE

Streckenbeschreibung:
Überqueren Sie die Brücke über den Wouri, kommen Sie nach Bonabéri und dann in die Vororte von Douala. Folgen Sie der N 3 zunächst Richtung Limbé, bis die N 5 nach Norden Richtung Nkongsamba abzweigt (ca. 22 km hinter Douala). Von hier sind es noch etwa 120 km bis Nkongsamba. Die Straße wird gerade erneuert und verbreitert und ist im neuen Teil in sehr gutem Zustand. Sie fahren über ganze Strecken parallel zur Eisenbahn, der Sie mit etwas Glück auch begegnen.

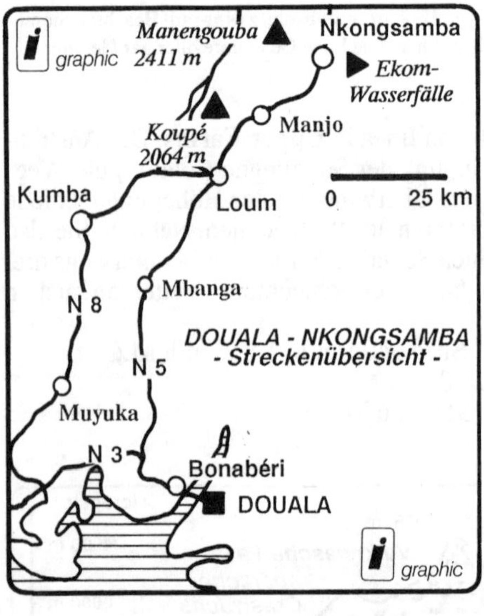

Vor allem aber durchqueren Sie den tropischen Regenwald, wie man ihn sich vorstellt: dicht und hoch, von kleinen Sümpfen durchzogen, mit einer Unzahl von Blumen, von Baum-, Strauch- und Klettergewächsarten und immer wieder Baumriesen.
Im Westen begleiten Sie die Ausläufer des Kamerunbergs, der sich als Gebirgsmassiv weiter fortsetzt. So sehen Sie kurz hinter dem kleinen Ort **Loum** den **Mont Koupé**, der immerhin auch eine Höhe von 2064 m ü.M. aufzuweisen hat. Auch die Berge von Nkongsamba gehören noch zu dieser Bergkette. Und Sie kommen an großen und kleinen Plantagen vorbei, die Ihnen zeigen, was es in Kamerun alles gibt: Gummibäume, Kakao, Kaffee, Ananas, Avocados, Maniok, Taro, Yams, Makabo ...

Entlang der Straße werden Früchte, Maniok, Kokosöl, Palmwein, Gemüse verschiedener Art und auch Honig verkauft, Sie durchqueren viele Dörfer. Fahren Sie langsam genug!

Informationen zu Bananenplantagen

Eine Bananenplantage muß regelmäßig bewässert werden, d.h. man muß ein Bewässerungssystem anlegen. Die Kameruner legen Wasserleitungen durch die Gänge zwischen den Staudenreihen, und so kann regelmäßig gegossen werden.

Eine Unmenge Wasser ist dabei erforderlich. Wenn die Bananenpflanzen hochwachsen und beginnen, Früchte zu tragen, müssen sie gestützt werden, um nicht unter der Last der Früchte umzuknicken. Jede einzelne Staude muß abgestützt werden, mit Bambusstangen oft von mehreren Seiten. In der letzten Zeit hat man ein kompliziertes Festbindesystem entwickelt, so daß die Stauden sich untereinander Halt geben. Ein Plantagenbesitzer oder -pächter muß mit seinen Arbeitern jeden Tag einen Kontrollrundgang durch alle Reihen machen.

Aber das ist nicht alles: Der größte Feind der Banane ist der Wind! Bläst er einmal zu stark oder kommt es zu einem richtigen Sturm oder auch nur zu Tropenregen, der auch viel Wind mit sich bringt, kann die gesamte Ernte vernichtet werden!
Wenn die Früchte zu reifen beginnen, sind sie durch Ungeziefer besonders gefährdet. Deshalb müssen die Früchte in Netze eingewickelt werden, damit Luft und Sonne trotzdem noch durchkommen. Wenn die Bananen dann schließlich reif sind, werden sie per Hand geerntet: die Netze werden gelöst, die Stützen abgebaut, die Bananen werden auf große Lastwagen geladen und zum Bestimmungsort gefahren.
Die Bananenpflanzen wachsen schnell, aber sobald sie Frucht getragen haben, sterben sie ab, und es entsteht neben ihnen ein neuer Trieb.

Von Loum aus steigt die Straße noch einmal wesentlich an, bis man nach Nkongsamba kommt (bis Bafoussam sind es dann noch etwa 123 km). Sie biegen beim ersten Wegweiser von der Umgehungsstraße rechts ab in die Stadt. Von dieser Straße aus haben Sie einen guten Überblick über die Stadt.

Nkongsamba

Touristische Hinweise

Hotel
Hotel Le Mungo, B.P. 18, Nkongsamba, Tel.: 49 15 78 u. 49 14 57. Dies ist das einzige Hotel am Platze, das diesen Namen verdient. Es wird nicht unbedingt geraten, hier zu übernachten (Zimmer ab 8.000 CFA), jedoch ist die Küche eine der besten der kamerunischen Hotels. Sie können auch mit einer Gruppe unangemeldet kommen, es ist immer etwas da, oft kamerunische Spezialitäten zur Auswahl oder Wildfleisch, das nicht nur wegen seiner Seltenheit als Delikatesse zählt. Sie speisen entweder auf einer luftigen, überdeckten Terrasse oder im "Spiegelsaal", einem winzigen Versailles mit goldenen Stühlen und blütenweißen Tischtüchern. Von außen sieht das Hotel nicht sehr einladend aus, große Überraschung jedoch im Inneren!

Restaurant
vgl. Hotel Le Mungo.
Sie können afrikanische Spezialitäten, wie gegrillte Heuschrecken oder Termiten, gerade am Ende der Regenzeit, auf dem Markt kaufen. Allerdings sind dies nicht Spezialitäten für jeden Europäer.

Tankstellen
Es gibt mehrere, aber die direkt neben dem Hotel ist die bequemste, denn das Hotel liegt an der Ausfahrtstraße, auf der man wieder auf die Umgehungsstraße kommt.

Der Name der Stadt bedeutet "die Stadt der sieben Hügel", aber in Wirklichkeit sind es wohl mehr Erhebungen um die Stadt herum. Sie liegt am Fluß Mungo, nach dem das Département, der Verwaltungsbezirk, benannt ist, und der bei Douala ins Meer mündet.

Die Stadt selbst ist von wenig Interesse, die Leute sind fotoscheu, alles ist überzogen von roter Erde, die der Stadt einen schmutzigen Anstrich gibt.

Bei klarem Wetter jedoch haben Sie einen schönen Rundblick auf die umliegenden Berge: **Manengouba** (2.411 m ü.M.), **Nlonako** (1.825 m ü.M.) und **Koupé** (2.064 m ü.M.).

Informationen zu Martin-Paul Samba

Die Geschichte erzählt von Martin - Paul Samba, der um die Jahrhundertwende die Stadt gegründet haben soll. Er war einige Zeit zuvor nach Deutschland zur Armee gegangen und kehrte als Offizier in deutschen Diensten zurück. Er bemerkte jedoch schnell, daß er auf die Seite seiner afrikanischen Brüder gehörte und unterstützte den Kampf von Rudolph Douala Manga gegen die Weißen. Er wurde daraufhin von letzteren erschossen. In der Erinnerung der Menschen ist er jedoch lebendig.

Ausflüge von Nkongsamba aus

- Zum Gipfel des Manengouba
- Zum Wasserfall von Ekom

Der **Gipfel des Manengouba**, ein Vulkan, liegt westlich von Nkongsamba und birgt zwei Seen unterschiedlicher Färbung in sich, blau und grün, die "See der Frau" und "See des Mannes" genannt werden. Die Fahrt hierher ist etwas für Abenteurer.

Dieser Ausflug ist von Nkongsamba nur mit einem geländegängigen Fahrzeug möglich und selbst dann eine gute Tagestour (früh losfahren und Proviant, vor allem genug Wasser, mitnehmen!).

Da die Straße nirgendwo ausgeschildert ist, müssen Sie unbedingt einen ortskundigen Führer mitnehmen, bei dem und über den Sie sich vorher genau erkundigen müssen. Sie finden einen solchen Führer am besten in der Stadt, z.B. im Hotel Le Mungo. Zudem müssen Sie Auskunft einholen über den aktuellen Stand der Pisten, damit Sie nicht auf halbem Wege umkehren müssen. Es gibt zwei Zufahrtswege, aber Sie müssen auf jeden Fall über die **Missionsstation Bangem** fahren.

Zum **Wasserfall von Ekom** brauchen Sie ebenfalls einen Führer, ein gutes Fahrzeug und fast einen Tag Zeit. Sie fahren auf die Umgehungsstraße Richtung Norden aus Nkongsamba hinaus und bis Melong II. Am Ortseingang verlassen Sie die geteerte Straße und folgen der Piste etwa 11 km lang (keine Ausschilderung!). Das letzte Stück müssen Sie zu Fuß gehen, bis Sie zum Fluß Nkam kommen. Von dort stürzen sich die Wasser etwa 80 m in die Tiefe.

4.1.4 BAFOUSSAM UND DAS LAND DER BAMILÉKÉ

Streckenbeschreibung
Von Nkongsamba aus fahren Sie weiter Richtung Norden, überqueren den Fluß Nkam (schöner Ausblick vor allem nach rechts), bis Sie zum Dorf **Kekem** (etwa 37 km) kommen.

Dieser ganz kleine Ort hat einen besonderen Charme: Alle Chauffeure und die Insassen der öffentlichen Verkehrsmittel essen hier. An der Straße entlang finden Sie dicht an dicht ein kleines "Restaurant" am anderen - manchmal sind es Bretterbuden, manchmal befindet sich auch einfach die Kochstelle am Straßenrand unter freiem Himmel - wo alle Gerichte, die die Kameruner gern mögen, zubereitet werden.

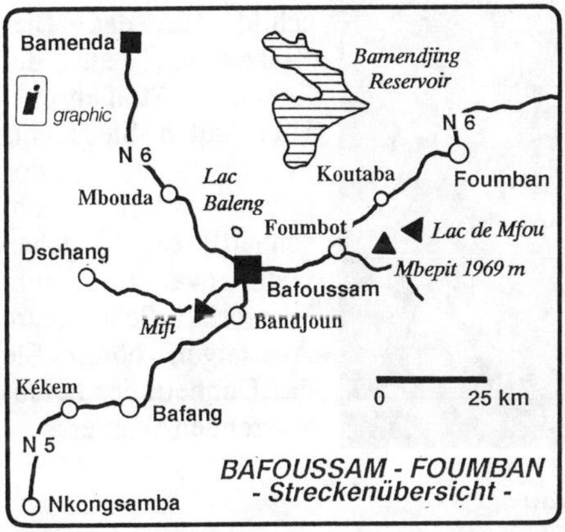

Hier finden Sie alle Sorten gegrillten Fleisches und Fisches, Innereien, Ausgebakkenes in ganz unterschiedlicher Zusammensetzung, hart gekochte Eier, Brot, sehr lekkere Filetspieße, die auch (fast) jedem Europäer schmekken, sämtliche Getränke, und es ist ein unglaubliches Getriebe. Fahren Sie langsam, denn die Autos der Hungrigen stehen manchmal in zweiter Reihe oder sogar mitten auf der Straße.

Es ist ein lustiges Schauspiel, und Sie sollten es sich in Ruhe, aber besser vom Auto aus, ansehen. Die Leute hier sind sehr mißtrauisch den Fremden gegenüber, und wenn Sie mit dem Fotoapparat winken, kann es leicht zu Mißverständnissen kommen. Ansonsten sind die Leute heiter und freuen sich über ihre Pause.

Hier haben Sie auch einmal Gelegenheit, die voll bepackten Buschtaxis aus der Nähe zu betrachten, was da so oben auf dem Dach mitgeschleppt wird, von der lebenden Ziege übers Brennholz, Möbel, Säcke und vieles mehr.

Nur noch etwa 26 km sind es nun bis nach Bafang, das schon ganz im Land der Bamiléké liegt.

Wasserfall von Mouankeu

Wasserfall von Mouankeu

2 km vor der Stadt jedoch sollten Sie sich unbedingt den Wasserfall von Mouankeu ansehen.

Sie überqueren nochmals den Nkam und gelangen dann nach einer Rechtskurve zu einem großen Reklameschild für das Bier "Satzenbrau" auf der linken Straßenseite. Hier halten Sie rechts (Vorsicht, die Autos fahren hier sehr schnell!) und gehen noch etwa 50 m zum Wasserfall. Schon beim Aussteigen hören Sie das Donnern des herabstürzenden Wassers.

Bafang

Fahren Sie weiter nach **Bafang**, das zwar als Stadt keinen besonderen Reiz hat, aber als Verkehrsknotenpunkt zwischen Douala und Bafoussam (bis Bamenda) - seit kurzer Zeit durch die neu geteerte Straße auch für Yaoundé - wichtig ist.

Hotel

Hotel La Falaise, B.P.143, Bafang. Wenn Sie essen oder schlafen möchten, gehen Sie hierhin. Das Hotel ist allerdings keineswegs billig (Zimmer ab 12.000 CFA), der Service nicht sehr freundlich. Das Essen ist teuer (Menu ab 5.000 CFA) und nur von mittelmäßiger Qualität. Es ist besser, Sie fahren die 60 km nach Bafoussam weiter.

Von Bafang aus haben Sie seit kurzer Zeit **zwei Möglichkeiten, nach Bafoussam** zu gelangen:

- **über den Paß Col de Batié** (1.800 m ü.M.), eine sehr kurvenreiche Strecke mit vielen Schlaglöchern. Sie ist die kürzeste und bietet bei klarem Wetter sehr schöne Ausblicke.
- **über den Paß Col de Bana** (1.700 m ü.M.) und **Bangangté** auf der neu erbauten Straße. Hier haben Sie die Möglichkeit, die kleine **"Chefferie" von Bana** (ausgeschildert, direkt am Ortseingang rechts) zu besuchen. Sie dürfen allerdings nicht in die beiden vor dem Palast liegenden Tam-Tam-Häuser gehen, denn sie sind heilige Orte. Im allgemeinen wird man dort sehr freundlich empfangen. Gehen Sie einfach geradeaus hinein und fragen Sie jemanden. Gehen Sie nicht rechts oder links in die Frauenhäuser, sondern bleiben Sie auf der geraden Straße, die zum Empfangsgebäude führt, das aber meist verschlossen ist. Der Empfangsraum des Fons ist weiter hinten, man wird Sie dorthin führen.

Diese Strecke hat sehr interessante und schöne Ausblicke auf die umliegende Landschaft. Zudem gibt es in der Umgebung mehrere kleine Chefferien zu besichtigen, ebenso einige kleinere Wasserfälle, die aber oft schwer zu Fuß zu erreichen sind. Sie müssen auf jeden Fall einen ortskundigen Führer mitnehmen; und eine solche Unternehmung kostet viel Zeit.

Bandjoun

Beide Strecken vereinen sich wieder in Bandjoun, dessen "Chefferie" Sie unbedingt besichtigen sollten. Egal, von welcher Seite Sie kommen, Sie stoßen auf eine große Straßenkreuzung, die in ihrem Aussehen einem europäischen Autobahnkreuz nahekommt. Sie fahren **nicht** in die Stadt Bandjoun, die ohne Reiz ist. Auf der Straße nach Yaoundé, kaum 100 m östlich der großen Kreuzung, ist der Weg zur Chefferie ausgezeichnet. Hier können Sie nicht mehr fehlfahren.

Palast in Bandjoun

Es gibt zwei Eingänge, der eine durch das große Eingangstor, das viele Chefferien kennzeichnet, oder Sie fahren weiter geradeaus und kommen dann über den alten Versammlungsplatz auf die Allee, die zum Palast führt.

Das Volk der Bandjoun ist mit den Bamiléké verwandt, es hat jedoch eine eigene Dynastie. Der Palast des Königreiches, ein großes, strohgedecktes Haus mit schön

Thron des Königs von Bandjoun

geschnitzten Stützsäulen und vielen Verzierungen liegt am Ende einer Allee, die von den Frauenhäusern gesäumt ist, in die Sie auf keinen Fall hineingehen dürfen!

Im Palast finden regelmäßig die Treffen des Königs mit seinen Notablen statt, es gibt weitere Versammlungs- und Speichergebäude im Hintergrund.

Alles müßte renoviert werden, und es ist zu hoffen, daß der aktuelle König Kamga dieses in Angriff nimmt.

Auf der linken Seite steht sein bisheriges Wohnhaus mit seinem Thron und das Museum.Da er jedoch rechts ein neues Wohnhaus modernen Stils errichtet hat, wird nun das alte gänzlich Museum. Das ist zu begrüßen, denn im jetzigen Museum stehen die Gegenstände zu dicht und verstauben.

Der Besuch der Chefferie kostet 500 CFA Eintritt für jedermann, außerdem 1.000 CFA Fotoerlaubnis. Lassen Sie sich nicht mehr "aufschwatzen", die o.g. Summen hat der König selbst festgelegt.

Im **Museum** (tagsüber jederzeit zu besichtigen) finden Sie Gegenstände aus der Dynastie: Thronsessel (für jeden König gibt es einen neuen Thron), Musikinstrumente, mit Perlen besetzte Kalebassen, Jagdtrophäen und vor allem den Krönungshut, reich mit Federn geschmückt. Er wird vom König nur am Tag seiner Inthronisierung getragen, ist über 20 kg schwer, und der König muß dies den ganzen Tag (frühmorgens bis nach 17 Uhr ohne Pause!) aushalten. Die Tradition sagt, wenn er zusammenbricht oder ihm der Hut zu schwer wird, ist er nicht würdig, die Last seiner Regentschaft zu tragen, und die Feierlichkeiten werden abgesagt. Es ist allerdings kein Fall bekannt, wo dies geschehen wäre.

Krönungshut der Bandjoun

Leider gibt es im Museum keine umfassende schriftliche Dokumentation über all diese Kunstschätze, sondern nur Hefte (sehr teuer) über einzelne Anlässe, die speziell dafür gefertigt wurden.

Leider veranstaltet der König von Bandjoun nur noch sehr selten Tänze, so daß sie für den Besucher ein besonders außergewöhnliches Ereignis werden.

Kehren Sie zurück auf die große Straße, trennen Sie noch etwa 20 Autominuten (14 km) von Bafoussam.

Bafoussam

Touristische Informationen

Flugverbindungen
Cameroon Airlines, B P 993, Tel.: 44 15 03
Es gibt offiziell Flugverbindungen **von Bafoussam nach:**

Yaoundé	3 x wöchentlich
Douala	3 x wöchentlich

Bitte die aktuelle Flugfrequenz unbedingt bei Cameroon Airlines erfragen. Es gibt häufigen Flugplanwechsel!

Hotels

- **Hotel Palace Garden,** B.P. 47, Bafoussam, Tel.: 44 16 96. Dieses Hotel (auf der Ausfallstraße nach Bamenda gelegen) ist relativ neu, mit Swimmingpool und Tennisplätzen, hat saubere Zimmer, angemessene Preise (ab 12.000 CFA) und einen freundlichen Service. Das Restaurant (Essen gut, aber nichts Außergewöhnliches) hat eine runde Form, man sitzt hübsch. Es wirkt architektonisch nicht, sondern sieht von außen wie ein charakterloser Block aus. Es ist jedoch durchaus empfehlenswert.

- **Hotel Résidence le Saré,** B.P. 731, Bafoussam, Tel.: 44 25 99. Dieses Hotel (ebenfalls auf der Ausfallstraße nach Bamenda gelegen) ist eine schön gebaute Bungalowanlage, die 1988 in Betrieb genommen wurde. Jeder Bungalow ist mit einer hohen Hecke vor den Blicken der anderen geschützt. Die Doppelzimmer (die wenigen, vorn liegenden Einzelzimmer sind einfacher ausgestattet), verfügen über einen Schlafraum mit einem "französischen" Bett (leider bisher nicht 2 Betten), ein Badezimmer mit Wanne und Dusche, ein Wohnzimmer mit Kühlschrank und Fernsehen und eine kleine Terrasse (Preis 16.000 CFA). Besonders hervorzuheben ist die sehr gute Küche. Auf Wunsch bereitet Ihnen die Besitzerin selbst ein hervorragendes N'Dolé. Ein besonders empfehlenswertes Haus.

Fehlt es an Platz, ist einige Hundert Meter von diesem noch ein älteres in ähnlichem Stil erbautes Hotel vorhanden: **Saré le Kamkop,** gleicher Besitzer, gleiche Adresse. Auch hier ist man gut untergebracht, wenn auch nicht so idyllisch wie im Résidence (ab 10.000 CFA).

Die in der Stadtmitte gelegenen Hotels sind alle sehr laut und auch vom Komfort her nicht empfehlenswert. Manche Hotels der staatlichen offiziellen Listen sind inzwischen auch geschlossen.

Tankstellen
Sie gibt es in genügender Anzahl im Stadtinneren, nicht mehr jedoch auf der Ausfallstraße nach Bamenda. Hier können Sie erst wieder in Mbouda (30 km) oder Dschang (60 km) tanken.

Bafoussam ist die Hauptstadt der Westprovinz und, traditionell gesehen, die der Bamiléké, zudem Zentrum des Kaffeeanbaus und dessen Verarbeitung. Der Boden vulkanischen Ursprungs läßt auch viel Gemüse gedeihen. Die Stadt, deren Markt alle 4 Tage stattfindet, hat sich in den letzten Jahren durch die Erhöhung der Kaffeeproduktion (trotz fallender Preise), Marke Arabica, der Einrichtung einer Brauerei und einer Tabakfabrik stark erweitert.

Die Stadt selbst ist nicht von großem Interesse, die öffentlichen Gebäude modernen Stils, aber sehr unterschiedlich untereinander, liegen alle zusammen um den großen Kreisverkehr am Eingang der Stadt. Besichtigungen sind nicht möglich.

Bafoussam ist - auch von seiner Hotelstruktur her, der ideale Ausgangspunkt für Sternfahrten im Grasland Kameruns.

Ausflüge von Bafoussam aus

- zum Wasserfall des Mifi
- zum Kratersee Baleng
- nach Dschang

Bleibt wenig Zeit, sind auch Tagestouren nach Foumban oder Bamenda hin und zurück möglich.

• Wasserfall des Mifi

Streckenbeschreibung
Auf der Ausfallstraße nach Bamenda fahren Sie etwa 10 - 15 Autominuten, bis Sie an eine Brücke kommen (die erste), die über einen Fluß führt. Dies ist der Mifi (so wie der Verwaltungsbezirk heißt). Hier parken Sie am besten etwas vor der Brücke links, überqueren die Straße (Achtung: schnelle Autos!) und gehen direkt vor der Brücke rechts einen schmalen Weg hinunter. Sie hören schon das Rauschen des Wasserfalls und steigen eine Treppe hinab. Auch sie muß aus der Kolonialzeit stammen.

Vorsicht, wenn es geregnet hat oder der Wasserfall viel Wasser hat: Die Stufen sind glitschig!

Der Wasserfall ist sehr breit und hat eine Falltiefe von ungefähr 30 m auf lauter spitze Felsen. Er spielte in der Vergangenheit eine für Europäer gruselig anmutende Rolle: Einst wurden hier die in Bafoussam gefällten Todesurteile vollstreckt. Man führte den Verurteilten von oben an den Wasserfall, wo der Mifi sehr flach ist und über ebenso flache Steine fließt. Hier sieht er noch sehr harmlos aus, wenn auch die Strömung schon ziemlich schnell ist. Von dort wurde der Verurteilte dann hinuntergestoßen. Kam er mit dem Leben davon, galt dies als Gottesurteil.

Wasserfall des Mifi, einst als Gottesurteil benutzt

• Kratersee Baleng

Streckenbeschreibung
Fahren Sie an der letzten Kreuzung vor Verlassen der Stadt Richtung Bamenda nach rechts ab, folgen Sie der Straße bis zum Hinweisschild Baleng und weiter der sehr kurvenreichen Piste mit Steigungen und Senkungen. Unterwegs haben Sie immer wieder schöne Ausblicke über das Land der Bamiléké.

Hinweis
Erkundigen Sie sich, vor allem in der Regenzeit, ob die Piste passierbar ist. Es ist günstig, ein Kind als Führer mitzunehmen, das Ihnen mehr von den Geschichten des Sees erzählen wird.

Die Fahrt dauert, je nach Zustand der Piste, 30 - 45 min., bis Sie an den Rand des Kratersees kommen. Hier klettern Sie kaum 20 m den Kraterseerand hinauf durch schwarze Lavaerde (am besten barfuß, alle Schuhe werden schwarz) und haben den See vor sich.

Hinweis
Besonders schön ist der See bei Sonnenuntergang.

Ahnenkult am Kratersee Baleng

Die Geschichten sagen, daß der See bewohnt wird von den Ahnen der verstorbenen Chefs um den See herum und daß sie es sind, die in Wirklichkeit noch immer das Land befehlen.

Wenn man sich ihren Zorn nicht zuziehen will, muß man bestimmte Regeln beachten:

- *Ein Bamiléké wird nie mit der Hand direkt auf den See zeigen, sondern immer weg von ihm, auch wenn er Ihnen etwas auf oder neben dem See beschreibt. Ein direktes Zeigen wäre eine Herausforderung für die Ahnen, und sie würden unweigerlich denjenigen in die Tiefe ziehen.*

- *Im See wird nicht gefischt, es sei denn, es sei jemand besonders initiiert, daß er mit den Ahnen kommunizieren kann.*

Da die Erde um den Kratersee besonders fruchtbar ist und den Bauern gute Erträge zusichert, fordern die Ahnen ihren Tribut: Was man abends zu essen hinstellt, ist morgens verschwunden.
Die Ahnen wollen eine Ziege, und die Menschen werfen sie in den See. Die Ziege kann sich nicht durch Schwimmen retten, sondern wird hinuntergezogen. Sie wollen ein Huhn; das Huhn kann sich nicht durch Davonflattern retten ...

Es gibt auch Fälle, wo Menschenopfer gefordert werden, sagen die Leute, wenn die Ahnen zu zornig geworden sind, bzw. einer sich etwas hat zuschulden kommen lassen.

Diese und andere Geschichten bilden einen wesentlichen Teil des heute noch praktizierten Glaubens an die Götter der Natur und an die Geister der Ahnen, gerade in dieser Gegend.

• Dschang

Streckenbeschreibung

Auf der N 6 nach Bamenda führt die Abzweigung nach Dschang etwa 10 km nach Verlassen der Stadt links ab. Die Abzweigung ist ausgeschildert. Die Straße ist ganz neu geteert. Die Fahrtzeit ist durch die Teerstraße kurz geworden, ca. 45 min, bei knapp 60 km Entfernung von Bafoussam.

Hotel

Das einzige Hotel ist das **Centre Climatique,** B.P. 40, Dschang, Tel.: 45 10 58. Das Hotel ist sehr weiträumig gebaut, die Rundhütten sind schon zum großen Teil renoviert. Es ist ein altes Hotel mit schöner Holztäfelung im Restaurant und Holzfußboden. Das Essen ist gut, der Preis akzeptabel (Zimmer ab 12.000 CFA, Menu 4.500 CFA). Das Hotel hat ein großes Schwimmbad.

Dschang liegt in 1.400 m ü.M. und ist bekannt wegen seines guten Klimas und seines Erholungswertes. Am Stadteingang können Sie einen kleinen See betrachten, der wirklich fast wie ein See eines deutschen Kurortes aussieht.

Dschang ist wirklich zum Erholen geeignet, denn es gibt außer dem Markt und dem Kunsthandwerkszentrum so gut wie keine Zerstreuung.

Der **Markt** findet jede Woche einmal (dazwischen ein zweiter, "kleiner" Markttag) statt und hat einen wunderschönen Eingang. Er ist inzwischen von einem modernen Maler mit traditionellen Szenen aus dem Leben der Bamiléké ausgestattet. Durch ein Tor tritt man dann in das Marktgelände selbst.

Das **Kunsthandwerkszentrum** ist reich im Angebot, aber nicht billig im Preis. Hier finden Sie vor allem Holzschnitzereien jeglicher Art, aber keine alten Stücke.

Die Universität Yaoundé hat in Dschang ein **Forschungszentrum** (Land- und Forstwirtschaft und einige andere naturwissenschaftliche Fakultäten) eingerichtet.

Der Wasserfall der Mami Wata ist ziemlich berühmt, aber der Zugang beschwerlich. Die Piste ist in sehr schlechtem Zustand, und der Weg ist 23 km lang (Richtung Fongo-Tongo).
Mami Wata ist ein in ganz West- und Zentralafrika bekannter Wassergeist weiblichen Geschlechts, der gute und schlechte Eigenschaften hat. Ein Besuch ist nur mit Führer zu empfehlen, und auch dann nur, wenn der Wasserfall genug Wasser führt (nicht am Ende der Trockenzeit).

Auf dem Hin- oder Rückweg nach Dschang können Sie, wenn Sie ihn antreffen, den **Chef von Bansoa** besuchen. Sie fahren von Dschang aus zurück und biegen nach einigen Kilometern (fragen, da durch die neue Straße noch keine Beschilderung erfolgt ist) nach rechts ab auf die Piste. Von dort sind es noch etwa 10 km, bis Sie in einer Talmulde sein Anwesen sehen. Seine Chefferie ist klein, und er hat große wirtschaftliche Probleme. Er ist Fremden gegenüber zwar am Anfang sehr zurückhaltend, aber sonst sehr gastfreundlich und bereit, Auskünfte zu geben.

Hier ist noch einer der wenigen Orte, wo jedes Jahr rituelle Initiationstänze stattfinden (Januar/Februar, Datum nicht genau festgelegt) und wo man auch nach Anmeldung und, wie in Afrika üblich, mit einigen Gastgeschenken, zuschauen darf.

4.1.5 FOUMBAN UND UMGEBUNG

Streckenbeschreibung
Von Bafoussam aus fahren Sie weiter Richtung Norden auf der N 5, Endziel Foumban (ca. 72 km). Die Straße ist zuerst sehr schlecht (Achtung: tiefe Löcher!), wird aber nach der Überquerung des Noun besser. In der Nähe der Straße soll man zu gewissen Jahreszeiten Flußpferde im Noun schwimmen sehen können.

Auf dieser Strecke gelangen Sie an eine Stelle, wo keine Ansiedlung ist, aber auf der linken Straßenseite eine lange Allee lila-blau blühender Jacaranda, fast das ganze Jahr über. Auf diesen Bäumen haben sich teilweise Orchideen als Schmarotzer angesiedelt.

Foumbot

Knapp 27 km hinter Bafoussam liegt Foumbot, der Gemüsegarten Kameruns. Hier können aufgrund der fruchtbaren Vulkanerde fast alle Gemüse und Früchte des Landes angebaut werden. Die Tomaten sind wegen ihres vorzüglichen Geschmacks im ganzen Land bekannt; sie werden eigens für den Transport in dafür geflochtene sehr hübsche Körbe verpackt.

In Foumbot ist sonntags Markt, und die Menschen strömen von allen Seiten dorthin. Dieser Markt ist einer der farbenfrohesten im Westen Kameruns.

Weitere 15 km hinter Foumbot kommen Sie an die **Militärbasis Koutaba**, an der Sie schnell vorbeifahren sollten und keinesfalls Ihren Fotoapparat auch nur zeigen dürfen. Alles würde Ihnen hier als Spionage ausgelegt.

Lac de Mfou oder Lac miraculeux du Mont Mbatpit

Zur Rechten taucht dann der breite Kraterrücken des **Berges Mbepit** oder **Mbatpit** auf, der eine Höhe von 1.969 m ü.M. aufweist. In diesem Bergmassiv ist ein Kratersee versteckt, zu dem der Aufstieg allerdings sehr mühsam ist. Er wird der Lac de Mfou oder Lac miraculeux du Mont Mbatpit genannt. Sie können **5 km hinter Koutaba** eine (schlechte) Piste rechts hineinfahren, die zum Krater führt. Die letzte Strecke müssen Sie zu Fuß zurücklegen (klettern, feste Schuhe wegen der Schlangen, am besten früh morgens wegen der Hitze), bis Sie zum See kommen.

Mit diesem See hat es eine besondere Bewandtnis: Man kann versuchen, Steine oder gar Steinblöcke hineinzuwerfen oder -rollen. Jedoch werden sie vorher seitlich abgedriftet und fallen nie ins Wasser! Wie dieses Phänomen erklärbar ist, ist wohl noch nicht erforscht - auch hier wieder eine Quelle für geheimnisvolle Geschichten.

Hinter Koutaba und vor Foumban sehen Sie links einige Höhen, die durch Tannen, einer Pinien ähnlichen Sorte, wieder aufgeforstet werden. Das ist unbedingt nötig geworden durch die vorher entstandene Erosion. Auf den Hügelabhängen, die noch nicht wieder bepflanzt worden sind, gibt es eine eigenartige Erscheinung, die man sonst selten findet: Termitenhügel in Pilzform.

Foumban

Schließlich fahren Sie durch das Stadttor, das mit dem Symbol der Bamoum geschmückt ist, in die Stadt ein: Foumban, die Perle Westkameruns. Hier in Foumban endet die Teerstraße. Die Piste weiter in Richtung Banyo ist in keinem guten Zustand und Banyo selbst von keinem touristischen Interesse. Sie fahren am besten weiter am Krankenhaus vorbei, am Justizpalast, bis Sie ins Herz der Stadt gelangen: links der Sultanspalast, rechts die Moschee und der Markt.

Touristische Informationen

Hotel

Hotel Le Chalet, B.P. 48, Foumban, Tel.: 48 21 03. Dieses Hotel ist quasi das einzige, in dem man übernachten kann, und auch dieses ist nicht sehr komfortabel, freilich auch nicht sehr teuer (Zimmer ab 8.000 CFA). Die Küche dagegen ist sehr gut, auch wenn der Service manchmal etwas länger dauert. Leider liegt es etwas außerhalb der Innenstadt, so daß Sie einen Fußmarsch von 20 Min. auf sich nehmen oder ein Auto benützen müssen. Das ehemals bekannte Hotel Beauregard hat sein Niveau in jeder Hinsicht eingebüßt.

Restaurant

Vgl. Hotel Le Chalet

Wenn Sie nur eine Kleinigkeit essen wollen, gehen Sie in die in der Nähe des Sultanspalastes liegende Bar de l'Amitié.

Tankstellen

Sie gibt es in ausreichender Anzahl im Stadtinneren.

Taxis

Taxis können Sie unterwegs anhalten, und zum Preis von ca. 125 CFA in der Stadt herumfahren. Allerdings wird man Ihnen für die Fahrt zum Hotel Le Chalet 200 CFA abverlangen.

Nehmen Sie sich für Foumban genügend Zeit, es ist ungeheuer reich an historischen und künstlerischen Schätzen.

Die Besichtigung der Stadt beginnen Sie am besten am **Palast des Sultans**, dem Herzen der Stadt.
Sie treten in den Palasthof und sehen zuerst in einem kleinen flachen Gebäude links die Schule. König Njoya hat sie gegründet und dort Schrift und Kultur der Bamoum unterrichten lassen. Die Schule ist heute noch in Betrieb, man wird sie Ihnen gerne zeigen.

Auf der rechten Seite vom Eingang aus befindet sich der alte Palast des Sultans, zu dem Sie jedoch normalerweise keinen Zutritt haben.
Wenn es Ihnen gelingt, das königliche Hoftheater zu einer Vorstellung zu bewegen, wird sie dort stattfinden, und Sie dürfen den Innenhof betreten.

Fragen Sie nach der Gruppe im Palasthof, entweder nach dem "Präsidenten" oder nach dem Prinzen Yaya; sie sind für die Vorstellungen zuständig. Kommen Sie unangemeldet, fragen Sie einige Stunden vorher (z.B. morgens für den frühen Nachmittag), denn die Leute müssen erst zusammengeholt werden. Handeln Sie einen fairen Preis aus, denn die Künstler haben oft kein anderes Einkommen als dieses, und übergeben Sie das Geld stets nach dem Ende der Vorstellung dem Präsidenten.

Wenn Sie den Innenhof betreten, ist Vorsicht geboten: Aber Verscheuchen Sie nicht die 7 Perlhühner, die dort leben und zu der Musik gackern werden. Sie haben für den Sultan rituelle Bedeutung. Werden sie jedoch verscheucht, fliegen sie über das Dach hinaus aus dem Innenhof. Dann haben Sie ein Tabu verletzt, und das ist ein schlechtes Zeichen. Bewegen Sie sich mit Ihren Kameras vorsichtig und gehen Sie nicht über die Ihnen zugewiesenen Orte hinaus, dann kann nichts passieren. Fliegt ein Perlhuhn ohne Ihr Zutun weg, trifft Sie keine Schuld.

Wollen Sie die Sitten des Palastes besonders würdigen, gehen Sie nicht durch die Hofmitte zum Palasteingang, sondern halten Sie sich am Rand. Die Mitte mit dem Grab der Mutter von König Njoya können Sie noch nach der Palastbesichtigung ansehen.

Zu beiden Seiten des Palasthofes befinden sich - niedriger als der Palast selbst - die Frauenhäuser, die Sie, wie überall, nicht betreten dürfen. Links vorn an der Mauer hängt ein großes Schild mit der Dynastie der Bamoum, das Sie nicht übersehen können. Folgen Sie der Mauer weiter, werden Sie auf einen meist geöffneten kleinen Raum stoßen. Gehen Sie nicht hinein, fragen Sie jedoch einen der sich dort aufhaltenden Männer. Man wird Ihnen erzählen, daß dies der Raum für die Adligen ist, der auch als Waffenraum dient. Vielleicht wird man Sie hineinbitten.

Dann können Sie zum **Palastmuseum** gehen.

Öffnungszeiten
täglich: 8 - 12 Uhr 14.30 - 17.30 Uhr.
Eintritt einschließlich Fotografiererlaubnis: 500 CFA.

Statue des Königs Njoya auf dem Marktplatz von Foumban

Der Konservator des Museums, Pierre Lah, wird Sie herumführen und Ihnen alles ausführlich erklären. Stellen Sie ruhig Fragen, er nimmt sich stets Zeit für seine Besucher.

Das Museum ist eines der bestsortierten in Kamerun.

Wenn Sie den Palast wieder verlassen (werfen Sie auch einen Blick hinten hinaus auf die Landschaft und die Statue des Königs Njoya), können Sie das Grab von Njoyas Mutter in Ruhe besichtigen. Bitte steigen Sie jedoch nicht auf die Gitter, um die deutsche Inschrift fotografisch festhalten zu können!

Wenn Sie Glück haben, hält der Sultan sich außerhalb seiner Gemächer auf, um für die Öffentlichkeit ansprechbar zu sein. Dann können Sie ihn begrüßen.

Gehen Sie dann aus dem Palasthof wieder gerade hinaus über die Straße auf den Markt. Da steht zur Linken eine weitere Statue des Königs Njoya, zur Rechten befindet sich das **Tam-Tam-Haus**.

Hinweis
Sie können sich zu jeder Tageszeit das Tam-Tam-Haus aufschließen lassen, es sitzen immer Wächter davor. Sie öffnen dann Tür und Fenster und erwarten am Schluß der Visite ein Trinkgeld (je nach Besucheranzahl zwischen 500 und 2.000 CFA).

Im Tam-Tam-Haus befindet sich die große, etwa 10 m lange **Kriegstrommel**, die aus der Zeit des 11. Königs stammen soll, sein Portrait trägt und wohl im vorigen Jahrhundert zum letzten Mal geschlagen wurde. Ihr Schall trägt 70 km weit; dies ist ohne weiteres vorstellbar, wenn man bedenkt, daß sie oben auf dem **Heiligen Platz** geschlagen wurde (s.u.). Sie ist eine

Schlitztrommel und offensichtlich aus einem Kapokbaum gefertigt, dem größten Baum Afrikas überhaupt. Sie besteht aus einem ausgehöhlten Stamm mit breiten Schlitzen oben, auf die mit großen Holzstäben getrommelt wurde, um zum Krieg zu rufen.
Im Hintergrund des kleinen, aus Bambus gefertigten Hauses mit den schön geschnitzten Säulen steht der **Thron des 11. Königs** (wahrscheinlich eine später hergestellte Kopie), der die gleichen Merkmale hat wie die der anderen großen Könige: Er ist aus Holz geschnitzt (die neueren sind mit Kaurischnecken oder Perlen besetzt), hinter dem eigentlichen Sitzplatz stehen zwei Sklaven, ebenfalls aus Holz, die dem König zu essen und zu trinken bringen. Vorn, da wo der König seine Füße auf einen Holzsockel setzt, hocken rechts und links zwei hölzerne Krieger mit Gewehren, die symbolisch den König verteidigen sollen.

Manchmal können Sie im Tam-Tam-Haus auch einige kleine **Terracotta-Figuren** kaufen, die sehr schön sind. Hier wird nicht um den Preis gehandelt, die Alten sagen den richtigen Preis (aber nur die Alten!).

Ist der Sultan nicht in der **Moschee**, können Sie um eine Besichtigung des **Turmes der Moschee** bitten. Es ist immer jemand in der Nähe, der die Moschee hütet, der Ihnen aufschließt und Sie nach oben geleitet (Schuhe bitte ausziehen!).

Von oben haben Sie einen wunderschönen Rundblick auf die Stadt und das umliegende Land, das der Sultan regiert.

Am Schluß erwartet man von Ihnen einen Obolus zum Erhalt der Moschee oder auch Ihr Geldgeschenk der moslemischen Tradition zufolge, daß man für Sie in der Moschee bete: Opfer und Fürbitte gehören zusammen.

Am Fuße der Moschee ist der **Markt**, der zwar jeden Tag interessant, aber samstags am größten ist. Hier treffen sich Käufer und Händler von weit her, Sie bekommen einen Eindruck von der Überfülle der Produkte des Landes der Bamoum, seien es nun Lebensmittel, Kleidung, Stoffe, Kunsthandwerk oder Schmuck. Da der Markttag immer ein Festtag ist, tragen alle die schönsten Kleider, und es herrscht stets fröhliche Stimmung.

Fahren Sie dann hoch zum **Heiligen Platz**, wo noch heute der Sultan mindestens einmal im Jahr von einem steinernen Podest aus zu seinem Volke spricht. Hier werden die wichtigsten Entscheidungen dem Volke mitgeteilt, hier wurde einst auch Krieg ausgerufen. Dies ist der höchste Punkt der Stadt.

Wieder in der Stadt, fahren Sie wenige hundert Meter Richtung Stadtausgang, dann nach links (ausgeschildert), und Sie kommen zur **Kunsthandwerkerstraße**. Dies ist eine ganze Straße, am Berghang gelegen, die von oben von einem Museum traditioneller Kunst aus (aber lauter Imitationen, neue Schnitzereien, Eintritt frei) nach unten führt. Rechts und links säumen

Künstler verschiedener Art die Straße: Weber, Sticker, Schneider, Färber, Schnitzer, Bronzegießer, Töpfer, Maler, die teils alte Kunstschätze, teils auch nach der Tradition wieder neu gefertigte herstellen und verkaufen. Nehmen Sie sich Zeit für diese Straße, es lohnt sich!

Vor dem Palast verkaufen Händler ebenfalls Kunstgegenstände, es ist jedoch immer wieder festzustellen, daß ihre Preise im allgemeinen höher sind als die in der Kunsthandwerkerstraße.

Ausflüge von Foumban aus

Von Foumban aus können Sie vor allem zwei Ausflüge machen:

- nach **Njimom**, der Gründungsstätte des Volkes der Bamoum (vgl. Kapitel 2.3.5)
- nach **Mantoum**, zum **Palast des Sultans**, wo er sich manchmal zum Ausruhen hin zurückzieht. Mantoum liegt etwa 25 km östlich von Foumban und ist, ebenso wie Njimom, nur mit Genehmigung des Sultans (und einem Führer) zu besichtigen.

4.1.6 BAMENDA UND DIE "RING ROAD"

Streckenbeschreibung
Sinnvollerweise starten Sie diese Tour auch von Bafoussam aus (etwa 80 km, kurvenreiche Straße mit vielen Steigungen).

Über den Straßenbau zwischen Bafoussam und Bamenda erzählt man sich die schaurigsten Geschichten.

Ihnen zufolge wollten die Geister der Ahnen nicht, daß diese Straße - die auch heute noch viele Tote fordert - gebaut wurde.

Es müssen dabei so viele Hindernisse aufgetaucht sein, daß fast alle der Arbeiter an Hexerei glaubten: Ein Kapokbaum, der wegen der Straße entfernt werden mußte, stand zu wiederholten Malen am nächsten Tage wieder an seinem alten Platz; Brücken brachen trotz statischer Berechnung durch; Löcher in der schon fertigen Straße entstanden unerklärlicherweise ...

Vorbei an dem Wasserfall des Mifi (vgl. Kap. 4.1.4) kommen Sie nach etwa 30 km nach Mbouda, wo Sie noch einmal tanken können. Hier geht auch eine (schlechte) Piste nach Dschang, Sie biegen jedoch nach rechts ab Richtung Bamenda. Sie erreichen nun die englischsprachige Nord-West-Provinz, deren Hauptstadt Bamenda ist.

Bei der Anfahrt über die Berge (schöne Ausblicke) erreichen Sie Höhen von gut 1.800 m ü.M., Bamenda selbst liegt in einer Talmulde in 1.500 m ü.M.

Akum

Kurz vor Bamenda liegt ein kleiner Ort, Akum, wo Sie auf der linken Seite einen Hinweis auf ein **Museum** finden, wo ein einzelner Mann, Peter Shinwin Atanga, ein sehr interessantes, kleines, total mit Masken, Statuen, alten Gegenständen jeder Art einschließlich Kuriosa wie einer uralten Schreibmaschine vollgestopftes Museum unterhält. Leider muß er seit kurzer Zeit 1.000 CFA Eintritt nehmen; es ist immer offen, wenn er da ist. Es besteht Fotografierverbot. Dennoch ist ein Besuch lohnend.

Bald sehen Sie auf der linken Seite im Tal Bamenda liegen und können die kurvenreiche Straße steil hinabfahren.

Bamenda

Touristische Informationen

Flugverbindungen

Cameroon Airlines, Fonader Building, Sonac Street, B P 501, Tel.: 36 11 62
Es gibt 3 x wöchentlich eine Flugverbindung nach Douala.

Bitte die aktuelle Flugfrequenz unbedingt bei Cameroon Airlines erfragen. Es gibt häufigen Flugplanwechsel!

Hotels

- **Hotel Ayaba,** B.P. 315, Bamenda, Tel.: 36 13 21. Dieses Hotel ist das erste am Platze und auch das teuerste. Es hat einen Nachtclub und als einziges ein Schwimmbad. Die Preise (Zimmer ab 12.000 CFA) sind vom Preis/Leistungsverhältnis nicht angemessen, das Hotel macht einen überaus anonymen Eindruck. Das Essen ist gut, die Getränke jedoch unverhältnismäßig teuer.
- **Hotel Mondial,** Bamenda. Dieses Hotel hat noch nicht sehr lange geöffnet, deshalb fehlen die postalischen Angaben. Fragen Sie nach, man wird Ihnen den Weg zeigen. Das Hotel ist Mittelklasse, sehr sauber, freundlich im Service, das Essen gut, und die Preise sind angemessen (ab 8.000 CFA pro Zimmer). Durchaus zu empfehlen.

Restaurants

vgl. Hotels
Ansonsten gibt es auch in dieser verhältnismäßig großen Stadt nur kleine einheimische Restaurants, deren Qualität sehr unterschiedlich ist und rasch wechselt.

Tankstellen
Sie sind überall in der Stadt ausreichend vorhanden, nicht aber auf der Ausfallstraße nach Bafoussam.

Kommen Sie von oben in die Stadt Bamenda, sehen Sie gleich zur Linken das ehemalige **deutsche Militärfort**, einen Backsteinbau, wahrscheinlich erst 1912 erbaut.

Hinweis
Da es auch heute zum Teil noch militärischen Zwecken dient, ist es absolut verboten zu fotografieren! Dies gilt ebenso für die anderen Gebäude aus deutscher Zeit, bis auf den Friedhof. Fragen Sie jemanden vom Militärfort, der Sie zum Friedhof begleitet, wenn Sie die Grabsteine fotografieren möchten.

Direkt unter dem Fort liegt der **deutsche Friedhof**, der aber ebenso den Engländern gedient hat. Er ist heute fast gänzlich mit Gras überwachsen, und man hat Mühe, zu ihm durchzudringen. Von hier oben bietet sich ein schöner Blick über die Stadt.

Auf derselben Straße, etwa auf gleicher Höhe rechts, sehen Sie das ehemalige **deutsche Hospital**, das heute administrativen Zwecken dient.

Fahren Sie die steile Straße langsam hinunter, denn auch hier gibt es immer wieder Raser in den unübersichtlichen Kurven!

Auf halber Höhe befindet sich auf der linken Straßenseite ein **Kunsthandwerkszentrum** (durch ein Tor im Bamilékéstil, d.h. mit zwei spitzen Türmen gekennzeichnet), wo Sie Halt machen sollten. Es lohnt eine Besichtigung, auch wenn Sie nichts kaufen wollen. Allerdings sind hier die Preise angebracht (feste Preise, Rabatt bei größerem Einkauf) - im Gegensatz zum Stadtinneren, wo alles teurer ist.

Zudem schließt sich ein kleines Restaurant/Bar an, wo Sie auf einer Terrasse mit Ausblick auf die Stadt verweilen können. Ob Sie hier essen wollen (nur kleine Gerichte), ist Ihre Entscheidung, aber Sie können, wenn Sie etwas trinken, sogar Ihr Picknick mitbringen.

Im Stadtzentrum wird täglich ein sehr großer **Markt** abgehalten, der den nigerianischen Einfluß spüren läßt. Allerdings wollen die Leute hier nicht fotografiert werden und reagieren aggressiv, wenn man dies nicht respektiert. Man muß bedenken, daß diese Provinz als letzte zu Kamerun gekommen ist und die Leute immer noch mißtrauisch sind.

Beim Markt gibt es ein weiteres **Kunsthandwerkszentrum**, die Auswahl ist gut, aber die Preise sind teurer als beim oben genannten.
Links daneben - hinter Bäumen versteckt und nur von der anderen Seite zugänglich hinter der öffentlichen Bücherei - liegt das **städtische Museum**, ein wohl geordnetes, aber sehr kleines Haus.

Öffnungszeiten
Täglich außer sonntags von 9 - 14 Uhr.

Auch hier erhebt der Staat seit kurzem 1.000 CFA Eintrittsgeld, und zwar ohne Fotografiererlaubnis, was außerordentlich bedauernswert ist. Es werden wirklich alte Stücke aus dem gesamten Kameruner Grasland ausgestellt, gut gepflegt und geordnet, aber kaum je mit Besuchern, da ein bißchen versteckt gelegen. Im hinteren Raum finden Sie auch noch Reste aus deutscher Zeit, wie Grabplatten etc.

Ausflüge von Bamenda aus

- nach Bali
- zum Wasserfall von Mbengwi
- nach Bafut und auf die Ring Road

• nach Bali

Von Bamenda aus führt eine nicht sehr gute Piste etwa 20 km westlich nach Bali, dem einstigen deutschen Militärstützpunkt. Heute ist Bali von geringer Bedeutung. Die **Kirche** stammt aus deutscher Zeit (1903), der **deutsche Friedhof** ist wie die anderen halb verfallen, einzelne Namen sind noch lesbar, wie der des Schweizer Missionars Karl August Bonsack aus der Basler Mission.
Ansonsten liegt am Ortsausgang ein kleines **Kunsthandwerkszentrum**, das von Schweizern geführt wird, aber auch nicht mehr bietet als diejenigen in Bamenda.

Der Palast des Fons ist renovierungsbedürftig, und zur Zeit ist es nicht möglich, ihn zu besichtigen. Es ist zu hoffen, daß der kürzlich aus Deutschland zurückgekehrte Fon die Schätze seines Volkes wieder der Öffentlichkeit zugänglich macht.

Hinweis
Es ist nicht empfehlenswert, in der **Safari Lodge** von Bali zu übernachten. Sie ist nicht mehr auf Publikumsverkehr eingestellt und hat dementsprechende Versorgungsschwierigkeiten. Auch läßt der Komfort zu wünschen übrig.

• zum Wasserfall von Mbengwi

Von Bali aus oder direkt von Bamenda aus (ca. 30 km) gelangt man zu dem, ebenso wie Bali, westlich von Bamenda liegenden Wasserfall von Mbengwi. Den Weg dorthin sollten Sie mit einem erfahrenen Führer machen, denn die Pisten teilen sich oft und sind alle nicht in gutem Zustand. Der Wasserfall ist höher als die bisher beschriebenen, aber seine Umgebung ist so wenig attraktiv, daß ein Besuch nicht unbedingt lohnenswert ist, wenn Sie nicht über außerordentlich viel Zeit verfügen.

• nach Bafut und auf die Ring Road

Streckenbeschreibung
Auf der Straße, die zur Ring Road (N 11 von und bis Bamenda, insgesamt ca. 350 km) führt, können Sie auf dem Weg dorthin kurz hinter Bamenda an der Abzweigung nach Mbengwi links etwa 5 km bis Mankon fahren.

Der **Palast des Fons** Angwafou III. ist sehenswert, besonders aber die Feierlichkeiten um die Jahreswende, die mehrere Tage lang dauern. Sie finden aber nur statt, wenn die Götter ihm günstig gesonnen sind, sonst werden sie kurzfristig abgeblasen.

Er lädt dazu die anderen größeren und kleineren Könige aus der Umgebung ein, und auch Fremde sind - nach afrikanischer Tradition - zu den öffentlichen Feiern zugelassen. Denken Sie aber bitte, wenn Sie allein reisen, an die üblichen Formalitäten: Anmeldung, Empfehlungsschreiben, Bitte um Teilnahme, Geschenke etc. Das Fest wird wie üblich mit viel Musik und Tanz mindestens drei Tage lang gefeiert. Das genaue Datum wird sehr kurzfristig festgesetzt.

Fahren Sie wieder zurück zur Hauptstraße, und folgen Sie ihr immer geradeaus. Die Strecke ist interessant, da sich eine Missionsstation an die andere reiht (meist englischen Ursprungs), gepflegte Häuser an der Straße liegen, ebenso kleine, versteckte Kunsthandwerkszentren, die es zu entdecken gilt, wenn man über die nötige Zeit verfügt.

Bafut

Etwa 20 km hinter Bamenda kommen Sie nach Bafut, der Hauptstadt des gleichnamigen Volkes, mit dem schönen Palast des Fons Abombi II. Der Ort hat keine weitere touristische Infrastruktur; der Palast bildet den Mittelpunkt und die Hauptattraktion. (Vgl. Kap. 2.3.7)

Öffnungszeiten
Der Palast kann immer besichtigt werden, wenn eine der Frauen des Fons anwesend ist (kommt man unangemeldet, ist die Mittagszeit günstig). Eintritt: 500 CFA pro Person, 1.000 CFA für Foto- und Filmerlaubnis.

Zuerst treten Sie in den äußeren Innenhof, in dem die Frauenhäuser der jungen Frauen liegen. Früher einmal hatte jede Frau des Fons ihr eigenes Haus, heute teilen sich 4 Frauen je eines: Es sind ihrer, vor allem durch das Erbe des Fons, das er, wie es üblich ist, von seinem Vater antrat, zu viele geworden. Im Innenhof sehen Sie links das Gästehaus, zu deutscher Zeit wieder aufgebaut. Von hier können Sie die gesamte Anlage überblicken. Ihre Führerin - eine der Frauen des Fons - wird Sie dann in den hinteren Teil des Palastes führen, wo die älteren Frauen wohnen. Hier sieht man gut, wie jeder seiner täglichen Beschäftigung nachgeht: Feldarbeit und die Verarbeitung der Früchte für den Verkauf, Trocknen von Kaffee, Flechten von Körben usw.

Auf dem kleinen freien Platz rechts liegt der Reibestein, auf dem das berühmte Rotholz gerieben wird, ehe es in den Achum gebracht wird.

Denken Sie beim Rundgang immer an die Tabus der Geheimgesellschaften, und gehen Sie nur dorthin, wohin man Sie gehen läßt; bleiben Sie bei der Führerin, damit keine Irrtümer entstehen.

Sie werden durch das schön bemalte Tor dann ins Innere der Palastanlage geführt. Hier ist der Versammlungsort der Notablen; ein weiterer Durchgang führt zum Wohnhaus des Fons neben dem Achum.

Haben Sie Tänze bestellt (nur durch persönlichen Kontakt möglich), werden diese hier im Innenhof vor dem Achum aufgeführt.

Auf dem Rückweg können Sie bei den Frauen des Fons schön geflochtene Körbe kaufen und, wenn Sie eingeladen werden, ein Glas erfrischenden Palmwein trinken.

Peter, der Schlangenkundige in Bafut

Fahren Sie schließlich zurück, kommen Sie am Marktplatz vorbei. Links auf einer leichten Anhöhe steht das Haus von **Peter, dem Schlangenkundigen**. Ein Besuch bei ihm (Eintritt 500 CFA) ist lohnenswert, denn er führt nicht nur Kunststücke mit giftigen Schlangen auf, sondern hat einen ganzen Minizoo bzw. ein botanisches Museum: eine interessante Sammlung von präparierten Käfern, Knochen mehrerer Tiere, in seinen Kisten oft andere lebendige Tiere als "nur" Schlangen. Es kann Ihnen allerdings auch passieren, daß er unterwegs im Busch ist, um neue Tiere zu suchen.

Von Bafut aus können Sie die Ring Road weiter befahren über **Wum** (97 km), **Nkambé** (weitere 108 km), **Kumbo** (weitere 60 km) und ca. 110 km zurück nach Bamenda.

Unterwegs können Sie nicht mit einer touristischen Infrastruktur rechnen.

Sie werden immer wieder ähnliche Zivilisationen finden, offene oder auch dem Fremden verschlossene Paläste, Schnitzereiwerkstätten und anderes Kunsthandwerk.

4.2 DIE STADT YAOUNDÉ

Touristische Informationen

Flugverbindungen
Cameroon Airlines, av. Monseigneur Vogt, B.P. 1186, Tel.: 23 40 01 / 23 38 08

Es gibt offiziell Flugverbindungen **von Yaoundé nach:**

Douala	täglich
Bafoussam	3 x wöchentlich
Bertoua - Batouri	3 x wöchentlich
Ngaoundéré - Garoua	täglich
Maroua (über Ngaoundéré/Garoua)	täglich außer donnerstags

Bitte die aktuelle Flugfrequenz unbedingt bei Cameroon Airlines erfragen. Es gibt häufigen Flugplanwechsel!

Hotels
Die Hotels in Yaoundé sind zahlreich, aber von sehr unterschiedlichem Niveau. Im allgemeinen sind sie außer den genannten nicht so gut ausgestattet wie die in Douala. Man merkt deutlich, daß die großen Geschäfte in Douala abgewickelt werden.

- **Sofitel Mont Fébé,** B.P. 711, Yaoundé, Tel.: 32 40 02 und 32 03 63. Dieses Hotel ist das erste am Platz und auch das teuerste (Zimmer ab 30.000 CFA). Es zeichnet sich durch seine privilegierte Lage über der Stadt mit weitem Rundblick aus. Hier finden Sie alles, was ein First Class Hotel zu bieten hat.
- **Hotel Hilton,** Yaoundé, Tel.: 23 36 46. Dieses Hotel ist erst vor wenigen Wochen eröffnet worden und kann, auch durch seine günstige Lage im Zentrum der Stadt (Bd. 20 Mai), dem Mont Fébé zur ernsthaften Konkurrenz werden. Leider lagen bei Drucklegung noch keine weiteren Informationen vor.
- **Mansel Hotel,** Tel: 23 00 07, Yaoundé (nahe dem Sportstadion). Dieses Hotel ist gute Mittelklasse (Zimmer ab 11.500 CFA), noch ziemlich neu, sauber, das Essen ist gut. Die Preise sind - vor allem für Yaoundé - erschwinglich, das Preis/Leistungsverhältnis stimmt. Es ist per Taxi nicht weit zur Innenstadt. Für den Touristen empfehlenswert.

Restaurants
Wie schon für Douala bemerkt, gibt es unzählige Restaurants mit sehr unterschiedlichem und vor allem sehr schnell wechselndem Niveau. Es ist daher empfehlenswert, sich selbst vor Ort umzusehen.
Zu nennen ist jedoch das **Restaurant de L'Unité** (B.P. 2697, Yaoundé, Tel.: 23 10 54) im Viertel der Ministerien gelegen, wo man in einem sehr schönen, baumreichen Garten gute französische Küche genießen kann (Menu ab ca. 5.000 CFA). Hier treffen sich Geschäftsleute und andere "Insider".

Tankstellen
Sie finden sie überall, auch am Stadtausgang in der Nähe des Flughafens, wenn Sie Richtung Douala fahren.

Yaoundé ist die früheste Ansiedlung des Stammes der **Ewondo**, heute die Hauptstadt Kameruns und zugleich die Hauptstadt der Provinz des Zentrums. In dieser zweitgrößten Stadt Kameruns wohnen inzwischen etwa 800.000 Menschen. Um die Reihenfolge danach, dritt-, viert- oder fünftgrößte Stadt des Landes zu sein, streiten sich Bafoussam, Maroua und Nkongsamba (hier alphabetische Reihenfolge). Die Stadt liegt in hügeliger Landschaft etwa 700 m ü.M., und man spricht auch hier von der Stadt der 7 Hügel; in Wirklichkeit sind es mehr. Ende des letzten Jahrhunderts war die Stadt deutscher Militärposten, und 1921 schlugen die Franzosen hier ihr Hauptquartier auf.

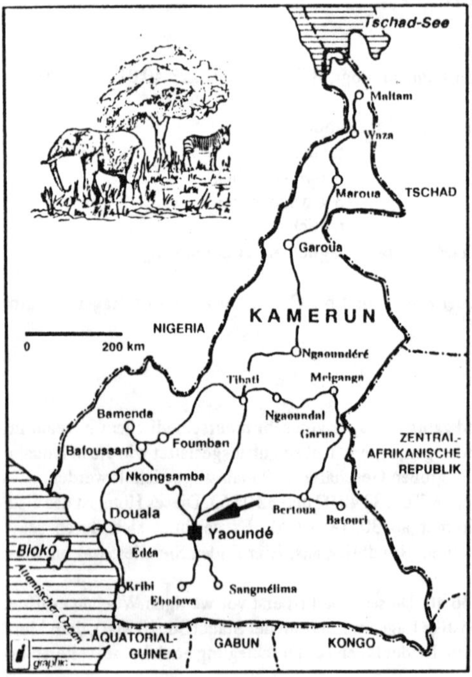

Seit 1927 gewann Yaoundé durch die Fertigstellung der Eisenbahnlinie auf wirtschaftlichem Sektor hinzu. In der Hauptstadt befindet sich die einzige Universität des Landes mit über 20.000 Studenten fast aller Fakultäten.

Yaoundé hat aufgrund des starken Bevölkerungswachstums ein Wasserproblem: An bestimmten Tagen in der Woche haben gewisse Stadtviertel zwischen 24 und 48 Stunden lang kein Wasser. Leider kann dies nicht immer mitgeteilt werden, so daß man vom Wassermangel überrascht wird.
Dennoch hat die Stadt ihren Reiz: Flanieren Sie in den Straßen, suchen Sie Geschäfte oder das **Museum des Benediktinerklosters** auf (das Musée des Arts Nègres ist z.Zt. geschlossen), und Sie werden Yaoundé schätzen lernen.

Architektonisch bietet Yaoundé von Bauwerken futuristischen Charakters bis hin zur einfachen Blechhütte fast alles.

Wenn Sie eine Stadtrundfahrt machen wollen (nähere Auskunft in Ihrem Hotel), wird man Ihnen die Regierungsgebäude, die Banken, den Präsidentenpalast, die Kongreßhalle und andere Gebäude öffentlicher Einrichtungen zeigen, allerdings nur von außen und im Vorbeifahren.

Bitte beachten Sie das Fotografierverbot!

YAOUNDÉ
0
0,5 km
BRIQUETERIE
QUARTIER BAMOUN
QUARTIER BABOUTÉ
QUARTIER BASSA
ETON-MESSA
GRAND MESSA
ELIG-ESSONO
MELEN
QUARTIER DU LAC
Vallée
AVENUE MARECHAL FOCH
AVE. DU PRÉSIDENT EL HADJ AHMADOU AHIDJO
BOULEVARD DU 20 MAI
AVE. JOHN F. KENNEDY
AVENUE DE L'INDÉPENDANCE
AVENUE MONSEIGNEUR VOGT
RUE MONSEIGNEUR
RUE ZOGO FOUDA
ESSOMBA
BOULEVARD RUDOLPH
MANGA BELL
RUE HENRI DUNANT
RUE MARTIN SAMBA
RUE PAUL
RUE DE NGUELE
MENDOUGA
RUE DE MELEN
MPONDO
AKWA
BOULEVARD DE L'UNIVERSITÉ
RUE ESSONO ELA
RUE DE MFOUNDI
MANY EWONDO
RUE DE NACHTIGAL
RUE DE NARVICK
MUNICIPAL
RUE MARIE GOKER
WINSTON CHURCHILL
FRÉDÉRIC FOE
DE GAULLE
RUE SOGO MENGUE
MVOG-FOUDA ADA
BALLA
DJOUNGOLO
TCHAKOUNTE
NANA
EFA
Hôtel de Ville
INDÉPENDANCE
PLACE DE L'INDÉPENDANCE
DE L'UNITÉ
LES BOUKAROUS
Canada
Ministère de l'Information et de la Culture
Centre Culturel Américain
Inspection Générale de l'État
États-Unis Mission d'Aide
Prisunic
États-Unis d'Amérique
Chambre de Commerce
Capitole
Chambre d'Agriculture
C.N.R.
Commissariat Central
Marché
Abbia
Service Technique du Cadastre
CAPITOL
Centre d'Artisanat
PLACE JOHN F. KENNEDY
Marché Central
Cameroon Airlines
Institut Göethe
Bureau Conseil et Bibliothèque Britannique
U.N.E.S.C.O.
Nigeria
Les Portiques
Evêche
Cathédrale Notre-Dame
Centre Culturel Français
Bastos
Office du Tourisme
Société Nationale d'Investissement du Cameroun
PLACE AHMADOU AHIDJO
Bloc No.2 (Ministères)
P.T.T.
I.G.N.
PLACE ELIG-ESSONO
Gare Voyageurs
Gare Central des Autobus (S.O.T.U.C.)
CASINO
Statue de Charles Atangana
PLACE CHARLES ATANGANA
Ministères des Transports, Plan et de l'Aménagement
Ministère de la Jeunesse et des Sports
Organisation Syndicale des Travailleurs du Cameroun (O.S.T.C. C.T.U.C.)
Mission de Coopération Français
Archives Nationales
CENTRAL
Palais de Justice
Ministère de l'Emploi et de la Prévoyance Sociale
Haute Cour de Justice et Cour Suprême
Trésor
INTELCAM
TERMINUS
Ministères de la Santé et de l'Assistance Publique, de la Justice et Développement Industriel et Commercial
Ministère de Finances
Travaux Publics
Ministères de l'Agriculture, l'Élevage et des Industries Animales
Ministères de l'Équipement, de l'Habitat et des Domaines et de l'Administration Territoriale
Ministère Délégué à la Présidence
Secrétariat Général et Conseil Supérieur de la Magistrature
Imprimerie Nationale
Pompiers
Banque des États de l'Afrique Centrale :Siège Central
Bloc No. 1 (Ministères)
DES DÉPUTÉS
Ministère de l'Éducation Nationale
Ministère des Postes et Télécommunications
Ministère des Mines et de l'Énergie
L.N.C.
Club-Nautique et Piscine
École Militaire (E.M.I.A.C.)
Musée d'Art Nègre
PLACE DE MELEN
Polytechnique
Ministère d'Enseignement Supérieur et Recherche Scientifique
Institut Nationale de l'Éducation
Assemblé Nationale
Université
AURORE
Fébé
LE PROGRÈS

Die **Kathedrale** liegt im Zentrum der Stadt. Sie ist sehr geräumig, aus nachkolonialer Zeit und der Mittelpunkt des christlichen Lebens in Yaoundé. Von hier aus können Sie die Avenue Kennedy hinaufgehen und finden nach wenigen Minuten Fußmarsch Geschäfte, die Sie interessieren könnten: Kunsthandwerk, Schmuckgeschäfte, Buchhandlungen Kinos, etc.

Wenn Sie oberhalb des Hotels Mont Fébé hochfahren, kommen Sie an einen **Wallfahrtsort**, an einen Felsen, wo die Mutter Maria erschienen sein soll. Auch von hier aus haben Sie einen Rundblick auf die Stadt.

Gleich davor liegt ein unscheinbar wirkendes **Benediktinerkloster**; gehen Sie hinein und fragen Sie nach dem **Museum**. Es ist bestens sortiert und zeigt Ihnen Kunstgegenstände vor allem aus dem Grasland. Das Museum steht meist offen, auch außerhalb der offiziellen Öffnungszeiten (nur bis 18 Uhr), sonst fragen Sie einen der Mönche. Hier finden Sie Ruhe vor dem Rummel der Stadt.

Von diesem Museum gibt es einen sehr schön gestalteten Katalog (sehr selten zu haben in Afrika!): L'Art Camerounais du Monastère Bénédictin du Mt. Fébé, Yaoundé, herausgegeben von Nancy W. Edelman in den USA 1989. Er ist in den großen Buchhandlungen in Yaoundé zum Preis von 5.000 CFA erhältlich.

Yaoundé ist so zentral gelegen, daß man von hier aus alle wichtigen Gebiete des Landes erreichen kann. Allerdings sind die Straßenstrecken lang und touristisch wenig von Interesse. Flugverbindungen nach Douala gibt es drei- bis viermal täglich, ins übrige Inland ein- bis zweimal pro Tag. Es bestehen Buschtaxi-, Bus- und Eisenbahnverbindungen.

4.2.1 VON YAOUNDÉ NACH DOUALA

Streckenbeschreibung
Von Yaoundé aus führt die N 3, eine sehr gut ausgebaute, fast autobahnähnliche Straße nach Douala (ca. 267 km).

Man kreuzt kaum Dörfer, Regenwald rechts und links. Nach der guten Hälfte der Strecke sehen Sie links eine Ansammlung von kleinen Buden und Restaurants, Bänken, Tischen und vielen Menschen. Dies ist **Sombo**, der einzige Ort auf der Strecke, wo Sie Rast machen und etwas essen können. Er wird vom Stamm der Bassa versorgt, und es gibt für jeden Geschmack etwas. Für den nötigsten Bedarf an Lebensmitteln können Sie hier auch einkaufen.

Achtung!
Auf der ca. 267 km langen Strecke von Yaoundé nach Douala gibt es keine Tankstellen!

Beschreibungen von Douala und der Unternehmungen von dort aus: vgl. Kapitel 4.1.

4.2.2 VON YAOUNDÉ IN DEN SÜDEN: MBALMAYO

Streckenbeschreibung
Der Vollständigkeit halber wird dieser Abstecher in den Süden beschrieben. Von Yaoundé aus führt die N 2 in den Süden nach **Mbalmayo** als geteerte Straße (48 km), noch als Piste bis Sangmélima (120 km) ins Land der Bantuvölker der Pahouin und zu den Pygmäen.

Mbalmayo ist Eisenbahnstation und ursprünglich eine deutsche Gründung. Heute hat es nur noch als Verkehrsknotenpunkt und wegen seiner holzverarbeitenden Industrie Bedeutung.

Von Mbalmayo kann man nach **Ebolowa** weiterfahren (vgl. Kapitel 4.1.1), die Piste ist jedoch nicht gerade gut, und touristisch ist diese Strecke unbedeutend.

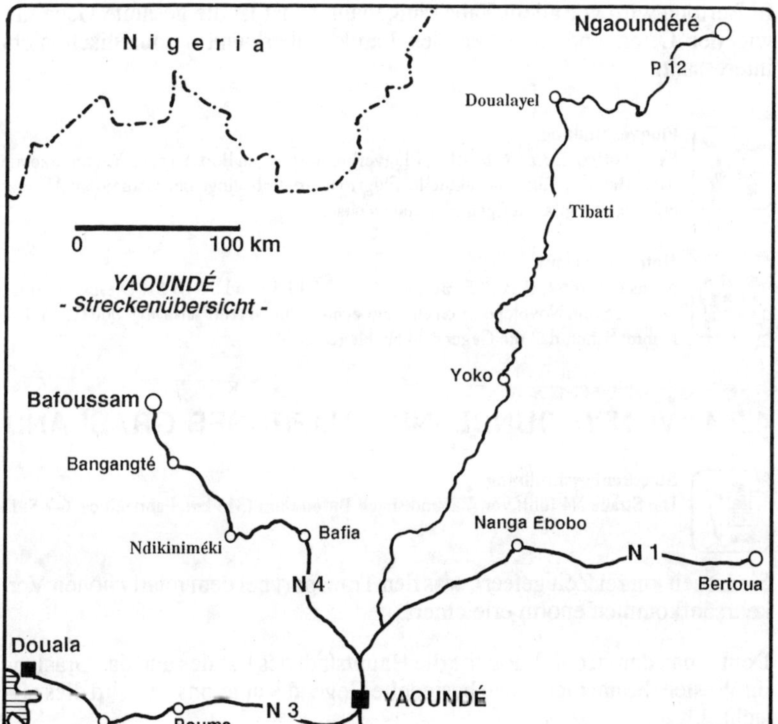

4.2.3 VON YAOUNDÉ IN DEN OSTEN: BERTOUA

Streckenbeschreibung
Von Yaoundé führt die N 1 als Piste, die in nicht sehr gutem Zustand ist, über **Nanga Eboko** bis nach **Bertoua** (ca. 348 km).

Bis Bélabo fährt man am Fluß Sanaga entlang.

Es war immer am einfachsten für den Straßenbau im Regenwald, den Flußläufen zu folgen, um nicht in den Wald eindringen zu müssen und in der Folge die Straßen immer wieder vor dem Überwuchern zu bewahren.

Auch hier befinden wir uns im nicht weiter erschlossenen Regenwald.

Von Bertoua aus geht die Piste über **Batouri** zur Grenze nach der Zentralafrikanischen Republik.

In Bertoua wird vor allem Tabak angebaut, sonst ist die gesamte Gegend - wie der Osten und Südosten des Landes überhaupt - touristisch nicht interessant.

Flugverbindung
Es gibt offiziell 3 x wöchentlich Flugverbindungen von Bertoua nach Yaoundé sowie nach Batouri. Bitte die aktuelle Flugfrequenz unbedingt bei Cameroon Airlines erfragen. Es gibt häufigen Flugplanwechsel!

Hotel in Bertoua
Mansa Novotel, B.P. 285, Bertoua, Tel.: 24 13 33 und 24 16 51. Dieses Hotel ist, obwohl es ein Novotel ist, von eher einfachem Charakter (Preise ab 8.000 CFA). Das kommt daher, daß die Gegend so abgelegen ist.

4.2.4 VON YAOUNDÉ INS KAMERUNER GRASLAND

Streckenbeschreibung
Die Straße N4 führt von Yaoundé nach **Bafoussam** (313 km, Fahrtzeit ca. 6-7 Std.)

Sie ist seit kurzer Zeit geteert, was den Transport bei dem relativ hohen Verkehrsaufkommen enorm erleichtert.

Denkt man daran, daß Yaoundé die Hauptstadt des Landes und das Grasland im Westen die am dichtesten besiedelte Gegend Kameruns ist, wird dies einsichtig.

Die Strecke zieht sich jedoch scheinbar unendlich hin, da man durch wenig Dörfer kommt. Rechts und links der Straße nur Gestrüpp und flach erscheinendes, unbebautes Land, kaum Menschen unterwegs.

Tänzer des "Dso" in Bandjoun

Nur in **Bafia** kann man Station machen (und auch tanken), der Ort ist aber eher ein schläfriges Nest als eine Kleinstadt. Erst wenn man **Bangangté** erreicht hat, wird es wieder lebendig. Man stößt noch auf **Bandjoun**, bevor man Bafoussam erreicht.

Hinweis
Unterwegs (außer in Bafia, wo das Benzin auch schon mal ausgeht!) gibt es keine Tankstellen!

Beschreibungen des Kameruner Graslandes vgl. Kapitel 4.1.3 - 4.1.6.

4.2.5 VON YAOUNDÉ IN DEN NORDEN: NGAOUNDÉRÉ

Streckenbeschreibung
Von Yaoundé aus fährt die Eisenbahn bis nach Ngaoundéré (ca. 620 km).

Auf der Piste P 12 ist die Überwindung einer solchen Distanz eine ziemliche Tortur (ca. 746 km!) und touristisch nicht von Interesse. Sie führt über das wenig besiedelte Adamaoua-Plateau.

Bei beiden Transportmitteln muß man jeweils mindestens 12 Stunden rechnen, eine lange Zeit, wenn man bedenkt, daß ein Flugzeug nur knappe 1 1/2 Stunden braucht (tägliche Flugverbindungen von Yaoundé nach Ngaoundéré, bitte die aktuelle Flugfrequenz unbedingt bei Cameroon Airlines erfragen. Es gibt häufigen Flugplanwechsel!).

Es gibt hier wenig zu sehen, noch weniger als auf der Strecke Yaoundé - Bafoussam. Einmal in Ngaoundéré angekommen, werden Sie sich wie in einer anderen Welt fühlen: Der Norden hat begonnen.

Beschreibungen Ngaoundéré und der Unternehmungen von dort aus vgl. Kapitel 4.3.

4.3 DIE STADT NGAOUNDÉRÉ

Touristische Informationen

Flugverbindungen
Es gibt Flugverbindungen von Ngaoundéré nach:

Yaoundé	täglich
Garoua	täglich
Maroua (über Garoua)	täglich außer donnerstags

Bitte die aktuelle Flugfrequenz unbedingt bei Cameroon Airlines erfragen. Es gibt häufigen Flugplanwechsel!

Hotel
Hotel Transcam, B.P. 179, Ngaoundéré, Tel.: 25 10 41 und 25 11 72. Dieses Hotel ist das einzige am Platze und nicht besonders empfehlenswert, da alt und außer an den moslemischen Festtagen verschlafen (Zimmer ab 8.000 CFA).

Tankstellen
Im Ort sind mehrere vorhanden.

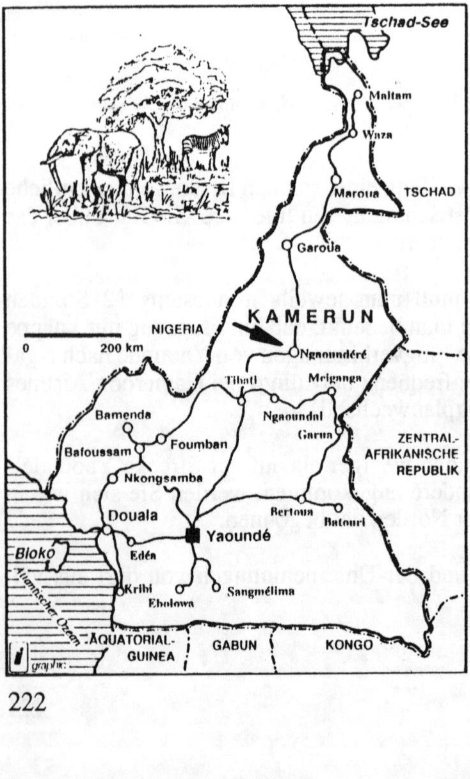

Ngaoundéré liegt auf einer Höhe von 1.200 m ü.M. auf dem Adamaoua-Plateau und ist die Hauptstadt der Adamaoua-Provinz. Sie ist eine der wenigen vorkolonialen Städte Kameruns und seit 1974 Endstation der **Transkamerunbahn** (Régifercam), die zweimal täglich verkehrt. Hier werden die von Norden und aus dem Ausland eintreffenden Güter auf Züge verladen, die sie nach Douala zum Hafen bringen. Die von Süden her kommenden Güter werden zwecks Weitertransports Richtung Norden auf Lastwagen umgeladen.

Ursprünglich war Ngaoundéré eine Gründung des animistischen Stammes der

Mboum, wurde jedoch dann von den Fulbé erobert, deren **Lamido** seine Herrschaft hier endgültig 1835 durch die Errichtung seines Palastes besiegelte. Dem Palast gegenüber liegt die große **Moschee.**
Auf Anfrage können der **Palast** und die Moschee besichtigt werden. Man geht zum Palast und fragt einen der Palastwächter, die meist dem Adel angehören. Hat man freilich ein Empfehlungsschreiben z.B. des Sultans von Foumban (nur durch persönlichen Kontakt erhältlich), ist die Besichtigungserlaubnis leichter zu bekommen.

Feste
Haben Sie Gelegenheit, zu einem der großen islamischen Feste in Ngaoundéré zu sein, versäumen Sie das Schauspiel nicht: Der Lamido reitet, reich bekleidet, auf seinem herausgeputzten Pferd durch die Stadt. Sein Gefolge besteht aus seinen Notablen, seinen Dienern, Musikern, Tänzern und Griots, seinen Hofsängern. Es ist ein farbenprächtiges und musikalisches Schauspiel, das auf dem großen Platz endet, wo der Lamido den Reiterspielen beiwohnt, die an Akrobatik nichts fehlen lassen.

Hinweis
Versuchen Sie auf jeden Fall, einen Platz auf der Tribüne zu bekommen, da Sie sonst wegen der Menschenmassen kaum etwas sehen werden.

Touristisch gesehen bietet Ngaoundéré ansonsten nicht sehr viel. Die wenigen Anziehungspunkte in der Gegend, der **Tison-See** (9 km entfernt), der **See von Mbaleng** (22 km entfernt, mit einer kleinen Insel in der Mitte), der kleine **Wasserfall des Flusses Vina** (15 km entfernt) und der etwas größere des **Tello** (48 km entfernt) sind unbequem, nur mit ortskundigem Führer zu erreichen und haben sonst im Lande genügend Konkurrenz.
Von Ngaoundéré aus haben Sie die Möglichkeit, in den Norden zu den beiden Nationalparks Bénoué und Bouba Ndjida und schließlich nach Garoua zu gelangen.
Nach Süden fahren oder fliegen Sie wieder zurück nach Yaoundé. Sie haben aber auch die Möglichkeit, die weit östlich gelegene Stadt Bertoua auf anderem Wege als von Yaoundé aus zu erreichen. Die Wege von Ngaoundéré aus nach Süden sind mühseliger als die nach Norden. Touristisch interessant sind hier vor allem die beiden Nationalparks. Sonst ziehen sich die Straßen scheinbar endlos.

4.3.1 VON NGAOUNDÉRÉ NACH NORDEN: DIE NATIONALPARKS BÉNOUÉ UND BOUBA NDJIDA BIS GAROUA

Bénoué Nationalpark

Streckenbeschreibung
Von Ngaoundéré aus nach Norden fahren Sie nun wieder auf geteerter Straße etwa 160 km bis zum Bénoué Nationalpark. Die Landschaft neigt sich nun wieder abwärts zum Becken des Bénoué; Sie verlassen das Hochland.

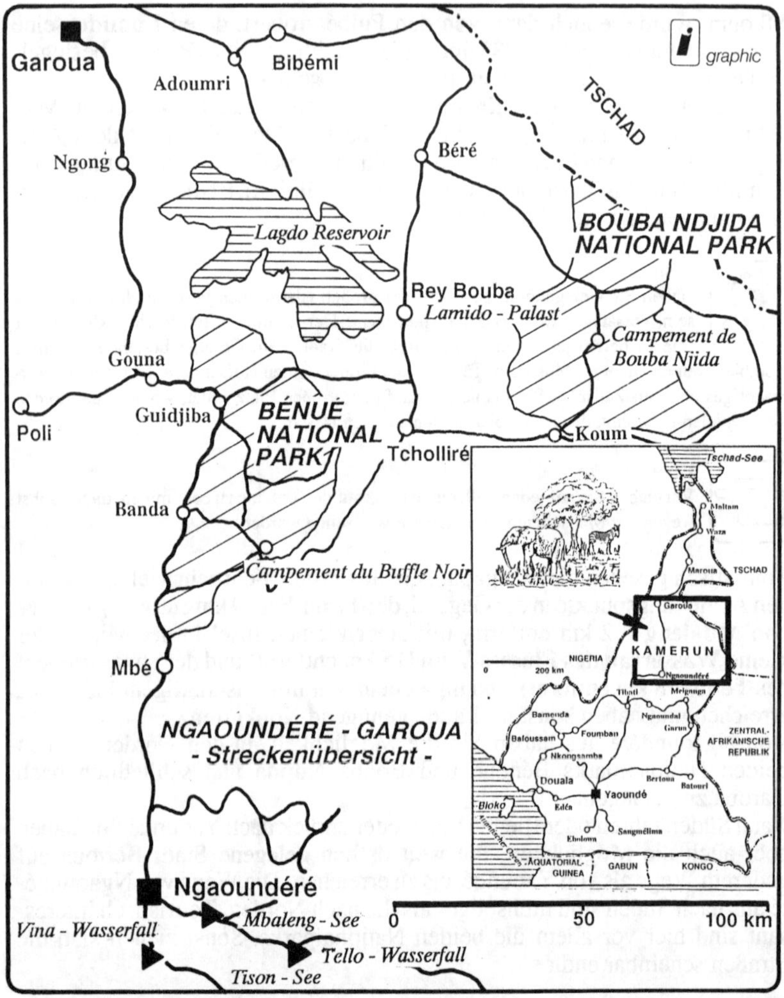

Öffnungszeiten
1.11. - 31.5. von 7 Uhr bis Sonnenuntergang (gegen 18 Uhr)

Eintritt: 2.500 CFA
Kameruner oder in Kamerun ansässige Ausländer sowie Gruppen zahlen weniger (1.500 - 2.000 CFA).

Ohne Wildhüter dürfen Sie den Park nicht betreten. Sie finden Wildhüter am Eingang, wenn Sie den Eintritt bezahlen. Kennt man Sie oder Ihren Führer, wird man Sie auch in den angrenzenden Zeiten je nach Wetterlage in den

Park lassen, Ihnen jedoch mitteilen, welche Strecke Sie fahren sollen und welche Sie nicht fahren dürfen.

Hinweise

Denken Sie an die Vorschriften, die für alle Nationalparks gelten (vgl. Kap. 3.1 unter "Naturparks oder Nationalparks").

Für eine eventuelle Jagd bestehen spezielle Bedingungen (vgl. Kap. 3.1, "Jagd")

Hotel

Campement du Buffle Noir, B.P. 50, Garoua, Tel.: 27 10 20 und 27 13 64. Dieses Camp, das mitten im Park am Bénoué-Fluß liegt, hat sich zu einem schönen, gemütlichen Hotel entwickelt. Die Preise sind angemessen (Zimmer ab 10.000 CFA), der Empfang ist sehr freundlich, und das Essen hat weithin einen besonders guten Ruf.

Der Wildpark ist der älteste des Landes, seit 1960 offiziell zum Nationalpark und damit Schutzgebiet erklärt. Er diente über 30 Jahre zuvor dem Lamido Rey-Bouba als Jagdgebiet. Der Park ist etwa 180.000 ha groß und nach dem Waza-Nationalpark der meistbesuchte Park in Kamerun. Ihn durchqueren 250 km Pisten, auf denen man den Park ausführlich besichtigen kann. Die beste Jahreszeit für einen Besuch ist das Ende der Trockenzeit (ca. März/April), auch wenn es dann am heißesten ist. Aber die Vegetation ist weitgehend verdorrt; zudem sind die meisten kleinen Flüsse (Mayos) ausgetrocknet, so daß besseres Durchkommen möglich ist und die Tiere, um Wasser zu suchen, sich aus ihren Verstecken wagen. Der Bénoué-Fluß, der durch den Park fließt, ist gerade in der Trockenzeit für die Wasserversorgung der Tiere wichtig. Nach der Regenzeit ist die Vegetation im Park dagegen so dicht, daß man nicht weit sehen und somit schlecht Tiere beobachten kann. Sie finden hier Löwen, Elefanten, Büffel, Flußpferde, Wasserböcke, Hyänen, Panther (selten), Krokodile, Giraffen, viele Antilopen- und Affenarten, Gazellen und jede Menge Vögel.

Bouba Ndjida Nationalpark

Streckenbeschreibung

Wollen Sie noch mehr Tiere sehen, fahren Sie weiter in den etwa 90 km vom Bénoué-Park entfernten Bouba Ndjida Nationalpark. Sie fahren östlich aus dem Bénoué-Park hinaus über Tcholliré (ein sehr verschlafenes Nest) bis nach Koum, wo der Eingang des Nationalparks Bouba Ndjida ist.

Öffnungszeiten

1.11. - 31.5. von 7 Uhr bis Sonnenuntergang (gegen 18 Uhr)

Der Eintrittspreis soll inzwischen mangels Besuchern etwas gefallen sein (2.000 CFA bzw. 1.000 oder 1.500 CFA für Gruppen und für Bewohner Kameruns).

Ohne Wildhüter dürfen Sie den Park nicht betreten. Sie finden Wildhüter am Eingang, wenn Sie den Eintritt bezahlen.

Übernachtung
Campement de Bouba Njida, ohne Postadresse

Es kann keine Garantie gegeben werden, ob das Camp immer offen ist. Auch die Preise stehen nicht mehr fest. Es gibt Zeiten, da wird mangels Besuchern einfach geschlossen. Versuchen Sie, nähere Auskünfte im Campement du Buffle Noir (s.o.) zu erhalten.
Der Park, der seinen Namen nach einem berühmten Chef des 19. Jahrhunderts trägt, ist mit 220.000 ha flächenmäßig der größte Kameruns. Er zieht sich bis zum Tschad hin, ist aber pistenmäßig weniger gepflegt als die anderen Parks und ungünstig bezüglich der touristischen Versorgungslage (Sie wissen, daß Sie im Park nicht wild campen dürfen, sondern ihn bei Einbruch der Dunkelheit verlassen müssen).
Die Tierwelt dieses Parks ist der des Bénoué Nationalparks gleich (s. o.)

Hinweis
Kommen Sie in die Gegend zwischen den beiden Parks, versäumen Sie nicht, den **Palast des Lamidos Rey Bouba** im gleichnamigen Ort zu besuchen. Er liegt am östlichen Rand des Lagdo Sees. Der Palast ist zwar etwas verfallen, hat jedoch historischen Wert, da Rey Bouba einer der größten Könige in der Geschichte Kameruns war.

Palast des Lamido in Rey Bouba

Rückfahrt nach Garoua

Sie fahren nun entweder von Rey Bouba auf der Piste oder besser zurück durch den Bénoué Park wieder auf die Teerstraße und erreichen nach gut 130 km Garoua (vgl. Kapitel 4.4).

Abstecher in die Atlantika-Berge

Haben Sie Lust und Zeit für eine expeditionsartige Unternehmung, können Sie kurz nach Verlassen des Bénoué-Parks von der Teerstraße weg (bei Gouna) nach Westen in die Atlantika-Berge fahren.

Sie benötigen hierzu ein geländegängiges Fahrzeug, genügend Benzin, Proviant, Wasser, Ausrüstung zum Übernachten und sicher auch einige Gastgeschenke (z.B. Lebensmittel wie Zucker, Kaffee, Getränke; aber auch Taschenlampen, Armbanduhren, Kugelschreiber, Aufkleber etc.)

Die Bewohner der Atlantika-Berge (Atlantika soll heißen: "das von Gott verlassene Land"; wahrscheinlich auch ein von den Fulbé stammender Name für die Bevölkerung) waren noch vor einigen Jahren den Fremden gegenüber aufgeschlossener als jetzt, und es ist schwierig, mit ihnen in Kontakt zu kommen.

Rituelle Stätte in den Atlantikabergen

Bleiben Sie erst einmal in Poli und versuchen Sie, dort bei den örtlichen Autoritäten einen orts- und sprachkundigen Führer zu finden, der Ihnen die nötigen Kontakte herstellen kann. Sie können ruhig die Leute auf der Straße ansprechen, einen Händler o.ä.

Rechnen Sie mit langen Fußmärschen in die Berge, wo Sie schöne Ausblicke erwarten, wo Sie aber auch der Scheu der Menschen vor dem Fremden begegnen.

Das hier lebende Volk der Koma (Animisten) betreibt einen ausgeprägten Totenkult, vor dem Sie - wenn man Ihnen Gräber oder rituelle Stätten zeigt - nicht zurückschrecken sollten.

In der Trockenzeit spielen die Koma auf den selten gewordenen Lithophonen, Steinplatten, die auf einzelne Steine gesetzt sind und so einen Resonanzkörper bilden. Diese Musik ist selten und von einfacher, aber klarer klanglicher Schönheit.

4.3.2 VON NGAOUNDÉRÉ NACH SÜDEN: YAOUNDÉ; BERTOUA

Streckenbeschreibung
Die Rückfahrt oder der Rückflug nach Yaoundé ist vergleichbar mit der Hinreise (vgl. Kap. 4.2.5).

Sie können jedoch, wenn Sie Abenteuer suchen, draußen übernachten wollen und können, ein geländegängiges Fahrzeug, genug Proviant (Wasser!) und gut Zeit haben, auf einer langen Piste nach Bertoua gelangen.

So fahren Sie von Ngaoundéré die N 1 bis **Meiganga** (156 km), von dort aus weiter, ein Stück entlang an der Grenze zur Zentralafrikanischen Republik, bis **Garoua Boulai** (115 km), dann 95 km weiter nach Süden bis zum Flecken **Ndokay** und von dort aus weiter (165 km) bis Bertoua.

Sie bleiben stets auf der N 1, auch auf der Rückfahrt nach Yaoundé.

Auf dieser Route haben Sie oft weite Strecken Einsamkeit und können vom Tourismus noch unberührte Gebiete und Menschen erleben.

Hinweis
Denken Sie an ausreichenden Benzinvorrat, denn die Benzinversorgung ist nicht überall garantiert.

Beschreibung Yaoundé vgl. Kapitel 4.2

Beschreibung Bertoua vgl. Kapitel 4.2.3

4.4 DIE STADT GAROUA

Touristische Informationen

Flugverbindungen
Cameroon Airlines, B.P. 66, Tel.: 27 10 55
Es gibt Flugverbindungen von Garoua nach:

Ngaoundéré / Yaoundé	täglich
Maroua	täglich außer donnerstags

Bitte die aktuelle Flugfrequenz unbedingt bei Cameroon Airlines erfragen. Es gibt häufigen Flugplanwechsel!

Hotels

- **Hotel La Bénoué**, B.P. 291, Garoua, Tel.: 27 12 04 und 27 15 53 und 27 15 15. Dieses Hotel ist das einzige in der Stadt mit ausreichendem Komfort (Zimmerpreis ab 10.000 CFA) und Schwimmbad, wenn's funktioniert (es ist heiß in Garoua!).
- **Hotel Le Saré**, B.P. 437, Garoua, Tel.: 27 22 11. Leider liegen keine weiteren Informationen über dieses Hotel vor.

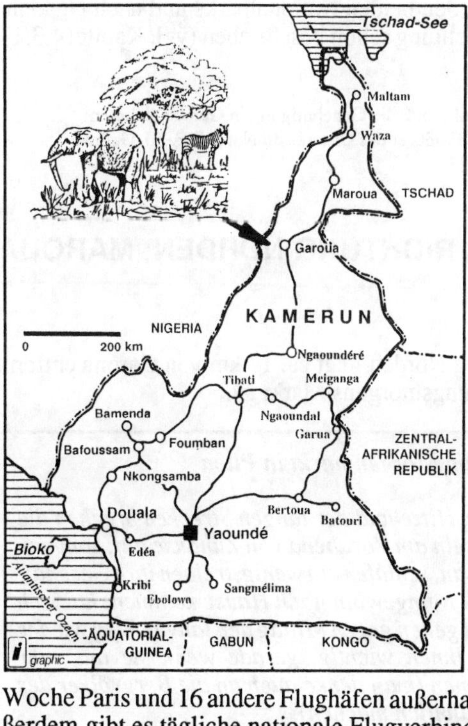

Es gibt keine weiteren touristischen Attraktionen, kein Museum, einige kleine, einheimische Restaurants.

Garoua, auch Hauptstadt der Fulbé genannt, ist die Hauptstadt der Nord-Provinz mit heute fast 100.000 Einwohnern (steigend).

Sie ist wichtiger Handels- und Verkehrsknotenpunkt zwischen dem Extremen Norden und dem Süden wie auch zwischen Nigeria und Kamerun.
Die Straße bis nach Kousséri zum Tschad ist geteert, was den Verkehr wesentlich erleichtert.

Vom internationalen Flughafen werden mehrfach die Woche Paris und 16 andere Flughäfen außerhalb Kameruns angeflogen. Außerdem gibt es tägliche nationale Flugverbindungen.

Am Fluß Bénoué befindet sich der große Binnenhafen, der jedoch nur in den Monaten Juli bis Oktober funktionsfähig, d.h. schiffbar, ist (und auch nur, wenn es genug geregnet hat).

Industriell gesehen expandiert die Stadt immer weiter: An erster Stelle sind die Baumwollverarbeitung, Spinnereien, Webereien und auch eine Brauerei zu nennen.

Besichtigen Sie den **Palast des Lamido** und diesem gegenübergelegen die große Moschee. Wie schon bei Ngaoundéré erwähnt, ist es besonders interessant, zu einem islamischen Fest anwesend zu sein und auf den Lamido zu stoßen.

Ansonsten ist die Stadt wegen ihrer großen Hitze gefürchtet. Jeder verläßt sie wieder, so schnell er kann.

4.4.1 VON GAROUA RICHTUNG SÜDEN: NATIONALPARKS UND NGAOUNDÉRÉ

Die Reise Richtung Süden zu den beiden Nationalparks und nach Ngaoundéré wurde in umgekehrter Richtung schon beschrieben (vgl. Kapitel 4.3.1).

Hinweis
Wer in den Parks jagen will, muß die Genehmigung in Garoua einholen: Conservation des Eaux et Forêts et des Chasses du Nord, B.P. 50, Garoua, Tel.: 27 12 32 und 27 14 33.

4.4.2 VON GAROUA RICHTUNG NORDEN: MAROUA

Pitoa

An der Teerstraße in Richtung Norden liegt ca. 17 km von Garoua entfernt der kleine Ort Pitoa, wo sonntagsmorgens Markt ist.

Informationen zum Morgenmarkt in Pitoa

Wegen der großen Hitze und der langen Strecken brechen die Leute mit ihren Eseln am Vorabend von Zuhause auf, kommen in der Nacht am Marktplatz an, schlafen ein wenig, treiben ihre Geschäfte (wenn sie mit 1.000 CFA Reingewinn nach Hause kommen, hat sich der Weg schon gelohnt) und gehen gegen Mittag den langen Weg wieder heim. Kommunikation ist ihnen wichtig, gerade wenn sie aus sehr entlegenen Gegenden kommen (man denke auch an die Bergvölker des Extremen Nordens, die es ähnlich machen).

Guider

Sind Sie an einem Freitag unterwegs, fahren Sie etwa 93 km von Garoua auf der Teerstraße bis nach Figuil, wo Sie nach links Richtung Guider abbiegen (geteert). Nach etwas über 30 km erreichen sie Guider, wo freitags Markt ist, der vor allem wegen seines hohen Angebotes an Tieren berühmt ist. Die Stadt als solche ist bekannt wegen ihrer traditionellen Feste nach Einbringen der Ernte (ab Oktober).

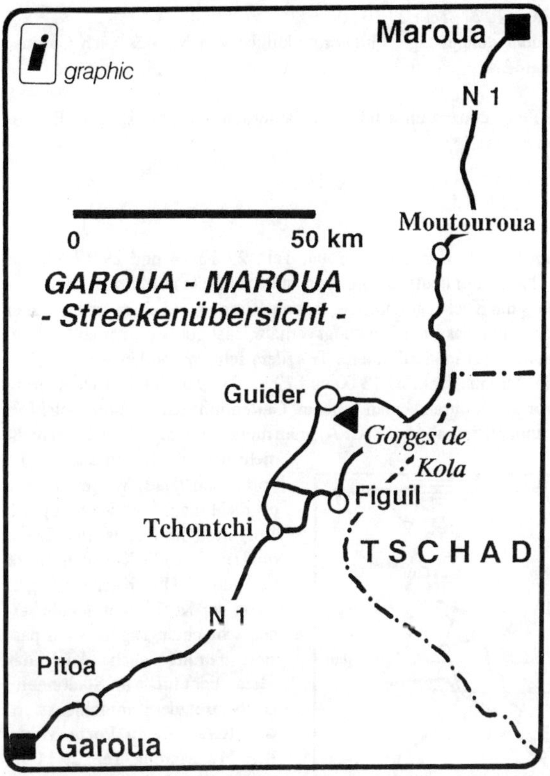

Gorges de Kola

Haben Sie Zeit für einen Abstecher und reisen Sie in der Trockenzeit, fahren Sie auf einer Piste von Guider aus (nur wenige Kilometer) zum **Mayo Louti**, dem ausgetrockneten Bett des Flusses Louti (Führer mitnehmen, in Guider fragen).

Dort gehen Sie zu Fuß weiter zu den Felsen, die Sie von weitem sehen. Sie laufen durch diese Schlucht von schwarzem Granitfelsen, oft über 20 m hoch, den Gorges de Kola, durch die sich der Fluß durchgefressen hat und sie glattwusch.

Über eine Piste (ca. 17 km lang) kommen Sie wieder auf die Straße N 1, die nach Maroua führt. Von Figuil aus trennen Sie nur noch knappe 120 km von Maroua, der Hauptstadt des Extremen Nordens.

Beschreibungen Maroua sowie der Unternehmungen von dort aus vgl. Kapitel 4.5.

4.5 DIE STADT MAROUA

Touristische Informationen

Flugverbindungen
Cameroon Airlines, B.P. 37, Tel.: 29 10 50
Es gibt täglich, außer donnerstags, Flugverbindungen von Maroua nach Garoua/ Ngaoundéré/Yaoundé.

Bitte die aktuelle Flugfrequenz unbedingt bei Cameroon Airlines erfragen. Es gibt häufigen Flugplanwechsel!

Hotels

- **Hotel Maroua Palace,** B.P. 381 Maroua, Tel.: 29 12 24 und 29 12 84 und 29 15 25. Dieses Hotel unter deutscher Leitung ist das neueste in Maroua. Es hat ein Schwimmbad, sehr gute Küche, geräumige, saubere Zimmer und einen freundlichen Service. Die Preise sind angemessen, das Preis/Leistungsverhältnis ist gut (Zimmer ab 12.000). Einziger Nachteil: Es liegt nicht direkt im Stadtinnern. Trotzdem sehr empfehlenswert.
- **Mizao Novotel,** B.P. 205, Maroua, Tel.: 29 13 00 und 29 13 04. Das Hotel ist weiträumig angelegt und zeichnet sich vor allem durch seinen schönen Garten mit Schwimmbad aus. Die Zimmer sind freundlich und sauber (Preis ab 16.000 CFA), man merkt jedoch, daß das Hotel nicht mehr neu ist. Die Ausstattung ist vorhanden (Bad, WC etc.), aber oft nicht mehr funktionsfähig. Im Vorgarten des Hotels sind Stände mit Händlern, die Kunsthandwerk verkaufen. Die Küche ist gut, wenn der Koch nicht gerade seinen schlechten Tag hat - das passiert nämlich auch. Auch das Mizao liegt nicht im Stadtinnern, ist aber trotzdem empfehlenswert.

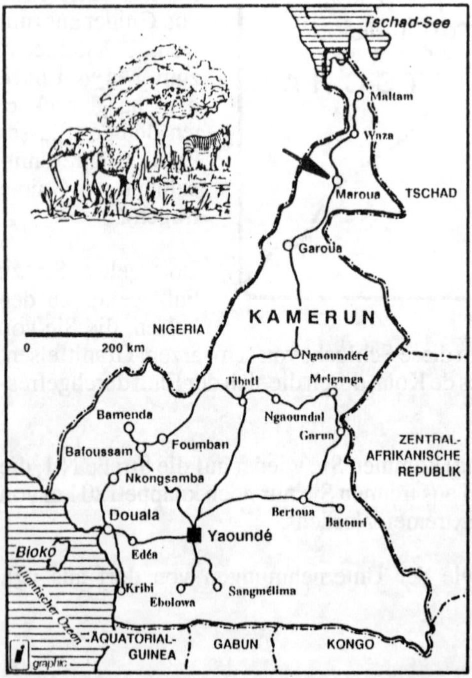

- **Relais de la Porte Mayo,** B.P. 112, Maroua, Tel.: 29 11 98. Dieses Hotel - ebenfalls unter deutscher Leitung - ist eine kleine, einfache, aber sehr funktionsfähige Bungalowanlage in zentraler Lage. Preise und Leistung stimmen (Zimmer ab 8.000 CFA), es ist auch für etwas schmalere Geldbörsen erschwinglich. Auch hier gibt es Kunsthandwerk zu kaufen. Einziger Nachteil: Da es an einer sehr belebten Kreuzung liegt, ist es ziemlich laut. Trotzdem ein guter Tip zum Übernachten und Essen. Freundlicher, persönlicher Service.

- **Hotel Le Saré**, B.P. 11, Maroua, Tel.: 29 12 95. Es ist das erste Hotel am Platze und in jeder Hinsicht sehr schön ausgestattet (mit Schwimmbad). Die Leistung entspricht jedoch nicht immer dem hohen Preisniveau (Zimmer ab 18.000 CFA). Gruppen werden nicht angenommen.

Restaurants

Die guten Restaurants sind in den oben genannten Hotels zu finden, auch kleine Restaurants in der Stadt sind gut (je nach neuestem Stand erkundigen).

Eine delikate Küche hat auch das **Flughafenrestaurant**, was zwar außerhalb der Stadt liegt (ca. 20 km), aber durchaus besuchenswert ist, am besten gleich nach der Ankunft oder vor dem Abflug. Hier bekommen Sie französische und kamerunische Küche bester Qualität. Lassen Sie sich vom äußeren Erscheinungsbild nicht abschrecken (Blechdach), Sie sitzen immerhin in frischer Luft.

Tankstellen

Sie sind überall in der Stadt ausreichend vorhanden. Bedenken Sie jedoch, daß Sie, wenn Sie die Stadt verlassen, auf den Überlandstraßen keine Tankstellen mehr finden. Sie müssen dann warten bis zur nächsten Stadt (Mokolo, Maga, Yagoua, Mora, Waza, Kousséri und weiter).

Einkaufsmöglichkeiten

Vgl. die Beschreibung des Marktes und des Kunsthandwerkszentrums weiter unten.

Hauptpost

Sie liegt in der Nähe der Präfektur. Günstiger und vor allem zeitsparender ist es, Briefmarken vom Hotel besorgen zu lassen. Sie können die Briefe auch dort abgeben. Postkarten sind überall in der Stadt und in fast allen Hotels zu kaufen.

Die Geschichte erzählt, daß im 19. Jahrhundert in derselben Gegend ein Fulbé mit dem Namen Maroua als Schäfer lebte. Zu ihm kamen viele Leute, denn er war berühmt durch sein großes Wissen als Wunderheiler, da er mit Pflanzen und Tieren zusammenlebte. Nach ihm ist diese Stadt benannt. Maroua ist die Hauptstadt der Provinz des Extremen Nordens mit inzwischen wahrscheinlich mehr als 100.000 Einwohnern. Es liegt fast 1.400 km nördlich von Yaoundé und etwa 1.500 km weit weg von Douala. Sie finden hier das pulsierende Leben einer großen Stadt, erleben Bewußtsein von Tradition und Geschichte, Heiterkeit im Umgang miteinander, Toleranz gegenüber dem Fremden, gepaart mit einer Offenheit, die erstaunen läßt. Maroua ist das Zentrum des islamischen Glaubens im Norden, aber Sie finden nie Fanatismus, sondern Verständnis für Andersartigkeit und Hinwendung auch zu denen, die man "Kirdi", die Ungläubigen, nennt.

Der Fluß **Mayo Kaliao**, an dem Maroua liegt, ist in der Trockenzeit eine breite Sandbank, in der Regenzeit ein fischreicher Fluß.

Der Verwaltungsbezirk **Diamaré** hat hier seinen Hauptsitz, im Westen liegen die Mandaraberge, im Osten die Ebene des Logone-Flusses mit dem Stausee zwischen Maga und Pouss, im Süden die Ebene des Bénoué Beckens und im Norden der Nationalpark Waza mit den Stämmen der Yaéré, der Mousgoum, der Arab-Chouat, der Kotoko und anderen.

Markt ist jeden Tag, aber am Montag ist er am größten. Nehmen Sie sich Zeit für diesen Markt! Sie finden hier, ethnisch gesehen, ein buntes Völkergemisch aus dem gesamten Norden. Vom Warenangebot her scheint es keine Grenzen zu geben. Brauchen Sie Gegenstände für Ihren europäischen Bedarf: Sie werden sie hier finden. Suchen Sie nach Waren, die nur Afrikaner interessieren (Tiere, Werkzeug, Nahrungsmittel, Gewürze, Möbel, Kleidung, Medikamente etc.), kommen Sie ebenso auf Ihre Kosten. Sie können sich auch rasieren oder die Hände maniküren lassen.

Wenn Sie sich verlaufen - denn der Markt ist flächenmäßig sehr groß - orientieren Sie sich immer wieder am Haupteingang, wo auch das Kunsthandwerkszentrum und das Museum liegen. Jedermann wird Sie dorthin verweisen.

Hinweis
Vergessen Sie im Norden nie, für ausreichende Flüssigkeitszufuhr zu sorgen. Sie könnten sonst leicht gesundheitlichen Schaden davontragen, der über ein momentanes Unwohlsein hinausgeht!

Dem Markteingang gegenüber liegt eine kleine Trinkhalle, wo Sie sich zwischendurch erfrischen können.
Neben der Trinkhalle befindet sich ein kleiner Laden, La Case à Pagnes genannt, der von einem außerordentlich liebenswürdigen jungen Mann betrieben wird. Hier können Sie Bücher, Kleider, Karten, Postkarten und vieles mehr zu festen fairen Preisen kaufen. Er besorgt Ihnen auch Briefmarken auf Wunsch, wenn Sie Postkarten bei ihm kaufen.

Das **Museum** liegt rechts vom Haupteingang des Marktes und bietet einen interessanten Einblick in Bau- und Lebensart verschiedener, im Norden ansässiger Stämme (Eintritt frei). Es ist auch manchmal möglich, alte Kunstgegenstände zu erstehen. Fragen Sie einen der Angestellten.

Versuchen Sie, den Turm am Haupteingang des Marktes zu ersteigen (im Museum fragen): Von hier aus haben Sie einen Rundblick über fast den gesamten Markt.

Links neben dem Markteingang befindet sich das **Kunsthandwerkszentrum**, fast einem Museum gleich, so groß sind Auswahl und Angebot. Hier finden Sie alles, was Sie an Geschenken oder Andenken mit nach Hause nehmen könnten: Waren aus Leder in jeglicher Form, Stoffe, Stickereien, Webereien, Steine etc. Handeln Sie hart um gute Preise.

Hinweis
Besuchen Sie das Kunsthandwerkszentrum zu Beginn Ihrer Reise durch den Norden. Da Sie fast gezwungenermaßen wieder über Maroua zurückkehren werden, können Sie am Schluß besser vergleichen und beurteilen, was Ihnen gefällt.

Das traditionelle **Gerberviertel** liegt am südöstlichen Rand der Stadt. Es ist äußerst empfehlenswert, wegen der Hitze und des eigentümlichen Geruchs am frühen Morgen dorthin zu gehen. Hier werden Sie von einem Gerber herumgeführt (Trinkgeld etwa 1.000 CFA für eine kleine Gruppe oder Einzelreisende), der Ihnen den genauen Ablauf dieser mühseligen Tätigkeit erklärt, die sich vom Erhalt der Tierhaut bis zur fertig gegerbten oder auch gefärbten Haut über mehrere Tage, manchmal eine Woche oder mehr, hinzieht.

Gerber in Maroua

Die jungen Männer verarbeiten die Häute verschiedener Tiere: Rinder, Schafe, Ziegen, Schlangen, Krokodile, Eidechsen etc., und alle werden anders behandelt: waschen, einweichen, trocknen, Fleisch abschaben, Fell abschaben (oder pfleglich dranlassen), zwischendurch immer wieder trocknen, geschmeidig machen, färben, trocknen ...

Sie holen Ihnen die Häute aus den verschiedenen Bädern und zeigen sie vor. Oft will der eine oder andere einen Extra-Obolus fürs Fotografieren haben. Verweigern Sie dies, sagen Sie Ihrem Führer jeweils Bescheid, damit er Belästigungen von Ihnen fernhäl,t und geben Sie ihm einmalig am Ende des Besuches ein Trinkgeld.
Sie können hier auch direkt eine Haut kaufen, wenn gerade eine fertig ist. Aber bedenken Sie den Geruch - denn sie ist sicher noch nicht so ganz trocken - und vor allem die Ausfuhrbeschränkungen für bestimmte Häute.

Die **Schmiede und Schlächter** arbeiten nebeneinander am anderen Ende der Stadt (in der Nähe des Hotels Maroua Palace). Ein Besuch lohnt an Werktagen bis ca. 15 Uhr, danach packen sie zusammen. Sie erleben den Viehhandel vor dem Schlachthof mit (Viehhandel ist übrigens immer Männersache) und sehen die Geier nach Beute spähen. Schauen Sie den Schmieden bei der Arbeit zu. Hier werden Werkzeuge wie Hacken, Sicheln, Messer, Säbel etc. hergestellt und zum Verkauf angeboten.

Die **Kooperative der Weber** befindet sich in der Nähe des Hotels Le Saré hinter einer Tankstelle (beschildert).

Öffnungszeiten
Werktags von 9 - 12 Uhr und von 14.30 - 17 Uhr

Eintritt frei, da auch Verkauf.

Sie fahren in den weiten Hof und haben hier Muße, sich die Herstellungsmethoden genau anzuschauen. Es gibt die traditionelle Art des Webens am einfachen Webstuhl von langen Bändern, die später zusammengenäht werden. Es gibt aber auch große mechanische Webstühle, wo Tausende von Fäden erst einmal per Hand zusammengeknüpft werden müssen, bevor das Weben begonnen werden kann.

In einem anderen Raum tragen Zeichner mit einem Stift auf den Stoffen Motive auf, die dann nachgestickt werden. Die Motive haben oft eine Geschichte, manchmal gar rituelle Bedeutung, die der Fremde jedoch nicht erfährt.

Schließlich betreten Sie auch den Verkaufsraum, in dem Sie erstehen können, was Ihnen gefällt. Bleiben Sie etwas länger im Norden, können Sie auch eine Bestellung, selbst nach Maß, aufgeben. Diese Arbeiten werden stets sehr sorgfältig ausgeführt, und die Leute halten sich sogar an das festgelegte Datum! Sie können dann in einem hinteren Raum Ihr Stück Stoff selbst aussuchen.

Feste Preise sind vorgeschrieben, aber Sie bekommen auch Rabatt, wenn Sie entsprechend viel kaufen.

Die Kooperative arbeitet noch nicht sehr lange, und es kann zu Engpässen in der Stoff- oder Garnversorgung kommen. Dies ist keinesfalls böser Wille, sondern einfach eine Versorgungslücke.

Eine andere Tradition, der Geschichte des Mannes Maroua folgend, ist noch immer lebendig: Sie sind hier im Zentrum der **traditionellen Medizin** und der **Apotheker**, deren Wissen jeweils vom Vater auf den Sohn oder Neffen vererbt wird und auf der Basis von Heilpflanzen fußt. Nicht nur auf dem Markt, sondern überall in der Stadt finden Sie immer wieder Stände, wo diese Pflanzenkundler ihre Produkte ausbreiten und zum Kauf anbieten.

Sie kommen und erklären Ihre Beschwerden, man wird Ihnen ein oder mehrere Medikamente vorschlagen, Ihnen die Anwendungsweise, Dauer der Behandlung, eventuelle Nebenwirkungen oder Eigenheiten des Produktes erklären, und Sie entscheiden dann, ob Sie sich behandeln lassen möchten. Wenn ja, entrichten Sie den verlangten Preis und gehen nach Hause.
Hier ist oft echte Homöopathie mit Scharlatanerie vermischt. Wundermittel, wie z.B. in Form von einem "Gri-Gri", die funktionieren, wenn man dran glaubt, liegen neben durchaus wirksamen pflanzlichen Stoffen, die vieles heilen können.

Maroua ist der große Mittelpunkt im äußersten Norden des Landes. Hier ist der Ausgangspunkt für alle Fahrten im Norden, hierhin kommen Sie nach Ihren Reisen wieder zurück. Von Maroua aus fahren Sie in alle Himmelsrichtungen: Es gibt überall etwas zu sehen.

Sie erleben hier nicht den Reichtum anderer Gegenden Kameruns, der Extreme Norden gehört zu den armen Provinzen des Landes. Dennoch haben Sie es hier mit einem besonders freundlichen Menschenschlag zu tun: Seien es die Haussa oder Fulbé, die Kapsiki oder andere Kirdi: Die Freundlichkeit und die Gastfreundschaft der Bewohner des Nordens sind sprichwörtlich geworden.

4.5.1 VON MAROUA RICHTUNG NORDEN NACH WAZA (NATIONALPARK) BIS NACH KOUSSÉRI UND ZUM TSCHADSEE

Streckenbeschreibung

Von Maroua aus nehmen Sie die geteerte Straße N 1 nach Norden und gelangen nach ca. einer Stunde (60 km) in den Ort **Mora**, der die Woche über einen recht verschlafenen Eindruck macht.

Mora

Dies ändert sich sonntags schlagartig, wenn Markt ist. Hierhin kommen die Podoko aus den Bergen, die Bornouan aus Nigeria, die Arab-Chouat (oder Choa) sind Viehzüchter, die Fulbé sind überall, und die Mandara stammen

Dörflicher Laden in Mora

aus dieser Gegend. Das Angebot ist vielfältig - Gebrauchsgegenstände, Nahrungsmittel und Vieh - jeder kann hier sein Produkt anbieten und sich selbst versorgen. Mora war noch im vorigen Jahrhundert die Hauptstadt des

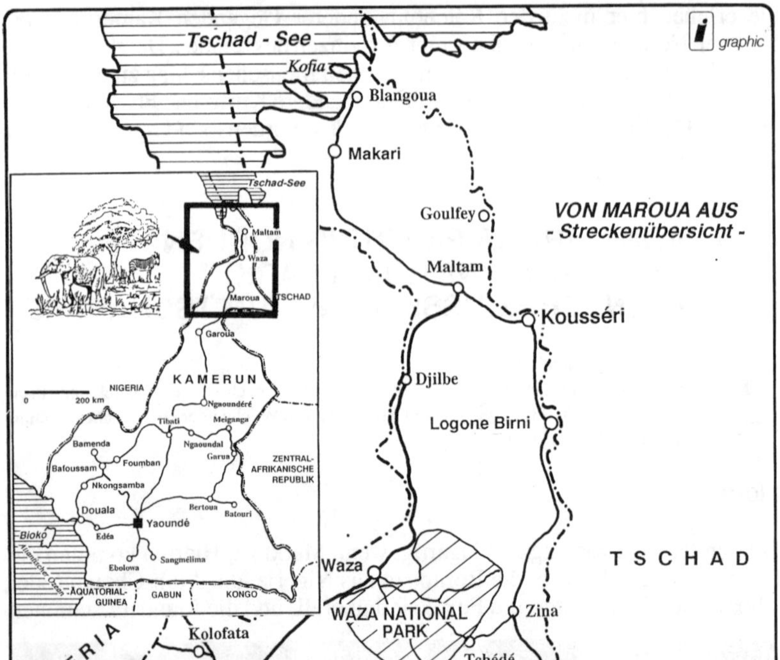

Mandara-Königreiches, das viele andere Stämme unterworfen hatte und sich zeitweise bis ins Bénoué-Becken hinzog (vgl. Kap. 2.1.1).

Es ist abzuraten, in Mora die Nacht zu verbringen, da es Versorgungsschwierigkeiten gibt und oft Wassermangel herrscht. Maroua im Süden und Waza im Norden sind auf geteerter Straße nur je eine Stunde entfernt, und an beiden Orten finden Sie gute Übernachtungsmöglichkeiten.

Ausflug von Mora aus nach Oudjila

Von Mora aus fahren Sie westlich in die Mandaraberge hinein, etwa 8 km auf ebener Piste, dann noch einmal etwa 6 km den Berg hinauf zu den Podoko nach Oudjila.
Unterwegs begleiten Sie die Kinder mit ihren Spielzeugen zum Verkauf, oft ein wenig lästig; schütteln Sie sie ruhig energisch ab!

Je höher Sie kommen, desto schöner ist die Sicht, bis weit in die Berge hinein nach Nigeria. Oudjila liegt in etwa 780 m Höhe ü.M. und ist der Sitz des Chefs der Podoko (vgl. Kap. 2.3.3).

Rinderherde in der Nähe von Mora (Sahelzone)

Hier können Sie den Saré des Chefs besichtigen, aber vor allem den Rundblick genießen.

Achten Sie einmal auf die Häuser ein wenig unterhalb des Sarés des Chefs. Sie sind oft mit euphorbienartigen Kakteen eingezäunt, oder der Eingang zum Haus ist wie eine Allee mit ihnen gesäumt.

Es geht zurück nach Mora und von dort geradewegs nach Waza (70 km).

Waza

Etwa 15 km vor dem Ort Waza beginnt rechts der Nationalpark. Und kommen Sie gegen Abend dort an, sehen Sie vielleicht schon von der Straße aus einige Tiere.

Hotel

Campement de Waza, B.P. 134, Maroua, Tel.: 29 12 07. Dieses Camp ist inzwischen ein wirkliches Hotel geworden (Zimmer ab 12.000 CFA). Sie haben zwar "nur" kaltes Wasser (im allgemeinen ist es in Waza immer sehr heiß), aber sonst allen Komfort: Klimaanlage, viel Platz in den Zimmern (Rundhütten), eine schöne Aussicht vom Hügel auf die Umgebung, Schwimmbad, ein sehr gutes Restaurant und akzeptable Preise. Dieses Hotel ist das einzige in der Gegend und bemüht sich trotz seiner Monopolstellung um beste Qualität.

Hinweis

Achtung: Hier ist es oft voll, kommen Sie nicht unangemeldet!

Bedenken Sie bitte, daß in der Trockenzeit das Wasser knapp ist, und sparen Sie dementsprechend. Es kann vorkommen, daß für kurze Zeit das Wasser ganz abgestellt wird oder einmal der Druck nicht ausreicht, wenn alle zur gleichen Zeit duschen wollen. Keine Panik, das Wasser kommt meistens innerhalb von einer Viertelstunde wieder.
Es ist günstig, hier zwei Nächte zu verbringen, um einen ganzen Tag für den Nationalpark zu haben. Kommen Sie gegen Abend an, und fahren Sie erst am übernächsten Tag weiter.

Camping

Unterhalb des Hotels können Sie campen. Dies ist einer der wenigen Orte, wo es üblich und ohne weitere Gefahr möglich ist.

Waza-Nationalpark

Öffnungszeiten

Der Park ist wie die anderen Parks von Anfang November bis Ende Mai geöffnet, täglich von 7 - 18 Uhr.

Der Eintritt beträgt 2.500 CFA (übliche Ermäßigungen).

Vergessen Sie die Vorschriften für Wildparks nicht (vgl. Kapitel 3.1, "Nationalparks"). Denken Sie auch an den Wildhüter, dessen Begleitung - wie immer - vorgeschrieben ist. Wildhüter stehen am Eingang bereit, wo Sie Eintritt bezahlen.

Der Eingang des Parks, direkt unterhalb des Hotels nur über die Straße gelegen, ist gesäumt von zwei Hütten im Baustil der Mousgoum, die wie Bienenwaben aussehen.

Der Waza-Nationalpark ist der meistbesuchte in Kamerun. Er hat eine Größe von 170.000 ha und den großen Vorteil - gegenüber den südlich gelegenen Parks -, daß er schon in der Sahelzone liegt. Das bedeutet zwar für die Tiere oft Wassermangel (den die Regierung durch künstliches Wasserpumpen in die natürlichen Seen im Park zu beheben versucht), für den Besucher jedoch einen weiten Blick, weil vor allem in der Trockenzeit die Sicht durch die Pflanzen nicht gestört wird. Der Tierbestand hat sich in den letzten Jahren wesentlich erhöht, so daß man heute etwa 1.400 Elefanten und sogar 250

Löwen zählen kann. Eine Besonderheit dieses Parks sind die sonst seltenen Pferdeantilopen, die Sie hier häufig und in ganzen Rudeln sehen können. Der Staat unterhält sorgsam die Wasserstellen für die Tiere. Außer den schon genannten Elefanten, Giraffen, Pferdeantilopen und Löwen gibt es andere Antilopenarten, Affen, Gazellen, Scharen von Vogelarten - auch Raubvögel -, Straußen, Warzenschweine, unzählige Perlhühner, Schakale und viele andere Tiere (vgl. auch Kap. 2.6).

Der Park hat in seinem westlichen Teil eine baumreiche (Schirmakazie), in seinem östlichen eine grasbewachsene Landschaft. Sie finden die Tiere an den Wasserstellen, Sie sehen die Wechsel der Elefanten; Giraffen säumen manchmal zu ganzen Herden die Piste.

Durch die Einrichtung des Stausees Maga/Pouss ist auch der östliche Teil, wo die Yaéré wohnen, weniger überschwemmt und daher früher im Jahr für einen Besuch geeignet. Früher war dieser Teil des Parks bis weit in die Trockenzeit hinein nicht befahrbar.

Transport von Brennholz bei Waza

Wir befinden uns inzwischen schon im Tschadbecken und somit nicht mehr in Höhenlage. Je nach Regenzeit wirkt sich dies bis Waza und auch nach Maga/Pouss aus (vgl. auch Kap. 4.5.3).

Haben Sie sich in Waza sattgesehen, können Sie weiter bis nach Kousséri fahren. Die Straße dorthin ist gut, Sie fahren ein gutes Stück an der nigerianischen Grenze entlang. Sie treffen auf die dort ansässigen Arab-Chouat und die Kotoko und landen schließlich in Kousséri, der Grenzstadt zum Tschad.

Kousséri

Hotel

Hotel Moderne, ohne Postadresse, Kousséri, Tel.: 29 42 04. Dieses ist das einzige Hotel in der Stadt, was kaum seinen Namen verdient. Junge Leute kümmern sich zwar gut um die Küche und dort um Sauberkeit (sehr guter Fisch aus dem Tschadsee!), aber alles andere, vor allem die Zimmer, lassen zu wünschen übrig. Preise zu teuer (Zimmer 8.000 CFA).

Der kleine Nationalpark vor Kousséri, der **Parc de Kalamaloué** ist von geringem Interesse und in den staatlichen Angaben außer auf der Karte noch nicht einmal als Nationalpark aufgeführt.

Von Kousséri aus können Sie die beiden Grenzübergänge zum Tschad betrachten:

- einmal über den Fluß mit einer Piroge,
- zum anderen über die Brücke.

Begreiflicherweise ist in Kousséri das Polizeiaufkommen sehr groß. Sie sehen hinüber nach N'Djamena, der Hauptstadt des Tschad bis hin zu öffentlichen Gebäuden wie dem Präsidentenpalast. Leider ist ein Übergang - auch für kurze Zeit - nicht möglich.

Frauen überqueren den Logone zur Trockenzeit

Kousséri selbst ist keine attraktive Stadt, vom Fluß her weht Schmutz, es ist ein Durchgangsposten für Leute, die weiterziehen. In Kousséri fließen der Logone und der Chari zusammen, bis sie schließlich den Tschadsee erreichen. Der Logone ist hier noch nicht schiffbar außer in der vollen Regenzeit, wo jedoch aufgrund der sonstigen Überschwemmungsgefahr überhaupt von einem Besuch abzuraten ist.

Hinweis

Wollen Sie nur nach Kousséri, ist eine Rückkehr nach Waza am selben Tag unbedingt zu empfehlen!

Wollen Sie weiter zum Tschadsee oder gar auf die Insel Kofia (nur mit sehr ortskundigem Führer und entsprechenden Verbindungen zur Polizei empfehlenswert!), müssen Sie in Kousséri eine Nacht verbringen.

Hinweis

Dieser Ausflug, der nur in den Monaten Dezember bis März möglich ist, ist kein Spaziergang und nur für stabile Naturen gedacht. Es ist unabdingbar, einen dort bekannten Führer oder Chauffeur zu haben, die sich mit den örtlichen Autoritäten gut stehen, weil Sie sonst, da Grenzgebiet, in unvorhersehbare Schwierigkeiten kommen können! Falls die Polizei Ihnen - aus welchen Gründen auch immer - das Weiterfahren erschwert, so insistieren Sie nicht! Kehren Sie lieber um. Sie kennen die Hintergründe nicht, die die Polizisten möglicherweise dazu bewegen, Sie nicht durchzulassen (erneute Unruhen o.ä.).

Ausflug zum Tschadsee

Wollen Sie bis zum Tschadsee (bitte vergessen Sie obige Hinweise nicht!), brechen Sie am besten kurz vor Sonnenaufgang von Kousséri aus auf, fahren bis **Maltam** zurück und verlassen hier die Teerstraße Richtung **Fotokol** (immer noch die N 1). Fotokol ist die Grenzstation nach Nigeria.

Sie fahren diese Piste jedoch nur etwa 50 km und biegen dann rechts ab Richtung **Makam** (Polizei). 25 km sind es nun bis **Makari** (Polizei, Sie müssen jeweils Ihre Personalien angeben, eventuell gar Ihre Pässe dalassen - nur gegen Quittung!), und noch einmal etwa 20 km bis **Blangoua.**
So haben Sie etwa 125 km von Kousséri bis Blangoua. Das ist viel für eine Pistenstrecke, die Sie ja am gleichen Tag noch wieder zurückfahren müssen.

Blangoua

Blangoua ist ein äußerst lebendiges Fleckchen Erde mit Fischern, Händlern und allem Gemüse und Obst, das man sich vorstellen kann.

Durch die Nähe zum Fluß herrscht auch in der größten Trockenzeit kein Wassermangel. Die Leute haben Wasserpumpen bis in ihre Felder hinauf aus der Tiefe des Flußbettes gebaut und können so ihre Felder bewässern, was reichliche Erträge bringt.

Hinweis
Auch hier wieder Vorsicht mit Fotos, Sie sind an der Landesgrenze, Zöllner sind überall und die Menschen nicht an Touristen gewöhnt.

Haben Sie keine Probleme mit den Autoritäten. Ist es Ihnen nicht zu heiß, haben Sie genügend Wasser und Proviant für den Rest des Tages, dazu ein gutes Sonnenöl gegen die intensive Bestrahlung auf dem Wasser, dazu einen Sonnenhut, dann können Sie sich nach einer Piroge umsehen.

Auf dem Weg zum Tschadsee

Der Preis ist Verhandlungssache, aber nehmen Sie nicht die billigste, ihr Motor könnte ausfallen und Sie in Schwierigkeiten bringen. Mitten auf dem Tschadsee ohne Motor endet das Vergnügen ...

Frauen in der Nähe des Tschadsees mit verzierten Kalebassen

Einmal auf dem Logone, erleben Sie eine schöne, ca. 2stündige Fahrt auf dem Fluß bis zum See; vielleicht haben Sie Glück und sehen einige Flußpferde.

Die letzte halbe Stunde fahren Sie auf dem Tschadsee, der langsam - allerdings sehr langsam - verlandet, und Sie erreichen dann die Insel Kofia, die noch auf kamerunischem Hoheitsgebiet liegt.

Insel Kofia

Kofia ist ein internationales Fischerdorf, so seltsam es klingen mag: Afrikaner aller Nationalitäten sind hier ansässig oder haben sich zeitweise niedergelassen, um mit Fischfang und anderem Handel ihr Glück zu machen. Sie finden vom Senegalesen bis über die Bewohner der Anliegerstaaten alle möglichen anderen afrikanischen Nationalitäten, es ist ein ungeheures Gewimmel und Getümmel.

Da trocknet einer Fisch, da kocht jemand Essen, da fährt einer mit einer Piroge hinaus zum Fischen, da kehrt einer nach Blangoua zurück ...

Wenn Sie müde sind, treten Sie den Heimweg an, und bedenken Sie, daß noch eine weite Strecke, sowohl auf dem Boot wie auch anschließend im Auto, vor Ihnen liegt. Die Rückfahrt im Boot dauert ein wenig länger, denn Sie fahren flußaufwärts.

Frauen auf der Insel Kofia

In Blangoua steigen Sie wieder in Ihr Auto, fahren zurück, und es ist unbedingt empfehlenswert, bis Waza durchzufahren.

Abstecher nach Logone-Birni

Von Kousséri aus können Sie, lockt Sie das Abenteuer und haben Sie Lust auf einen längeren Aufenthalt ohne touristischen Komfort, nach Logone-Birni fahren.

Sie fahren etwa 40 km südlich von Kousséri (schlechte Piste) in diesen Fischerort am Fluß Logone. Hier lebt jeder vom Fischfang und vom Ruhm der Vergangenheit: Der König von Logone-Birni wehrte sich lange und schließlich vergebens gegen die afrikanischen und dann kolonialen Herrscher. Der Palast des Chefs ist inzwischen verfallen.

Der Logone-Fluß gilt als einer der fischreichsten auf der Erde. So steht in fast jedem Haus der Kotoko ein Ofen zum Räuchern der Fische.

Die saisonbedingten Überschwemmungen des Logone verhindern regelmäßigen Ackerbau und fördern durch die vielen Insekten die Schlafkrankheit. Zudem wechseln in der Trockenzeit Elefantenherden von Waza hinüber zum Tschad. Sie zerstören die bebauten Felder, die durch die Überschwemmungen noch nicht heimgesucht worden waren. Kein Ort zum Verweilen.

Zurück in Waza können Sie sich dort ausruhen oder weiter nach Maroua oder in die angrenzenden Gegenden fahren.

4.5.2 VON MAROUA RICHTUNG WESTEN: INS LAND DER KAPSIKI, DER MAFA UND ANDERER KIRDI: MOKOLO, RHUMSIKI, TOUROU

Streckenbeschreibung

Von Maroua aus fahren Sie geradewegs nach Westen auf der guten Straße Richtung Mokolo (erst einmal Richtung Flughafen die Stadt verlassen, bis Sie nach rechts abfahren). Mokolo ist etwa 80 km weit entfernt gelegen.

Unterwegs haben Sie ausführlich Gelegenheit, die Mandaraberge, in die Sie ja geradewegs hineinfahren, zu betrachten, die ersten Mafa-Hütten zu fotografieren, dazwischen Felder mit Hirse und Baumwolle.

Einmal in Mokolo angekommen, haben Sie verschiedene Möglichkeiten:

- Sie können Richtung Norden zum **Col de Koza** fahren über Djingliya. Bei einer Weiterfahrt durch die Mandaraebene kommen Sie dann wieder nach Mora. Diese Piste ist jedoch nur in der Trockenzeit befahrbar und in den Jahren, in denen die Brücken in der Ebene nicht vollständig durch den Regen zerstört worden sind. Brückenbau kostet sehr viel Geld, die Brücken werden je nach Zustand mehr oder auch weniger wiederhergestellt. Danach richtet sich, ob Sie durchkommen oder nicht.

- Sie können nach **Tourou** fahren (nur donnerstags lohnend wegen des Marktes).

- Sie können weiter nach **Rhumsiki** fahren.

Mokolo

Die Stadt ist vor allem mittwochs, am Markttag, interessant. Gehen Sie von der Hauptstraße weg, vorbei an dem kirchlichen Buchladen und am Ende der Straße nach rechts. Hier finden Sie die ursprünglichsten Händler.
Auch hier in Mokolo trifft sich auf dem Markt ein buntes Völkergemisch, und das Warenangebot erscheint unerschöpflich.

Restaurant

Hotel Le Flamboyant, B.P. 22, Mokolo, Tel.: 29 51 16 und 29 52 43. Dieses Hotel ist erst vorkurzem von einem Bamiléké übernommen worden, der sich viel Mühe gibt, es wieder "auf Vordermann" zu bringen. Zum Übernachten ist es momentan noch nicht geeignet, aber man kann hier sehr gut essen. Die Preise sind angemessen (Menu 3.500 CFA), der Service ist freundlich, zwischendurch kommen Händler und bieten Kunsthandwerk an.

Das Museum in Mokolo ist nicht sehenswert, da nicht sortiert, sehr verstaubt und total vernachlässigt. Dem Kunstfreund wird eher traurig zumute, als daß er etwas sehen könnte.

Djingliya/Col de Koza

Sie fahren von Mokolo Richtung Norden auf einer recht guten Piste nach Djingliya. Auf der Fahrt sehen Sie Hütten der Mafa, auf der linken Seite von weitem einen Stausee, der Mokolo mit Wasser versorgt, aber leider nicht ohne Genehmigung (dauert mehrere Tage!) zu besichtigen ist.

Hölzerne Statue vor dem Kunsthandwerkszentrum in Djingliya

Kinder werden Ihnen wieder begegnen, die Ihnen selbstgebautes Spielzeug aus dem Mark der Maisstiele verkaufen wollen.

Nach etwa einer halben Stunde (17 km) kommen Sie kurz nach der holländischen Missionsstation zum Kunsthandwerkszentrum nach Djingliya.

Hier lohnt ein Aufenthalt:

- wegen der schönen Fernsicht gen Norden;
- wegen der schönen Kunsthandwerksgegenstände, die zum Kauf angeboten werden;
- wegen der Besichtigung von traditionellen Mafa-Häusern (Eintritt 200 CFA);
- wegen kleinerer oder größerer Spaziergänge; Sie können den unterhalb liegenden kleinen Stausee besuchen, der die Bergdörfer mit Wasser versorgt; Sie können auch an einem Bergpfad entlang weitere Hütten besuchen und die Sicht genießen. Sie können auch auf der sehr ruhigen Terrasse sitzen, die an spanische Verhältnisse erinnert.

Verschlägt es Sie einmal abends dorthin, können Sie auch in einer der einfachen Lehmhütten übernachten. Freilich ist der Komfort nicht einmal mit einem Camp zu vergleichen, aber die Mafa sind freundlich, und es ist

Anwesen der Mafa

sauber. Man sagt, es gäbe auch zu essen, aber ohne Anmeldung ist dies wohl kaum möglich.
Unterhalb der kleinen Anlage des Kunsthandwerkszentrums steht noch ein alter Ofen, der an die Zeit erinnert, als hier Eisen verhüttet wurde.

Wollen Sie weiterfahren, kommen Sie kurz nach dieser höchsten Erhebung nach **Koza**, das heute Zollgrenzposten zu Nigeria ist. Man läßt Sie im allgemeinen ohne Kontrolle passieren, da Sie ja in Kamerun sind und das Land nicht verlassen.

Von Koza aus durchqueren Sie die Mandaraberge und die -ebene bis nach Mora (gute 2 Std., 70 km).

Oder aber Sie fahren nach Mokolo zurück und dann Richtung Rhumsiki.

Tourou

Nur am Donnerstag ist dieser Ausflug interessant, denn da ist Markt in Tourou - Morgenmarkt: Gegen 11 Uhr leert sich der Flecken wieder.

Sie fahren eine recht gut instandgehaltene Piste von Mokolo aus nach Westen, Richtung nigerianische Grenze.

Bei klarem Wetter sehen Sie links bis zu den Felsen von Rhumsiki, rechts weit hinein in die Mandaraberge, begegnen wiederum Mafas mit ihren Hütten.

Nach etwas über 50 km erreichen Sie Tourou, einen Markt mit einzigartigem Charakter.

Die verheirateten oder auch nur einem Mann versprochenen Frauen - selbst wenn sie fast noch Kinder sind - tragen eine halbe Kalebasse als Kopfbedekkung, die sie für den Markttag meist blank und rot poliert haben. Ist ihr Mann gestorben, wird die Kalebasse eingeschlitzt und wieder zugenäht. So ist für alle ersichtlich, wie der Familienstand der Frau ist. Eine Kalebasse können Sie kaufen, kaum jedoch eine, die aufgeschlitzt ist.

Hier spricht kaum jemand französisch, vielleicht finden Sie ein Kind, das zur Schule geht.

Auf diesem Markt findet ein Europäer kaum etwas, es sei denn, das Öl des Baumes Kaïlcedrat, was gut gegen Mückenstiche und als Pflegemittel für die Haut ist. Das Öl schützt zuverlässig bis zu 6 Stunden vor Mückenstichen und riecht angenehm nach Erdnüssen.

Auf diesem Markt werden Fleisch und Hirse, alte Kleider, Vieh, Hirsebier und das wenige Gemüse angeboten, das in den Bergen wächst.

Der nigerianische Einfluß ist spürbar, manche kennen die Währung des CFA kaum. Es gibt eine Art von kleinem Grenzverkehr nach Nigeria hin, den niemand kontrolliert.

Besonders eindrucksvoll sind die Frauen, die auf dem Kopf eine riesige Kalebasse, Canari genannt, tragen, die sie leer herbeitragen und mit Wasser gefüllt (wie schwer mag sie dann wohl sein?) wieder wegschleppen.

Marktfrau in Tourou: Der Topf ist bis oben mit Wasser gefüllt!

Manche kann man sogar sehen, die die volle Kalebasse auf dem Kopf nicht einmal festhalten! Zudem ist ihr Gang auch mit den Lasten immer elegant.

Von Tourou aus haben Sie - je nach Pistenzustand - zwei Möglichkeiten: Entweder Sie fahren zurück nach Mokolo oder die andere Strecke über Mabass nach Rhumsiki (ca. 52 km).

Nach Rhumsiki - von Mokolo oder Tourou aus

Fahren Sie **von Mokolo aus**, haben Sie 48 km guter Piste vor sich, hinein in die Kapsiki-Berge. Auch von dieser Strecke aus finden sich immer wieder schöne Aus- und Einblicke in die Berge, auf bizarre, aufeinander geschichtete Felsblöcke, Rinderherden, die den Weg versperren, Esel, die Lasten tragen ...

Felsformationen in den Kapsikibergen

Fahren Sie **von Tourou aus**, führt Ihre Strecke über Mabass an einem Felsmassiv entlang, das an ein deutsches Flußtal erinnert (Burgen am Rhein): Große Felsformationen türmen sich auf, man denkt, sie rollen im nächsten Moment auf einen nieder.

In **Rhoumsou** (oder Roumzou oder ähnliche Schreibvarianten) (noch ca. 20 km bis Rhumsiki) vereinen sich beide Pisten auf dem Wege nach Rhumsiki. Sie durchqueren dann noch **Mogodé**, 9 km vor Rhumsiki, die Rhumsiki verwaltungsmäßig übergeordnete Stadt, bis Sie am Ziel ankommen.

Unterwegs meinen Sie, an jeder Ecke anhalten zu müssen, so vielfältig und interessant ist - zudem bei unterschiedlichem Tageslicht - die Landschaft.

Hinweis
Da Sie die Strecke sicher wieder zurückfahren, versuchen Sie, dies zu anderer Tageszeit zu tun, um zum Fotografieren andere Lichtverhältnisse zu bekommen.

Rhumsiki

Rhumsiki empfängt Sie mit einem einzigartigen Rundblick von den Bergen im Osten (das Land der Kapsiki geht dort weiter) über den Berg Rhumsiki bis zum emporragenden Felsen in der Talmitte, der Kapsiki genannt wird (vgl. bezüglich Informationen über Rhumsiki auch Kap. 2.3.3).

Hotel

- **Campement de Rhumsiki,** B.P. 134, Maroua, Tel.: 29 12 07. Auch dieses Camp hat inzwischen Hotelcharakter (Zimmer ab 10.000 CFA). Das Personal ist außerordentlich freundlich und bemüht. Die Küche, die ausschließlich örtliche Produkte verarbeitet, ist sehr gut, die Zimmer sind geräumig (fast alle Rundhütten sind inzwischen renoviert). Vom Restaurant aus hat man einen einzigartig schönen Blick auf Tal und Felsen. Die Preise sind angemessen, vor allem, wenn man bedenkt, wie schwierig die Versorgung hier ist.
- **La Casserole:** Noch ohne postalische Adresse hat hier ein junger Mann, Monsieur Victor, ein Restaurant mit einfachen Hütten zum Übernachten mitten im Dorf eröffnet. Die Küche ist sauber, gut und reichlich, die Preise angemessen niedrig. Wenn sich sein Projekt weiterentwikkelt, wird er zu einer ernsthaften, aber auch sinnvollen Konkurrenz für das Campement. Allerdings kann er nicht mit so schöner Aussicht aufwarten.

Hinweis

Bitte denken Sie an die Wasserknappheit und sparen Sie. In der Trockenzeit wird das Wasser oft in Lastwagen von Mokolo hergebracht!

Die Klimaanlagen im Hotel **Campement de Rhumsiki** werden zur Mittagszeit und nachts zentral eingeschaltet, da sonst zu viel Strom verbraucht wird. Haben Sie Sonderwünsche diesbezüglich oder wegen anderer Dinge, wenden Sie sich an Monsieur Mamoudou; er wird Ihr Problem lösen.

Rhumsiki liegt in 1.200 m ü.M. nahe der nigerianischen Grenze. Im Oktober oder November kann es hier abends empfindlich kalt werden (10°C).

Für die Dorfbesichtigung nehmen Sie am besten einen der offiziellen Führer (im Hotel fragen, empfehlenswert sind Alain oder Henri, aber es gibt noch mehrere gute) zum Preis von 1.500 CFA. Er wird Ihnen die wichtigsten Orte zeigen und Sie herumführen. Da gibt es **Töpfer**, **Weber**, **Spinnerinnen**, Hirse stampfende Frauen ...

Die Besichtigung endet meist beim **Krabbenzauberer**.

Er beantwortet Ihre Fragen mit Hilfe eines Flußkrebses (vgl. Kap. 2.3.3). Es macht ihm nichts aus, wenn Sie ihn - wie viele Europäer es tun - nicht ernst nehmen, ihn sogar manchmal offen belächeln. Er selbst kennt seine Fähigkeiten und hat es nicht nötig, dem Fremden diese zu demonstrieren. Zum Ende jeder Audienz besprüht er die Füße der Gäste mit Wasser aus dem Krabbentopf, was etwa als begleitender Segen zu verstehen ist.

In Rhumsiki ist sonntags **Markt**. Haben Sie etwas Zeit, versäumen Sie nicht, die **Musiker** und **Tänzer** Rhumsikis zu erleben (Preis dafür nach Verhandlung).

Am Ortseingang steht oben rechts eine kleine Hütte, den anderen angeglichen, die als **Kunsthandwerkszentrum** dient. Hier finden Sie alles, was die Kapsiki herstellen. Aber auch, wenn Sie nichts kaufen wollen, lohnt sich der Aufstieg zum Ansehen der Kunstgegenstände und wegen des schönen Blicks.

Ausflüge von Rhumsiki aus

- Sie können einfach einen der umliegenden **Berge besteigen** (nur mit Führer). Die Besteigung der umliegenden Berge ist manchmal einfach, aber teilweise auch mit Gefahr verbunden (rollende Steine, Gesteinsspalten, Schlangen etc.). Nehmen Sie jedenfalls einen Führer mit (Trinkgeld am Schluß) und einen Stock. Die Kapsiki sind es gewohnt, wie Gazellen auf die Berge zu klettern. Auch wenn Sie in Europa das Bergsteigen gewohnt sind, lassen Sie hier Vorsicht walten, denn die Verhältnisse sind andere (auch klimatisch).

- Sie können sich im Hotel einquartieren und tagelang die **Gegend durchstreifen.** Wenn Sie vom Hotel aus Sternfahrten oder Wanderungen in die Gegend machen wollen, lassen Sie sich einen Plan der kleinen Märkte sagen, damit Sie möglichst viel Authentisches miterleben.
Erkundigen Sie sich zudem stets genau nach dem Zustand der jeweiligen Piste. Es ist nichts ärgerlicher, als kurz vor dem Ziel umkehren zu müssen, weil ein tiefer Graben kommt.

- Sie können zum **Schmied nach Amsa** fahren. Amsa, etwa 8 km südlich von Rhumsiki gelegen, ist eigentlich kein richtiges Dorf, sondern eine lockere Ansammlung von Hütten, und der Schmied ist der letzte in der Gegend, der noch sein Handwerk ausübt (vgl. Kap. 2.3.3).

Er wird Ihnen die einzelnen Schritte des Gusses aus der verlorenen Form vorführen, wenn Sie die entsprechende Zeit mitbringen (Trinkgeld am Ende der Vorführung als Anerkennung, ca. 1.000 CFA). Vgl. Kap. 2.3.3.

Zum Schluß können Sie die von ihm gefertigten Gegenstände kaufen. Denken Sie beim Handeln daran, daß er ausschließlich davon lebt. Für ihn z.B. ist es unendlich schwer, seine Kinder zur Schule zu schicken.

- Sie können zum Markt nach **Hao** fahren. Etwas weiter noch nach Süden (ca. 7 km hinter Amsa) liegt der Flecken Hao, wo dienstags Markt ist. Er ist gegen Mittag so richtig lebendig und gut besucht, und hier finden Sie alles, was das Herz eines Kapsiki begehrt: Nahrungsmittel, Kleidung, Werkzeuge, Vieh, Hirsebier ...

Sie können, ohne gesundheitliche Probleme fürchten zu müssen, ausgebakkene Küchlein (aus Hirse, Mais, Bohnen o.ä.) essen, sofern das Öl noch nicht riecht. Denn beim Ausbacken in dem heißen Fett gehen alle eventuellen Parasiten zugrunde.

Auch das Hirsebier können Sie versuchen, besser mit einem Kenner zusammen, denn die Qualität ist sehr unterschiedlich. Eine Kalebasse voll kostet 25 CFA. Die für den Europäer scharfen Gewürze im Hirsebier stärken die Darmflora und schützen vor ungeladenen Gästen im Darm.

4.5.3 VON MAROUA RICHTUNG OSTEN UND SÜDOSTEN: KODEK, MAGA, POUSS UND YAGOUA, ABSTECHER NACH MINDIF

Streckenbeschreibung
Von Maroua nehmen Sie die Straße Richtung Maga mit dem Endziel Pouss (93 km). Sie können nach Maga und Pouss auch von Waza aus durch den Nationalpark fahren, so daß Sie den Park bis ganz nach Osten durchfahren, an seinem südlichsten Zipfel bei den Yaéré herauskommen und von dort aus eine kleine Piste nach Maga nehmen (Waza-Maga insgesamt ca. 100 km).

Hinweis
Bitte bedenken Sie, daß es auf beiden Strecken keine Tankstellen gibt.

Dorfbrunnen der Yaéré (Nordkamerun)

Kodek

Von Maroua aus kommen Sie nach etwa 20 km zu einem Flecken, Kodek, der die gesamte Woche lang verschlafen aussieht. Nicht so am Samstag: Dann findet hier einer der reichhaltigsten Fulbémärkte der Gegend statt. Die Fulbé kommen oft auf Eseln oder (die reichen) auf Pferden mit ihren Verkaufsgütern.

Der Markt ist ausgesprochen farbenfroh, die Leute sind Fremden gegenüber wenig verschlossen. Es kann Ihnen passieren, daß hinter Ihnen ein Sänger mit einer Trommel herläuft und Ihren Besuch lautstark ankündigt bzw. "besingt". So etwas ist immer harmlos, auch wenn er mal viel Lärm macht. Sie finden hier so gut wie kein Kunsthandwerk, aber traditionelle Medizin, Gewürze in unermeßlicher Auswahl und einen interessanten Viehmarkt (vor allem Esel). Hier lohnen Fotos; Sie kommen auch mit den Menschen ins Gespräch, und sei's mit Händen und Füßen.

Stausee von Maga/Pouss

Die Straße nach Pouss ist reich an Vogelarten, für deren Beobachtung Sie sich Zeit lassen sollten.

Nach etwa 70 km guter Piste (ein kleines Stück geteerter Straße liegt dazwischen) kommen Sie an einen Deich zu Ihrer Rechten, der erst einmal erstaunt. Wenn Sie anhalten und hinaufklettern, sehen Sie, je nach Jahreszeit, erst einmal gar nichts, ein Stück weiter dann einen großen See, der in der Regenzeit nach Süden drängt. Dies ist der künstlich angelegte Stausee von Maga/Pouss, der zur Bewässerung von Reisfeldern eingerichtet wurde. Die vorher nicht oder nur unkontrolliert vorhandenen Reiskulturen können nun systematisch versorgt werden. Heute leben hier viele Menschen vom Reisanbau; die Erträge sind gut. Sie können zweimal im Jahr ernten: eine nicht zu unterschätzende Verbesserung für die kamerunische Landwirtschaft.

Vor dem Bau des Stausees drängte der Logone in der Regenzeit stets unkontrolliert seine Wasser nach Süden, so daß Überschwemmungen entstanden. Diese sind nun im wahrsten Sinne des Wortes eingedämmt. Ein großes Projekt seit der frühen Mitte der Achtzigerjahre machte den Damm möglich. So sind auch Schleusen gebaut worden, die im Bedarfsfall geschlossen oder geöffnet werden können.
Dennoch gibt es in regenreicher Zeit Probleme: Der Damm und der Stausee sind ja in den trockenen Jahren errichtet worden, um Wasser zu sparen und die Felder bewässern zu können. Im Jahre 1988 jedoch war die Regenzeit so heftig, daß die Wasser des Tschadsees so stark nach Süden drängten, daß die Dämme zu brechen drohten. Man mußte die Schleusen öffnen, die Felder wurden überschwemmt, und die Ernte wurde vernichtet.

Maga

In Maga befindet sich zudem die staatliche Reismühle, die den Bauern zuerst einmal Saatgut kostenlos zur Verfügung stellt. Nach Einbringen der Ernte wird dann abgerechnet. Zwischen den Reisfeldern sehen Sie neue Ansiedlungen für die Bauern, die hier ihr Brot finden und trotzdem eine gewisse Autonomie behalten.

Etwas abseits von Maga ist - ein wenig hinter der reisverarbeitenden Fabrik versteckt - eine kleine Ansammlung von traditionellen Häusern der Mousgoum, die wie Bienenwaben aussehen.

Ansiedlung der Mousgoum

Hier hat man einer Familie der Mousgoum die Gelegenheit gegeben, ihre herkömmliche Bauweise weiterhin zu praktizieren, um die Tradition zu erhalten. Leider ist es bei einer Familie geblieben, die anderen haben sich nicht dazu gesellen wollen (Geben Sie ein kleines Trinkgeld, wenn man Sie die Hütten besichtigen läßt!).

In Maga befindet sich ein Restaurant, das seinen Namen nicht verdient. Es ist sehr schmuddelig, das Essen nicht besonders gut, und es hat auch schon negative Auswirkungen auf Touristendärme gezeigt. Also hier höchstens etwas trinken oder einen Sandwich essen!

Pouss

Sie können dann durch die Reisfelder oder direkt auf der Piste nach Pouss, dem Grenzort zum Tschad, fahren. Haben Sie Glück, ist Dienstag und Markt, der demjenigen von Kodek ähnelt, aber größer und unübersichtlicher ist.

Besuchen Sie auch den Palast des Lamidos, der Sie vielleicht auch empfangen wird, obwohl er schon sehr betagt und oft krank ist.

Schön sind hier die Verzierungen an der Palastmauer, die von der Geschichte und den Träumen des Lamidats erzählen.

Kehren Sie auf der Piste zurück nach Maroua (ca. 1 1/2 Stunden).

Yagoua

Etwa 110 km südöstlich von Maroua liegt der kleine Ort Yagoua, wo Sie auch noch Häuser der Mousgoum sehen können. Aber ein Besuch lohnt sich nicht unbedingt, wenn Sie nicht über außerordentlich viel Zeit verfügen. Die Strecke nach Pouss ist weitaus interessanter.

Abstecher nach Mindif

Ein Abstecher nach Mindif lohnt immer von Maroua aus. Sie verlassen Maroua auf der Straße, wo das Gerberviertel ist, nach Osten und sehen bei klarem Wetter schon von dort aus den "Hundezahn", den **Felsen von Mindif**.

Sie fahren nur etwa eine halbe Stunde (25 km), an kleinen Flecken vorbei, dem Felsen immer näher kommend. Von nahem sieht er dann nicht mehr aus wie ein Hundezahn ...
In Mindif fahren Sie die Hauptstraße entlang, bis Sie rechts eine Abzweigung sehen, die geradewegs zum weißen **Palast des Lamido** führt.

Mindif: Palast des Lamido und der "Hundezahn"

Möglicherweise empfängt er Sie, obwohl er fast erblindet ist und kaum noch gehen kann. Sein Palast liegt zu Füßen des Felsens, der - wenn Sie näher hinsehen - wiederum gefährlich aussehende, aufeinandergetürmte Felsformationen aufweist.

Am Ausgang des Dorfes Richtung **Kaélé** nach der Überquerung von zwei kleinen Flußbetten kommen Sie rechts an ein sogenanntes **Haus der Kultur**, was aus kolonialer Zeit stammt und z.Zt. völlig leer steht. Aus ihm soll einmal ein Museum werden. Von hier aus sehen Sie Mindif mit seinem Felsen von der anderen Seite. Auf einer hölzernen Tafel steht auf deutsch: "Dies ist das letzte Haus der Welt."

4.5.4 MÄRKTE IM NORDEN

Nicht alle aufgeführten Märkte sind von und bis Maroua an einem Tag erreichbar. Aber man kann sich eine Reiseroute zusammenstellen, die den Märkten, die zu den Hauptattraktionen des Nordens gehören, Rechnung tragen. Hier sind die wichtigsten:

Montag:	Maroua
Dienstag:	Pouss, Hao
Mittwoch:	Mokolo
Donnerstag:	Tourou
Freitag:	Guider, Mogodé
Samstag:	Kodek, Soulédé, Blangoua
Sonntag:	Mora, Koza, Rhumsiki

LITERATURVERZEICHNIS

Diese Liste erhebt keinen Anspruch auf Vollständigkeit. Manche Bücher sind auch nur in kleiner Auflage vorhanden und/oder in Deutschland gar nicht erhältlich. Die Materiallage allgemein ist schlecht.

Antequil, Jacques: L'artisanat créateur au Cameroun. Paris 1982.
Bebildert und informativ, leider in Deutschland nicht erhältlich.

Ardener, E. W.: Anmerkungen zur Geschichte der geschützten Denkmäler Westkameruns. Buéa 1965.
Kleine Broschüre, längst vergriffen.

Binam Bikoi Charles, Soundjock, Emmanuel: Les contes du Cameroun. Yaoundé 1984.
Geschichtensammlung, noch in Yaoundé erhältlich.

Bischöfliches Hilfswerk, Misereor (Hrsg.): Kamerun. Leben auf dem Land. Erfahrungen, Gefährdungen, Perspektiven. Aachen 1988.
Interessant gestaltete Informationsbroschüre für Menschen, die über Afrika und Kamerun speziell noch gar keine Informationen haben. Zu beziehen über Misereor.

Camus, Alain: Au Cameroun. Evreux 1988.
Zahlen- und datenmäßig veralteter Führer von Hachette.

Criaud, Jean: Géographie du Cameroun. Issy les moulineaux 1987.
In den kamerunischen Gymnasien benutztes Lehrwerk.

Debayle, Céline: Le Cameroun. Paris 1985.
Daten- und zahlenmäßig veralteter Führer von Jeune Afrique/Nouvelles Frontières.

Debel, Anne: Le Cameroun aujourd'hui. Paris [4]1986. Dto. (Die erste Auflage stammt von 1977).

Denis, Alain: Au-delà des légendes: L'Ouest Cameroun. Paris 1986.
Reich ausgestatteter Farbband über die Königreiche im Kameruner Grasland. In Kamerun noch erhältlich, in Europa schwer zu bekommen und sehr teuer (ca. 200,-DM)

Edelman, Nancy (Hrsg.): L'Art Camerounais du Monstère bénédictin du Mt. Fébé, Yaoundé. USA 1989.
Sehr schön gestalteter Museumskatalog des Benediktinerklosters in Yaoundé. Auch nur dort zu bekommen (5.000 CFA).

Essner, Cornelia: Deutsche Afrikareisende im neunzehnten Jahrhundert. Zur Sozialgeschichte des Reisens. Stuttgart 1985.
Dissertation, unverhältnismäßig teuer, für den Reisenden von nur geringem Interesse.

Essome, Emmanuel: Nuits chez l'ancêtre. Paris 1987.
Sammlung Kameruner Geschichten.

Fritz, Wolfgang; Lutz, Erich: Kochen wie in Afrika. Berlin 1988.
Dieses kleine Bändchen ist zwar unverhältnismäßig teuer (16,80 DM), aber trotzdem recht informativ. Die Beschreibungen der Geschichte, Gewürze, Zutaten und Eßgewohnheiten sind besser als die eigentlichen Rezepte. Zudem ergänzt ein sehr sinnvoll gestaltetes Literaturverzeichnis das Buch.

Gardi, René: Mandara. Unbekanntes Bergland in Kamerun. Zürich ^{3}1964
Veraltete, in vielem unkritische Darstellung einer nordkamerunischen Landschaft. Heutzutage längst überholt.

Harter, Pierre: Arts Anciens du Cameroun. Paris 1986.
Dieses sehr umfangreiche Werk (Text und Fotos, schwarz/weiß) informiert umfassend - und vielleicht für den Touristen zu sehr detailliert - über die Königstraditionen in Kamerun. Wer sich speziell interessiert, wird an diesem (teuren) Buch Gefallen finden.

Josse, Pierre u.a.: Le guide du routard. Afrique noire. Hérissey 1989/90.
Für Rucksacktouristen brauchbar; es fehlen aber konkrete Hinweise.

Kerdache J.; Paudrat, Jean Louis; Stéphan, Lucien (u.a.): Die Kunst des Schwarzen Afrika. Freiburg 1989.
Eine sehr ausführliche, auch seitenmäßig sehr umfangreiche dokumentarisch tiefgreifende und mit guten farbigen und schwarz/weißen Reproduktionen ausgestattete Dokumentation. Nicht billig.

Ki-Zerbo, Joseph: Histoire de l'Afrique noire d'hier à demain. Paris 1978.
Noch immer ein historisches Standardwerk, das sich jedoch nicht nur mit Kamerun beschäftigt. Leider ist die deutsche Übersetzung wenig brauchbar, so daß es nötig ist, auf das französische Original zurückzugreifen.

Lauber, Wolfgang: Deutsche Architektur in Kamerun 1884 - 1914. Stuttgart (Karl Krämer Verlag) 1988.
Sehr ausführliche, bilderreiche und fotographisch interessante Darstellung der deutschen Denkmäler, vor allem an Architekten gerichtet, aber auch für den interessierten Reisenden brauchbar.

Lauber, Wolfgang: Paläste und Gehöfte im Grasland von Kamerun. Stuttgart (Karl Krämer Verlag) 1990.
Ausführlich beschriebene und bebilderte Darstellung der königlichen Paläste im Kameruner Grasland.

Neba, Aron S.: Modern Geography of the Republic of Cameroon. Second edition Cambden 1987.
Sehr informatives Lehrwerk, das an Kameruner Schulen und Universitäten benutzt wird. Reichhaltiges Kartenmaterial.

Ngoh, Victor, Julius: Cameroon 1884-1985. A Hundred Years of History. Yaoundé 1987.
Informativ, wenn auch etwas einseitig auf die englische Tradition fixiert.

Njiassé Njoya Aboubakar u.a.: De Njoya à Njimoluh. Cent ans d'histoire bamoum. Foumban 1984.
Nur in Kamerun erhältlich. Sehr gute Darstellung des Königshauses der Bamoum, da sie von Insidern verfaßt worden ist. Fotos, Abbildungen; Auflage fast vergriffen.

Ntetem, Marc: Die negro-afrikanische Stammesinitiation. Münsterschwarzbach 1983.
Theologische, aber auch ethnologisch sehr fundierte Darstellung afrikanischer Stammesinitiation eines Betroffenen. Eine wissenschaftliche Darstellung, die ausgesprochen spannend zu lesen ist.

Simon, Artur: Musik in Afrika. 20 Beiträge zur Kenntnis traditioneller afrikanischer Musikkulturen. Berlin 1983.
Umfangreiches, sehr gut recherchiertes Werk zur Information über afrikanische Musik; mit zwei Musikkassetten.

Statistisches Bundesamt Wiesbaden (Hrsg.): Länderbericht Kamerun. 1987. Mainz 1987.
Sehr gute Information, nur leider auch diese schon veraltet, da keine neueren Zahlen vorliegen.

Tambi Eyongetah Mbuagbaw u.a.: A History of the Cameroon. Hong Kong 1988.
Auch dieses Werk wird in kamerunischen Gymnasien verwendet, ist jedoch weniger informativ als die oben genannten anderen Werke.

UNESCO / Nea (Hrsg.): Histoire Générale de l'Afrique, Bd. 1-8 (noch nicht alle erschienen). Paris seit 1985.
Neueste umfangreiche Erscheinung eines Werks über afrikanische Geschichte, von afrikanischen Experten geschrieben. Die Gesamtkonzeption ist umfassend und sinnvoll angelegt. Am besten zu beziehen über den Buchladen der UNESCO in Paris; für ein so umfangreiches Nachschlagewerk sehr preisgünstig. Von der verkürzten Ausgabe, bei Présence Africaine in Paris erschienen, ist abzuraten.

Willich, Ada: Westafrika. München [13]1978/88. Sehr kurz und für Kamerun nicht sonderlich informativ.

Zeitschrift GEO: März 1990, "Letzte Chance für den Regenwald", S. 15ff

Ausstellungskataloge der letzten Jahre:

AFRIKANISCHE SKULPTUR: Die Erfindung der Figur. Ausstellungskatalog Köln 1990.
Da Ausstellungskataloge aufgrund der niedrigen Auflagen meist einmalig und daher unverhältnismäßig teuer sind, sei hier lediglich der letzte Katalog der bundesdeutschen Ausstellungen im Museum Ludwig, Köln (Sept.- Nov. 1990) genannt, in dessen Bibliographie sehr sorgfältig die Ausstellungskataloge der letzten fast 30 Jahre dokumentiert sind.

Da die Materiallage für Afrika generell und für Kamerun speziell im deutschen Sprachraum schlecht ist, sei hier auf einige Museen hingewiesen, die eine gute oder auch sehr gute Afrika-Abteilung haben, die zu besichtigen sich lohnt:

- Berliner Völkerkundemuseum, Berlin-Dahlem
- Rautenstrauch-Museum Köln
- Lindenmuseum, Stuttgart
- Afrika-Museum Berg en Dal in Holland bei Nijmegen
- Rietberg, Zürich (Schweiz)

STICHWORT-, ORTS- UND NAMENSREGISTER

Für Ihre weiteren Afrika-Reiseträume ...

ISBN 3-923975-04-X 39.80 DM

ISBN 3-923975-20-1 39.80 DM

ISBN 3-923975-17-1 39.80 DM

ISBN 3-923975-19-8 39.80 DM

ISBN 3-923975-08-2 34.80 DM

ISBN 3-923975-21-X 39.80 DM

und ab 1991:

Reise-Handbuch Kenia

In allen guten Buchhandlungen oder bei

Reisebuchverlag Iwanowski GmbH

Raiffeisenstraße 21 · D 4047 Dormagen 1 · West-Germany
Tel. 0 21 06 / 6 19 19 · Fax 0 21 06 / 6 31 30 (Vorwahl ab Juli 1991: 0 21 33) · Telex 851 7396 vsd d